**눈에 보이지 않는
전쟁과 돈의 역사**

Blood and Treasure

눈에 보이지 않는
전쟁과 돈의 역사

폭력이 펼쳐지는
시대마다 누가
숨은 이득을
챙기는가?

던컨 웰던
Duncan Weldon
이혜경 옮김

BLOOD & TREASURE

윌북

차례

들어가며

고고학자들에게는 때때로 행운이 찾아온다. 고고학에서 말하는 '호드hoard'를 발견하는 순간에 말이다. 일종의 보물 저장소인 호드에는 고고학자들이 흔히 다루는 생활 유물과 다른 것들이 묻혀 있다. 호드란 보석·은식기·화폐 같은 귀중품 더미로, 보통은 소유자가 땅속에 묻어둔 것이다. 고고학자들은 호드를 사랑한다. 호드에는 대체로 주화가 들어 있는데, 주화에는 대개 제작 연도가 새겨져 있어 유물의 연대를 특정하기 쉽다. 그러나 호드의 존재는 그것을 발견한 고고학자에게는 요행일 테지만, 본래 주인에게는 불행이 닥쳤음을 암시한다. 무슨 이유로든 보물을 묻었다가 두 번 다시 꺼내지 못했다는 뜻이기 때문이다.

발견된 보물 저장소의 연대를 시간순으로 정리해보면, 특정 시기에 사회가 얼마나 불안했는지 알 수 있는 유용한 지표가 된다. 가령 유럽에서는 9~10세기, 이른바 바이킹 시대에 묻힌 보물이 유난히 많다. 이는 곧 당시의 부자들이 배를 타고 해안과 강을 누비며 활개치는 약탈자들로 인해 불안에 떨었다는 뜻이다. 그런가 하면 중국에서는 자그마치 1.5톤이 넘는 청동 화폐 더미가 발견되었는데, 이 보물들은 13세기 초 금나라와 남송의 전쟁으로 중국 북부 지역이 혼란에 빠져 있던 시기에 묻힌 것으로 추정된다. 영국 역사에서는 보물이 집중적으로 묻힌 시기가 두 차례 있었다. 첫 번째는 로마의 통치가 끝난 4세기 말에서 5세기 초이며, 두 번째는 그보다도 훨씬 많은 보물이 묻힌 17세기 중반이다. 17세기 중반 잉글랜드는 내전으로 만성적인 불안에 시달렸다. 오늘날 전쟁의 대가를 가리키는 말로 흔히 쓰이는 '피와 보물blood and treasure'이라는 표현도 이 시기에 널리 퍼졌다. 당시에는 말 그대로 사방에서 피가 낭자한 가운데, 많은 사람이 보물을 땅에다 묻어 재산을 지키고자 했다.

전쟁은 인적으로나 재정적으로나 엄청난 비용이 든다. '피와 보물'은 역사에서 자주 간과되는 이 같은 사실을 한마디로 요약한 표현이다. 언뜻 보기에 경제학 연구는 전쟁의 경제적 비용을 이해하는 데 도움을 주더라도 인적 비용에 관해서는 이렇다 할 설명을 내놓지 못하리라 여기기 쉽다. 그러나 '돈의 흐름을 따라가는' 경제학의 접근 방식은 국가가 전쟁에 비용을 대는 구조만이 아니라 어떻게, 왜 전쟁을 벌이는지를 이해하는 데에도 매우 유용하다.

전쟁과 학살은 인간이 저지르는 가장 비합리적인 행동처럼 보인다. 따라서 인간에 대해 '효용을 극대화하는 행위자'로 무미건조하게 규정하는 경제학은 이러한 행동을 설명하기에 적합하지 않다고 생각할 수 있다. 그러나 경제학은 교과서에 나오는 딱딱한 이론보다 훨씬 풍부하고 복잡한 분야다. 경제학에서는 특히 전쟁과 갈등을 이해하기 위해 꼭 필요한 두 가지 개념을 제시한다. 바로 '유인incentives' 과 '제도institutions'다.

유인을 합리적으로 분석하면 전쟁처럼 지극히 불합리해 보이는 행동도 대부분 설명할 수 있다. 다만 한 가지 유의해야 할 점이 있는데, 유인은 외부 요인 없이 저절로 생겨나지 않는다는 것이다. 유인은 사회·문화·정치와 관련한 넓은 맥락 속에서 만들어지며, 경제학자들은 이 같은 맥락을 제도라 부른다. 그러므로 경제학에서는 주소나 전화번호가 있는 조직만이 아니라 사회가 요구하는 행동 방식도 제도로 간주한다. 가령 미국 연방수사국FBI은 당연히 하나의 제도지만, 경제학적 관점에서는 이웃의 물건을 훔치지 않아야 한다는 생각 또한 제도에 해당된다. 다시 말해 제도란 좁게는 실체가 있는 조직에서 넓게는 행동 양식이나 사회의 일반적 규범까지 아우르는 개념이다.

제도는 세월이 흐르면서 바뀌기 마련이며, 그에 따라 유인도 변화한다. 이 책에서 가장 먼저 다룰 중세 초기 유럽의 세계는 마지막으로 다룰 2020년대의 세계와 전혀 다른 곳이었다. 그사이 제도는 알아볼 수조차 없이 변했고, 그와 더불어 사람들을 움직이는 유인도 바뀌었다. 그러나 제도와 유인이 인간의 행동을 좌우하고 설명한다는 사실에는 변함이 없다.

경제학자들은 한 나라의 상대적인 부가 대체로 그 나라의 제도에 달렸다고 본다. 어떤 나라는 경제 성장을 촉진하고 국민의 생활수준을 높이는 제도를 발전시켜왔지만, 어떤 나라는 그러지 못했다. 이러한 연유로 제도는 개인이 삶에서 누리는 기회에 기술이나 기후 같은 요인들보다 훨씬 많은 영향을 끼친다고 볼 수 있다.

기나긴 인류 역사에서 제도와 그에 따른 경제적 성취에 무엇보다 큰 영향을 미친 것은 전쟁과 폭력이었다. 인류가 만든 수많은 제도 중에서도 가장 중요한 것은 국가였으며, 전쟁을 준비하고 수행하는 행위(경제사학자들은 이를 '군신 마르스의 선물'이라고도 부른다)는 문명이 시작된 이래로 거의 모든 시기에 걸쳐 국가를 규정하고 그 발전을 이끌어왔다. 따라서 우리는 전쟁을 살펴봐야만 제도의 발전을 파악할 수 있으며, 제도가 어떻게 발전해왔는지를 알아야만 경제학의 핵심 문제들을 이해할 수 있다. 전쟁을 수행하는 일과 국가를 수립하는 일은 나란히 발전을 거듭해왔다. 오늘날 우리가 '국가' 혹은 '국민국가'라고 부르는 제도는 남들보다 성공적으로 전쟁을 수행한 집단이 발전하면서 만들어진 것이다.

　　역사학자 아널드 토인비의 말처럼 역사는 자칫 "끝없이 이어지는 사실의 나열"로 전락할 위험이 있다. 경제학과 경제학적 사고는 어떤 사건이 왜 그런 식으로 일어났는지를 살펴보기 위한 틀을 제공하고, 때로는 불합리해 보이는 인간의 행동을 설명하는 데 도움을 주며, 돈이나 생산과 관련한 문제를 넘어 훨씬 넓은 영역에까지 적용할 수 있다. 사회과학과 역사는 본디 상호보완적이다. 역사가 없는 사회과학은 무미건조할 뿐만 아니라 대체로 쓸모가 없는 이론 훈련에 불과하며, 수학 모형이나 교과서 안에서는 말이 될지 몰라도 현실 세계에서는 통하지 않거나 오히려 해를 끼칠 수 있다. 반대로 사회과학이나 이론이 없는 역사는 사건과 연대를 나열한 목록에 그치기 쉽다. 물론 가끔은 사실을 나열하는 것 자체가 흥미로울 때도 있겠지만, 그렇다 해도 목록은 목록일 뿐이다. 사회과학과 역사를 결합해야 비로소 우리는 단순히 무슨 일이 일어났는지를 넘어 그 일이 왜 일어났는가 하는 중요한 물음에 답할 수 있다.

초창기 국가를 세운 사람들은 경제사학자들의 점잖은 표현을 빌리자면 '폭력 전문가violence specialist'였으며, 당시에는 주로 폭력의 위협이 경제적 교환을 이끌었다. 농업혁명이 일어난 지 얼마 지나지 않았을 무렵, 남보다 신체적으로 건장한 이들 중에는 농부들을 위협해 수확물을 빼앗으면 힘들게 농사를 짓지 않아도 쉽사리 먹을 것을 구할 수 있다는 사실을 깨닫는 사람들이 나왔다. 이들은 폭력 면에서 경제학자들이 말하는 비교우위를 가진 덕분에 더 나은 삶을 누릴 수 있었다. 반대로 폭력적 성향을 타고나지 않은 사람들이 살아남기 위해서는 자신을 지켜줄 힘이 있는 사람의 보호를 받는 것이 최선이었다. 이렇듯 폭력과 갈등은 인간이 처음 사회를 이룰 때부터 그 발전을 이끈 핵심 요소였다. 근대 이전의 세계에서도 유인과 제도가 중요했던 것은 매한가지다.

근대 이후로도 제도는 많이 변했지만, 전쟁과 폭력을 부추기는 유인은 여전히 사라지지 않았다. 전쟁과 제도는 시간이 흐르면서 서로를 형성해왔다. 새로운 무기나 전술, 기술이 나오면 국가는 그에 맞춰 자신을 조직하는 방식을 바꿔야 했으며, 이는 사회 전반에 걸쳐 변화를 가져왔다.

일례로 16~17세기 유럽에서는 이른바 '군사혁명'이 일어나면서 전쟁에 드는 비용이 대폭 증가했다. 이제 각국은 더 대규모의 군대를 갖춰 더 오랜 기간 전쟁을 벌였다. 전쟁 비용이 늘자 그 비용을 둘러싼 유인 구조가 변했으며, 전쟁의 성격이 바뀌자 국가의 성격과 규모도 바뀌었다.

이 책은 바이킹 시대부터 최근에 일어난 러시아-우크라이나 전쟁까지를 아우르며 갈등과 전쟁의 경제학을 탐구한다. 이를 위해 각 장에서는 칭기즈칸을 왜 세계화의 아버지로 봐야 하는지, 중세 유럽의 왕들이 병사들에게 일부러 조악한 무기를 지급한 결정이 왜 합리적이었는지, 신대륙에서 들어온 금은이 어떻게 스페인을 더 가난하게 만들었는지, 일부 경제학자가 마녀재판을 일종의 '비가격 경쟁'으로 보는 이유가 무엇인지, 해적 선장이 어떻게 인사관리의 선구자가 되었는지, 연줄과 인맥 숭심의 문화가 영국 해군의 성장에 어떤 식으로 도움을 줬는지, 제2차 세계대전에서 독일군이 훈장을 남발한 일이 독일 공군에 어떤 해를 끼쳤는지, 요제프 스탈린이 경영의 관점에서 주는 교훈은 무엇인지, 경제학 이론이 베트남전쟁에 어떤 영향을 미쳤는지와 같은 흥미로운 사례들을 살펴볼 것이다.

　　나아가 이 책에서는 이처럼 다양한 사례를 바탕으로 경제학이 전쟁을 이해하는 데 도움을 주기도 하지만, 반대로 전쟁이라는 극단적 현실을 통해 현대 경제학의 원리를 구체적으로 설명할 수 있다는 점까지 보여주고자 한다.

1

바이킹

경제를 발전시킨 합리적 약탈자들

793~1066

'피도끼' 에이리크의 다사다난한 생애를 아시는지. 10세기 바이킹의 왕으로 잉글랜드 북부의 노섬브리아왕국을 두 차례 통치했으며, 한때 노르웨이의 왕과 오크니제도의 족장Jarl을 지냈을 가능성도 있는 그의 이름은 노르웨이어로 에이리크 블로되스Eirik Blodoks인데 블로되스가 곧 '피도끼'다. '형제 살해자'라는 별명도 있는데 이는 그가 노르웨이 왕의 자리에 오른 과정을 짐작게 한다. 에이리크가 노섬브리아를 통치한 시기는 당대의 기록과 출토된 주화를 보면 비교적 정확히 알 수 있는데, 훨씬 후대에 쓰인 사가saga(중세 북유럽의 문학 장르)들에도 흥미로운 행적들이 남아 있다. 몇몇 역사가는 에이리크 블로되스가 사실은 두 명이었으며(하나는 역사 속, 하나는 전설 속 인물), 세월이 흐르면서 둘의 이야기가 뒤섞였다고 주장하기도 한다. 실제로 '피도끼'라는 별칭을 가진 왕이 한 명이 아니라 두 명이었다면, 이는 바이킹 왕권의 성격이 어땠는지를 보여주는 또 하나의 사례로 꼽힐 것이다. 마찬가지로 비슷한 시기에 오크니제도의 족장을 지낸 인물 중에는 '두개골 분쇄자' 토르핀(노르웨이어로 토르핀 하우사클류브 Thorfinn Hausakljuv)이라는 별칭을 가진 이도 있었다.

얼마 남아 있지 않은 동시대의 자료와 반쯤은 전설 같은 이후의 기록을 종합하면, 에이리크의 생애는 다음과 같이 요약할 수 있다. 에이리크는 노르웨이의 왕 하랄 하르파그리 Harald Hårfagre (하르파그리는 '아름다운 머리카락'이라는 뜻으로, 다른 별칭들에 비하면 꽤 근사하게 들린다)의 아들로 태어났으며, 하랄은 아들만 20명에 달했다고 전해진다. 에이리크에게는 죽여야 할 형제가 차고 넘쳤던 셈이다. 에이리크는 아버지의 총애를 받는 장남이면서도 왕위를 확실히 물려받기 위해 형제들을 하나씩 제거해나갔다. 그는 결국 왕위를 차지하는 데 성공했지만, 그의 가혹한 통치는 지지를 받지 못했고 얼마 못 가막을 내렸다. 그가 반란으로 왕위에서 내려올 무렵에는 살아남은 형제가 한 명뿐이었다. 노르웨이에서 추방된 에이리크는 북해를 건너가 오크니제도를 잠시 다스린 것으로 보이며, 이후 아일랜드해 주변에서 해적이자 약탈자로 자리를 잡았다. 그는 10여 년에 걸쳐 부와 명성, 추종자를 모은 끝에 947년에는 노섬브리아의 왕위를 차지했으며, 요크 지방을 중심으로 잉글랜드 북부의 상당 지역을 다스리게 되었다.

10세기 중반 노섬브리아의 정치는 한마디로 난장판이었다. 오늘날 잉글랜드에 해당하는 지역에 난립해 있던 수많은 소왕국과 군소국은 9세기 말부터 서서히 하나의 국가로 통합되기 시작했다. 웨식스의 왕이었던 앨프레드대왕과 그 후손들은 바이킹의 침략을 저지하는 동시에 영토를 확장해나갔다. 그들은 머시아, 동앵글리아 같은 옛 앵글로색슨 왕국들, 덴마크 정착민들이 100년 넘게 지배하던 잉글랜드 중부 지역의 땅을 정복해 새로운 통일 왕국 잉글랜드를 세웠다. 그러나 노섬브리아는 호락호락한 곳이 아니었다. 이 지역에서는 앨프레드대왕의 후손들이 세운 웨식스 왕조 잉글랜드와 하이버노-노르스 바이킹(이들은 스칸디나비아인들이 아일랜드해 너머에 세운 디블린 왕국과 관련이 있었다)이 치열한 세력 다툼을 벌였다. 지역의 주민들도 오래전부터 살던 앵글로색슨계와 100여 년에 걸쳐 정착한 스칸디나비아계가 뒤섞여 있었다. 후대의 잉글랜드 역사가 헌팅던의 헨리Henry of Huntingdon는 잉글랜드 북부의 주민들이 형세를 지켜보다 유리한 쪽에 붙곤 했다는 이유로 이들을 '한결같이 신의가 없는' 사람들이라 비판했다. 가혹하지만 완전히 틀린 평가는 아니다.

에이리크 블로되스의 첫 번째 노섬브리아 통치는 1년 만에 막을 내렸다. 스코틀랜드가 노섬브리아를 침공해온 948년에 앵글로색슨계 토착민들이 반란을 일으켰기 때문이다. 그러나 에이리크는 쉽게 물러설 인물이 아니었다. 그는 아일랜드, 컴브리아, 스코틀랜드 해안 일대에서 약탈을 벌이며 다시 한번 노섬브리아의 왕위를 노렸다. 그의 두 번째 통치에 대한 기록은 안타깝게도 명확하지 않다. 『앵글로색슨 연대기Anglo-Saxon Chronicle』에는 952년 노섬브리아 사람들이 "올라프왕을 몰아내고 에이리크를 받아들였다"고만 나온다. 하지만 2년 뒤인 954년 그들은 또다시 마음을 바꿔 이번에는 앨프레드대왕의 손자 이드리드의 편에 붙었다. 헌팅던의 헨리가 잉글랜드 북부의 주민들은 신의가 없다고 비판한 것을 북부인에 대한 남부인의 편견으로만 치부하기 어려운 이유다. 그리하여 노섬브리아의 왕위에서 두 번째로 쫓겨난 에이리크는 이후 페나인산맥에서 앵글로색슨 군대와 싸우다 목숨을 잃었다.

신화적 요소를 모두 걷어내고 보더라도 에이리크의 생애와 별칭은 우리가 바이킹 하면 떠올리는 이미지들을 담았다. 그는 북해 양쪽을 넘나들며 파란만장한 생애를 보냈으며, 때로는 왕이기도 때로는 약탈자이기도 했지만 마지막까지 전사로 살았다. 한마디로 그는 폭력 전문가이자 다른 폭력 전문가들을 이끄는 지도자였다.

800년경부터 11세기까지 이어진 바이킹 시대가 어떻게 시작되었는지, 스칸디나비아의 젊은이들이 서유럽의 해안 지역을 약탈하기 시작한 동기가 무엇이었는지는 확실하지 않다. 연구자들은 그동안 여러 가지 설명을 내놓았다. 그중에는 북유럽의 기후 변화로 농업 생산량이 줄어든 것이 대규모 이주를 촉발했다는 설도 있고, 스칸디나비아 지역의 통치자들 간에 지위 경쟁이 심해지면서 새로운 보물을 찾아 나서게 되었다는 설도 있다. 원인이 무엇이었든 간에 분명한 사실은 오늘날 우리가 말하는 바이킹들이 침략에 매우 능숙했다는 점이다. 9~10세기 유럽에서는 이미 수많은 폭력 전문가가 경쟁을 벌였는데, 그 가운데서도 북쪽에서 건너온 바이킹들이 유독 두드러진 이유는 무엇이었을까?

단순히 생각하면 스칸디나비아 해안 지역에 모여든 젊은이들이 앵글로색슨족이 다스리던 잉글랜드나 프랑크족이 다스리던 프랑스 지역 젊은이들보다 뛰어난 전사였기 때문이었을 수 있다. 앵글로색슨족을 예로 들어보자. 바이킹 시대가 시작되기 400여 년 전에는 색슨족이 그 시대의 바이킹과 같은 존재였다. 그들은 배를 타고 북해를 건너와 기독교화된 로마 브리튼의 해안에서 약탈과 습격을 벌이

**전사와 신하들의 충성을 유지하려면
왕은 끊임없이 전쟁을 벌여
새로운 금반지와 보물을 나눠줘야 했다.**

던 이교도들이었다. 이후 앵글로색슨족이 세운 왕국들은 6~7세기에 이르러 오늘날 잉글랜드라 불리는 브리튼의 저지대를 지배했다. 초기 색슨 왕권의 성격을 가장 잘 보여주는 자료는 역사서나 칙서, 연대기가 아니라 위대한 서사시 『베오울프Beowulf』다. 이 작품은 스칸디나비아를 배경으로 괴물과 용 같은 허구의 존재가 중세 초기의 왕들을 괴롭히는 이야기를 담았지만, 당시의 권력이 지닌 본성에 관한 중요한 사실을 말해준다. 시적인 표현과 환상적인 요소들을 걷어내면, 이 작품은 폭력 전문가들이 어떻게 사회를 지배했는지를 다룬 단순한 이야기로 해석할 수 있다. 이 이야기에서 왕은 금과 반지를 나눠주며 목재로 지은 커다란 연회장에서 신하들에게 연회를 베푸는 존재로 그려진다. 성공한 왕은 곧 성공한 전쟁 지도자이며, 뛰어난 전사들은 그를 따르고 싶어 한다. 왕은 전리품을 챙겨 추종자들에게 나눠주기 위해 전투를 벌인다. 지도자가 더 많은 전리품을 확보할수록 더 큰 전사 집단을 이룰 수 있으며, 세력이 커지면 또다시 더 많은 금을 추종자들에게 나눠줄 수 있다. 폭력 전문가들의 관점에서는 일종의 선순환 구조가 만들어지는 것이다. 물론 이는 어디까지나 전투가 잘 풀릴 때의 이야기다. 왕이나 지도자가 전투에서 이기지 못하면 그의 통치도 끝이 날 수밖에 없다.

이러한 정치경제 모델의 문제점은 경제학자가 아니더라도 쉽게 파악할 수 있다. 전사와 신하들의 충성을 유지하려면 왕은 끊임없이 전쟁을 벌여 새로운 금반지와 보물을 나눠줘야 했다. 이 체제는 처음부터 불안정성과 갈등을 내재했던 셈이다.

이 세계에서는 훗날 등장할 왕위 세습 개념이 꽤 생소해 보였을 것이다. 힘 있는 신하들은 전투를 지휘하는 왕의 능력이 자신의 수입은 물론 목숨까지도 좌우한다는 사실을 잘 알았다. 그들은 현왕의 아들이 아버지만큼이나 전투에 능할 것이라는 요행에 기대려 하지 않았다. 따라서 왕이 죽으면 유력자들은 왕위를 차지하려 다툼을 벌이기 일쑤였다.

그러나 바이킹 시대에 이르자 상황이 달라졌다. 앵글로색슨 왕국들은 규모가 커지고 더욱 안정되었다. 그들은 이제 기독교인이었으며, 부자 세습은 일반적인 관행으로 자리를 잡았다. 왕국 간의 전쟁이나 국경 지역에서의 습격과 소규모 충돌은 여전히 잦았지만, 전반적인 폭력의 수준은 수백 년 사이에 확실히 낮아졌다. 이처럼 끊임없이 전쟁을 벌여야 하는 정치경제 모델을 그렇지 않은 모델로 전환하는 것은 많은 장점이 있지만, 한 가지 단점도 있다. 9세기에 앵글로색슨족이 경험했듯 폭력 전문가의 숫자와 능력이 줄어들 위험이 있다는 것이다. 그에 반해 바이킹 시대의 스칸디나비아는 에이리크 블로되크스의 이야기에서 알 수 있듯 여전히 『베오울프』의 세계에 더 가까운 곳이었다. 이 지역은 8세기 말 앵글로색슨족이 다스리던 잉글랜드보다 안정성은 떨어졌을지 몰라도 뛰어난 전사들을 양성하기에는 확실히 유리했다.

그러나 바이킹의 성공에는 뛰어난 전사 계급을 보유했을 가능성이 크다는 것 외에도 더 많은 요인이 있다. 바이킹은 약탈에서 매우 중요한 두 가지 비교우위를 가졌다. 하나는 우수한 해양 기술이며, 다른 하나는 최소 100여 년 동안 기독교 신앙을 받아들이지 않았다는 점이다. 바이킹의 진출 초기에 일어난 가장 유명한 습격 사건을 보면 이 두 가지 이점이 어떻게 작용했는지 알 수 있다. 바로 793년 노섬브리아 해안의 홀리섬에 있던 린디스판수도원이 습격당한 사건이다.

스칸디나비아에서는 오랫동안 배가 중요한 역할을 해왔다. 섬과 후미, 피오르(빙하의 침식으로 생긴 깊고 좁은 만)가 많은 이 지역에서 일정 기간 이상 사람이 살기 위해서는 어떤 형태로든 조선 기술을 익혀야 했다. 정착지는 대부분 해안이나 호숫가에 형성되었으며 바다에서 멀리 떨어지지 않았다. 스칸디나비아인들이 만든 배는 보통 유럽의 다른 지역에서 쓰던 배보다 빠르고 날렵하며 가벼웠지만, 처음에는 오로지 노를 저어야만 움직였다. 그러다 바이킹 시대가 열리기 전 중대한 기술 혁신이 일어났다. 스칸디나비아인들이 기존의 롱십longship(바이킹들이 타던 좁고 기다란 배)에다 돛을 달기 시작한 것이다.

노와 돛을 이용한 이중 추진 방식은 바이킹들이 처음 서유럽에 진출해 약탈을 벌이는 과정에서 결정적인 역할을 했다. 그전까지 배를 타고 북해를 건너려는 사람들은 탁월풍에 따라 항로를 정했으며, 탁월풍의 방향은 조금씩 바뀌기는 해도 대체로 일정했다. 따라서 바이킹 시대 이전에 스칸디나비아를 떠나 린디스판수도원으로 향하는 배는 먼저 바람을 타고 스코틀랜드 남부의 해안으로 간 다음, 그곳에서 하루이틀에 걸쳐 해안을 따라 수도원까지 남하해야 했다. 이런 항해 방식은 목적지에 도달할 수는 있어도 기습이 거의 불가능하다. 그러나 바이킹들은 대부분의 항해를 돛으로 하다가 수평선 너머에서부터 노를 저어 목적지까지 빠르게 접근할 수 있었다. 다시 말해, 바이킹들이 이전과 같은 방식으로 항해했다면 린디스판의 수도사들은 북쪽에서 모양이 특이한 배들이 속도를 줄이며 다가오는 것을 보고 하루이틀 동안 대비할 수 있었을 테지만, 이제 그들은 섬 근처에 배들이 나타나 해안으로 향한다는 사실을 겨우 몇 시간(정확한 시간은 날씨와 시야 상태에 따라 달랐을 것이다) 전에야 알아차릴 수 있었다. 노섬브리아 출신의 성직자이자 저명한 지식인으로 당시 카롤루스 대제 치하의 프랑크왕국에 살던 알퀸Alcuin은 린디스판수도원이 습격당했다는 소식을 듣고 "그런 식의 항해가 가능하리라고는 누구도 상상하지 못했다"고 말했다.

바이킹의 습격에 취약했던 곳은 해안 지역만이 아니었다. 바이킹들은 선체가 좁은 롱십을 타고 바다는 물론 강을 따라서도 항해할 수 있었다. 바이킹 시대가 이어지는 동안 브리튼섬의 강들은 약탈자들의 고속도로가 되었으며, 바이킹들은 센강을 따라 파리까지 진출하기도 했다.

여기에 더해 앞서 언급한 대로 바이킹들이 기독교를 믿지 않는 이교도였다는 점도 린디스판수도원 습격을 가능케 한 주요인이었다. 790년대 서유럽에서는 기독교가 확고히 자리를 잡았고, 같은 신을 향한 믿음이 보편화되면서 교회와 그 부속 기관에 대한 존중도 널리 퍼졌다. 이처럼 종교 시설을 신성시하는 사고방식이 퍼진 덕분에 아이오나, 린디스판 같은 외딴섬에 자리한 수도원들은 별다른 방비 없이도 보물을 보관할 수 있었다. 그러다 보니 서유럽인들은 린디스판수도원 습격 사건 자체의 폭력성보다 바이킹들이 종교 시설을 주로 노린다는 사실에 더 크게 분노했다.

또한 이처럼 고립된 종교 시설에서 사는 수도사들이 시대가 완전히 달라졌다는 사실을 깨닫기까지는 생각보다 오랜 시간이 걸렸다. 아이오나수도원은 성聖 콜룸바가 563년에 설립했으며, 이후 150여 년간 아일랜드, 스코틀랜드, 잉글랜드 북부의 기독교 연구와 교육 중심시로 성장한 곳이다. 이 수도원은 린디스판 습격이 발생한 지 불과 2년 후인 795년에 처음 공격을 받았으며, 이 시기 바이킹들은 영국의 다른 해안 지역에서도 활개를 치고 있었다. 아이오나수도원은 802년, 806년에도 연이어 약탈을 당했는데, 세 번째 습격에서는 수도사 68명이 살해당했으며, 이들이 죽임을 당한 장소는 훗날 '순교자의 만'이라는 이름이 붙었다. 그런데도 수도원의 생존자들은 825년에 네 번째 습격을 받고 또 다른 순교자들이 나온 뒤에야 더는 견딜 수 없다고 판단해 북아일랜드 해안에서 30킬로미터쯤 떨어진 언덕 위 요새로 이주했다.

바이킹 시대 초기의 수십 년간 일어난 일들을 살펴보면 20세기 미국의 은행 강도 윌리 서튼의 일화가 떠오른다. 왜 은행을 털었냐는 물음에 그는 "거기에 돈이 있으니까"라 답했다고 한다. 그렇다면 바이킹들은 왜 해안 지역의 수도원들을 계속 습격했을까? 그 이유는 수도원들이 많은 보물을 보관했을 뿐만 아니라 무방비 상태나 다름없었기 때문이다.

초기 바이킹들의 약탈을 뒷받침하는 경제적 논리는 1000여 년 후 윌리 서튼의 범죄 행위와 마찬가지로 그리 복잡하지 않다. 약탈은 철저한 제로섬 게임이다. 한쪽(약탈자)은 이익을 보고, 다른 한쪽(피해자)은 손해를 본다. 심한 경우 아이오나의 불운한 수도사들처럼 금전적 피해를 넘어 목숨까지 잃었다.

　　이 시기에 바이킹들은 주화, 은식기, 장신구, 금붙이처럼 자루에 담아 배에 실을 수 있는 물건을 닥치는 대로 훔쳤다. 하지만 시간이 흐르면서 바이킹들은 더 원대한 목표를 노리게 되었으며, 그들을 움직이는 경제 논리도 훨씬 복잡해졌다. 린디스판수도원 습격 이후 150여 년이 지나 에이리크 블로뙤스의 시대에 이르자 바이킹들은 단순한 약탈자에서 벗어났다(물론 에이리크가 그랬듯 이 시대에도 바이킹들은 종종 약탈을 벌이곤 했다). 10세기 무렵 바이킹들은 가끔 나타나 노략질을 일삼는 해적을 넘어 정착민이자 침략자가 되었다. 바이킹들이 브리튼에서 펼친 전술은 860년대부터 변화를 보이기 시작했다. 865년 이 지역에는 앵글로색슨인들이 '이교도 대군세 Great Heathen Army'라 부른 군대가 몰려왔다. 이들은 금으로 장식한 교회 제단을 자루에 담아 배에 실어 가는 것으로 만족하는 약탈자가 아니라, 이름에서 알 수 있듯 이 지역을 정복하려는 군대였다.

　　연구자들은 보통 이교도 대군세의 규모를 1000~3000명 정도로 추정한다. 요컨대 중세 초기의 군대는 오늘날 영국 프리미어리그 경기의 원정 응원단과 규모가 비슷했다. 물론 이는 이전의 약탈자 무리보다는 훨씬 큰 규모였다. 따라서 침략군을 상대하는 사람들은 방어 전략을 바꿔야 했다. 무장한 약탈자의 배 몇 척을 상대하는 일과 영토로 쳐들어와 진을 친 수천 명의 무장 군인을 상대하는 일은 전혀 다른 문제였기 때문이다. 처음에 앵글로색슨인들은 누구나 예상할 법한 반응을 보였다. 그들은 똑같이 수천 명의 병력을 모아 침략군을 격퇴하려 했다. 그러나 이 방법이 실패하고 바이킹들이 코앞까지 밀어닥치자 통치자들은 새로운 전술을 시도했다. 바로 조공을 바쳐 약탈을 멈추는 것이었다. 서유럽인들이 바이킹에 바친 조공은 이후 데인겔드Danegeld라는 이름이 붙여졌으며, 당시의 정세와 경제 구조를 뿌리째 바꿔놓았다.

데인겔드처럼 약탈자들이 물러가도록 조공을 바친다는 발상은 후대에 부정적인 평가를 받았다. 가령 영국의 시인 러디어드 키플링Rudyard Kipling은 협박에 굴복해 대가를 지불하는 일을 비판하는 시를 쓰기까지 했다.

어느 나라든 유혹에 빠질 빌미를 주지 말라.
그들이 유혹에 넘어가 잘못된 길을 갈까 두려우니.
그러니 누군가 대가를 달라고 요구하며 위협할 때엔
이렇게 말하는 편이 현명하다.
'우리는 누구에게도 데인겔드를 바칠 생각이 없네.
그 비용이 아무리 사소하더라도 말일세.
그러한 술책의 끝은 억압과 치욕이며,
그 길을 택한 나라는 결국 사라질 것이네.'

그러나 협박에 굴복하지 말라는 충고는 남의 일일 때나 쉽게 할 수 있다. 바이킹의 위협 앞에서 돈을 주기로 한 결정은 당시 사람들에게는 지극히 합리적인 선택이었다. 오늘날 앨프레드대왕은 바이킹의 침략에 단호히 맞서 싸운 것으로 널리 알려졌다. 물론 틀린 말은 아니지만, 그는 대부분의 통치기 동안 조공을 바치는 쪽이 더 합리적인 대응임을 인정했다. 9세기 말부터 11세기 중반까지 잉글랜드의 왕들은 수시로 상당한 액수의 조공을 바쳐야 했으며, 이는 잉글랜드만의 문제가 아니었다. 영국해협 너머 프랑크왕국도 키플링의 조언과 달리 주기적으로 조공을 바쳤으며, 오늘날 발트해 연안 국가나 저지대 국가(벨기에, 네덜란드 등), 이베리아반도, 러시아와 우크라이나에 해당하는 지역의 통치자들도 마찬가지였다.

　이처럼 위협에 굴복해 많은 재산을 내어주는 것은 경제적으로 막심한 손실이라 여겨질 테지만, 꼭 그렇지만도 않다. 당대의 사료를 재구성해봤을 때 바이킹 시대에 유럽 전역, 혹은 바이킹의 영향을 가장 크게 받은 북해 지역의 경제 활동이 위축되었다고 판단할 만한 근거가 없기 때문이다. 현실은 오히려 그 반대였다. 9~11세기 유럽은 생산, 무역, 인구 측면에서 탄탄하게 성장한 것으로 보이며, 그 성장세는 직전 몇 세기보다 가팔랐을 가능성이 크다. 바이킹 군대의 출현과 조공 납부가 경기 침체가 아닌 경제 활동의 증가로 이어졌다고 볼 수 있는 것이다.

　그 이유를 이해하려면 한 걸음 물러서서 중세 초기의 경제 구조와 조공 납부라는 제도의 두 가지 핵심 원리를 살펴볼 필요가 있다. 991년에 일어난 사건을 예로 들어보자. 그해 데인족의 군대는 몰든전투에서 앵글로색슨군에 대승을 거두었다(이 전투는 당대에 또 하나의 서사시로 기록되었다). 전투가 끝난 후 데인족은 관례대로 조공을 요구했지만, 앵글로색슨족 지도자 버르스노스는 이를 거부했다. 훗날 러디어드 키플링은 이 결정을 칭송했을 테지만, 그 결과는 버르스노스 본인에게 전혀 좋을 것이 없었다. 데인족은 이어진 전투에서도 승리했고 버르스노스는 그 싸움에서 목숨을 잃었으며, 잉글랜드는 결국 3300킬로그램에 달하는 은을 바치기로 합의했다.

　그렇다면 조공으로 바친 은은 어떻게 되었을까? 바이킹들은 아동 만화에 나오는 해적들처럼 은을 땅에다 묻어두지 않았다. 베오울프가 신하들에게 금을 나누어주었듯, 조공은 대부분 바이킹 군대의 구성원들에게 분배되었다. 그리고 바이킹들은 그 돈으로 상품과 서비스를 구매했다. 여기서 중요한 것은 그들이 주로 조공을 낸 사람들에게서 상품과 서비스를 샀다는 점이다.

20세기 경제학자들은 조공을 뒷받침하는 경제 논리가 흔히 생각하는 것보다 훨씬 복잡하다는 사실을 깨달았다. 제1차 세계대전 이후 독일이 영국과 프랑스를 비롯한 승전국들에 막대한 배상금을 지불하던 시기에 존 메이너드 케인스와 스웨덴 경제학자 베르틸 올린은 이른바 '이전 문제'를 두고 논쟁을 벌였다. 바이마르 독일이 전쟁 배상금을 지불한 일과 중세 초기 왕들이 데인겔드를 바친 일은 정치 상황과 시대적 맥락 면에서 전혀 달라 보이겠지만, 한 국가에서 다른 국가로 재정을 이전하는 행위에 깔린 근본적인 경제 논리는 그리 다르지 않다.

오늘날 국제 거시경제학에서는 대체로 금융 자원을 이전하면 실물 자원도 일정 수준 따라서 움직인다고 본다. 즉, 앵글로색슨족이 데인족에 3000킬로그램이 넘는 은을 바친 일은 그 은이 상품과 서비스를 구매하는 데 쓰이면서 잉글랜드에서 스칸디나비아로 많은 재화가 이전되는 결과로 이어졌을 것이다.

중세의 맥락에서 볼 때 이러한 자원 이전은 의미가 더욱 특별하다. 오늘날과 달리 중세 세계는 경제학적으로 말하면 생산 능력을 제대로 발휘하지 못하는 상태였다. 중세 유럽의 일반적인 주민과 인구의 절대다수는 농촌에 살며 농사를 지었다. 그들은 오늘날과 같은 화폐화된 경제에 속하지 않았다. 다시 말해, 중세인들은 임금을 받고 일한 뒤 그 돈으로 자신과 가족이 쓸 물건을 구매하는 삶을 살지 않았다. 그 대신에 그들은 자신이 생산한 재화를 대부분 직접 소비했고, 소비하는 재화를 대부분 직접 생산했다. 어느 정도는 먹고 쓰는 것 이상으로 생산할 필요도 있었지만(이는 지주에게 현물이나 강제 노동의 형태로 납부하거나 시장에 판매했다), 그 양은 많지 않았다. 이윤 극대화 같은 현대의 경영·경제 원칙은 중세인들의 사고방식과 거리가 멀 뿐만 아니라 완전히 낯선 개념이었다. 중세 초기 사회가 대체로 그랬듯, 경제가 잠재적 생산 능력에 한참 못 미치는 수준으로 돌아가는 상황에서는 세금 인상이 오히려 경제의 생산량을 늘리는 효과를 낼 수 있다. 이 과정을 처음부터 되짚어보자. 잉글랜드 왕이 데인족에 조공을 바치기로 했다면, 백성들에게서 더 많은 세금을 걷어 자금을 마련해야 한다. 작년보다 세금을 더 많이 내야 한다는 말을 들은 백성들은 당연히 못마땅했겠지만, 그 요구를 충족하려면 어쩔 수 없이 더 오래 일해야 했으며, 그 결과 농촌에서 나오는 잉여생산물의 양이 늘어났을 것이다.

요컨대 중세 세계에서 조공을 바치는 일은 단순히 경제적 효용의 순손실을 뜻하지 않았다. 오히려 조공은 농민들의 세금 부담을 늘림으로써 생산을 자극해 생산량을 증가시켰다. 물론 위협에 굴복해 조공을 바치는 치욕을 견뎌야 했던 왕이나 늘어난 세금 탓에 더 오래 일해야 했던 농민들은 이를 반갑게 여기지 않았을 것이다. 하지만 순수하게 경제학적인 관점으로는 외부에서 거대한 폭력 전문가 무리가 쳐들어와 조공을 요구한 것이 꼭 나쁘기만 하진 않았다.

바이킹 시대의 경제 구조에는 이 밖에도 또 하나 주목할 만한 점이 있다. 중세 초기의 통치자들에게는 데인겔드를 바치거나 침략

바이킹은 여러모로 역사상
가장 성공한 도적 집단이라 볼 수 있다.

자들과 맞서 싸우는 것 외에도 또 다른 선택지가 있었다. 북유럽 전역에서 널리 쓰이게 된 세 번째 전략은 고대 중국의 통치자들이 자주 사용하던 '이이제이'였다. 구체적으로 말하면, 외부에서 온 폭력 전문가 집단을 해안 지역에 정착시켜 다른 외부 세력이 함부로 쳐들어오지 못하게 막아주기를 기대하는 것이다. 프랑스 북부의 노르망디공국은 이 전략을 바탕으로 탄생했으며, 11세기 초 잉글랜드 왕들도 같은 맥락에서 바이킹 군대를 용병으로 고용했다.

　　이 모든 이야기는 미국의 경제학자 맨슈어 올슨Mancur Olson이 제시한 이론에도 꼭 들어맞는다. 제도경제학을 정립한 올슨은 도적 행위의 본질을 놓고 많은 논의를 벌였는데, 바이킹은 여러모로 역사상 가장 성공한 도적 집단이라 볼 수 있다. 올슨이 제시한 이론의 핵심은 '유랑 도적'과 '정착 도적'을 구분하는 것이다. 양자는 이름대로 도적이라는 점은 같지만, 이들을 움직이는 유인은 매우 다르다. 예컨대 배를 타고 다니는 바이킹 무리 같은 유랑 도적은 빼앗을 수 있는 것만 최대한 챙겨 집으로 돌아갈 뿐, 약탈당한 사람들이 어떤 피해를 보든 아랑곳하지 않는다. 린디스판수도원이나 아이오나수도원의 사례에서 알 수 있듯, 유랑 도적에게 약탈당하는 일은 전혀 유쾌한 경험이 아니었을 것이다. 그러나 도적 집단이 한 곳에 자리를 잡기 시작하면 이야기가 달라진다. 수도원의 보물을 약탈해 스칸디나비아로 가져가는 것도 수지맞는 일이지만, 장기적으로 보면 노르망디 같우 지역에서 농민들에게 세금을 부과해 그들의 잉여생산물을 가져갈 권리를 얻는 쪽이 훨씬 더 수익성 높은 선택이었다. 따라서 오랫동안 한곳에 머무를 생각이 있는 정착 도적은 황금알을 낳는 거위의 배를 가를 이유가 없다. 오히려 그들은 거위가 살찌고 건강해져서 황금알을 더 많이 낳아주기를 바란다.

가능하다면 어떤 도적에게도 약탈당하지 않는 편이 좋겠지만, 만약 둘 중 하나를 택해야 한다면 유랑 도적보다는 정착 도적이 훨씬 나은 선택지다. 정착 도적은 시간이 지날수록 국가와 비슷한 모습을 보인다. 정착 도적에게는 새 영토가 번영하기를 바랄 유인이 있기에, 그들은 법과 질서 등 경제학에서 말하는 공공재를 제공하기 시작한다. 밀렵꾼이 때로는 뛰어난 사냥터지기가 되는 것과 같은 이치다. 세월이 흐르면서 바이킹들은 국가를 이끄는 데에도 탁월한 능력을 보였다. 영국 역사에서 중요한 해인 1066년에 일어난 사건이 이를 가장 잘 보여주는 사례다. 그해 잉글랜드에서는 앵글로-데인계 유력 가문의 수장 해럴드 고드윈슨, 노르웨이 국왕 하랄 하르드라다, 노르망디 공작 윌리엄, 이렇게 세 사람이 왕위를 두고 다퉜는데, 정도는 다를지 몰라도 이전 시대의 앵글로색슨인들 눈에는 그 후보들이 모두 바이킹의 후예로 보였을 것이다.

BLOOD & TREASURE

2

칭기즈칸

산업혁명의 토대를 마련한 세계화의 아버지

1162~1227

칭기즈칸이 세계사에서 가장 중요한 인물 중 하나라는 말에 동의하지 않을 역사가는 없을 것이다. 그는 일찍이 인류가 본 적 없는 거대한 나라를 세웠으며, 이는 현재까지도 기준에 따라 달라지긴 하지만 역사상 두 번째 혹은 세 번째로 큰 제국으로 꼽힌다. 그러나 칭기즈칸이 남긴 유산은 전쟁사나 정치사에만 국한되지 않는다. 세계 경제사에서 지대한 영향을 끼친 인물을 꼽으라고 하면, 많은 사람이 현대 경제학의 선구자 애덤 스미스 같은 주요 이론가나 증기기관을 발명한 로버트 스티븐슨처럼 위대한 혁신가를 고르겠지만 칭기즈칸이 남긴 경제적 유산 역시 누구에게도 뒤지지 않는다. 그는 유라시아를 정치적·경제적으로 통합했다는 점에서 세계화의 아버지라 할 수 있으며, 의도하지는 않았겠지만 산업혁명의 토대를 마련한 인물이기도 하다.

몽골인들은 바이킹처럼 당대에 가장 강력하고 무서운 폭력 전문가들이었다. 그들은 유랑 도적에서 정착 도적으로 전환해 자신들이 접촉한 사회에 지속적인 영향을 미쳤다는 점에서도 바이킹과 비슷했지만, 그보다 훨씬 거대하고 조직적인 규모로 활동했다. 몽골 제국을 이해하려면 유라시아 대초원의 성격과 사회조직, 그에 따른 경제 구조를 이해해야 한다. 유라시아 대초원은 다뉴브강 하구에서 태평양까지, 현재의 국가를 기준으로 보면 헝가리에서 중국까지 8000킬로미터에 걸쳐 있다. 이는 세계에서 가장 넓게 뻗은 초원으로, 대부분의 초원 지대는 반건조 기후에 속해 여름은 길고 건조하며, 겨울은 비교적 온화하고 때때로 뇌우가 친다. 초원과 경계를 맞댄 많은 지역과 달리, 초원의 토양과 기후는 대규모 농업에 적합하지 않다. 그러다 보니 오랜 옛날부터 지금까지 유라시아 대초원에서 사람들이 주로 모여 사는 지역은 서쪽 끝의 유럽과 동쪽 끝의 중국, 남쪽의 중동에 몰려 있었다. 이 지역들은 농업 생산량을 높여 더 많은 인구를 부양하기에 유리했다. 대초원에 접한 정착 사회들은 초원 지대를 다양한 방식으로 인식해왔다. 초원은 때로 풀로 뒤덮인 거대한 황무지이자 넘을 수 없는 세상의 끝처럼 보였다. 그러나 어떻게 보면 초원은 바다와 마찬가지로 익숙하지 않은 사람이 건너기는 어렵더라도 멀리 떨어진 지역들을 이어주는 공간이기도 했다.

대초원의 기후와 지형은 유라시아의 여느 지역과는 다르게 한 곳에 정착해서 농사를 짓기에 알맞지 않았다. 서유라시아에서는 곡물의 대량 재배를, 동유라시아에서는 쌀농사를 기반으로 농업혁명이 일어났지만, 대초원에서는 그와 같은 변화가 일어나지 않았다. 다른 지역의 정착민 공동체들은 크고 작은 마을을 이루어 살았고 그중 일부는 점차 도시로 발전해갔지만, 칭기즈칸이 태어날 무렵 대초원의 사회조직은 2000~3000년 전과 별다른 차이가 없었다. 이 지역 사람들은 계절에 따라 이동하는 유목 공동체를 이루어 사냥과 가축 방목으로 생계를 유지했다.

이렇듯 대초원은 서유라시아나 동유라시아와 생산 기반이 전혀 다른 만큼 사회조직의 형태도 다를 수밖에 없었다. 사냥과 방목으로는 정착 농업만큼 많은 잉여를 생산하지 못하며, 잉여생산물이 적으면 유럽이나 중국에서 등장한 것과 같은 대규모 엘리트 집단이 존속할 수 없다. 따라서 대초원의 사회는 계층의 구분이 뚜렷하지 않았고 엘리트 집단의 규모도 상대적으로 작았다. 가령 12세기 몽골에는 동시대 서유럽의 귀족이나 중국의 관료 같은 계층이 존재하지 않았다. 물론 부족에는 지도자가 있었으며 그들은 평범한 유목민이나 사냥꾼보다는 나은 생활을 했지만 큰 차이가 없었다. 정착 사회에서는 인구 중심지가 더 큰 정치 단위의 토대가 될 수 있다. 가장 단순하게는 한 마을의 엘리트 집단이 이웃 마을의 엘리트 집단을 지배할 수 있으며, 이 과정을 몇 세대에 걸쳐 반복하면 작은 왕국 같은 정치 단위가 형성된다. 그러나 인구 중심지가 정해지지 않고 끊임없이 이동하는 환경에서는 이러한 일이 일어나기가 훨씬 어려우며, 유목민 부족들은 때로 연합을 맺지만 쉽게 갈라지기도 한다.

대초원 사회의 성격에서 유념해야 할 점은 그들이 외부와 단절되지 않았다는 것이다. 대초원의 부족들은 오랫동안 주변 지역과 교류해왔다. 경우에 따라서 무역의 형태로 유목민들은 동물의 고기와 가죽을 정착 농업 사회에서 생산한 농산물이나 공산품과 교환했다. 하지만 양자의 교류는 폭력적인 성격을 띨 때도 있었으며, 유목민들은 필요한 것을 교환하기보다는 빼앗는 쪽을 택하기도 했다. 대초원의 부족들은 약탈을 통해서든 교환을 통해서든 간에 늘 주변의 정착사회가 생산한 재화를 얻기를 원했다.

훗날 역사에서 칭기즈칸이라는 이름으로 알려진 테무친은 1150년대 말이나 1160대 초에 이와 같은 대초원의 세계에 태어났다. 테무친은 행운과 불운이 뒤섞인 환경에서 어린 시절을 보냈다. 그는 족장의 아들이자 널리 존경받는 전쟁 지도자의 후손으로 태어났지만, 어린 나이에 아버지를 잃었고 그의 가족은 부족에서 쫓겨나 대초원에 버려졌다. 이후 20여 년간의 행적은 명확하지 않지만, 그는 한동안 중국 금나라에서 노예 생활을 한 것으로 보인다. 그의 생애에 관한 역사적 기록은 1190년대 중반부터 뚜렷해진다. 이 무렵 테무친은 대초원으로 돌아와 전사 집단을 이끌었고 1200년대 초에는 대초원 동쪽 지역을 제패했으며, 1206년경 칭기즈칸이라는 칭호를 얻었다. 이 칭호의 정확한 의미는 800년이 지난 지금도 논란의 대상이다. 어떤 이들은 이것이 특별한 의미가 없는 고유명사일 뿐이라고 주장하며, 어떤 이들은 '칭기즈'라는 말이 힘이나 정의라는 뜻을 담고 있다고 말한다. 그런가 하면 몇몇 언어학자는 이 말이 튀르크어족에서 왔으며 '바다의 주인' 정도로 해석할 수 있다고 말한다. 당시 유라시아 사람들은 세상을 바다로 둘러싸인 하나의 대륙으로 여겼기에, 바다의 주인은 곧 '세계의 지배자'라는 뜻으로 볼 수 있다. 만약 세 번째 견해가 사실이라면, 칭기즈칸이라는 칭호는 1206년 당시만 해도 지나치게 거창해 보였을 테지만, 1227년 테무친이 사망할 무렵에는 그리 터무니없는 말로 보이지 않았을 것이다. 칭기즈칸은 몽골족을 통일한 지 불과 20년 만에 중국 북부를 정복했으며, 서쪽으로는 오늘날의 조지아와 우크라이나에 해당하는 지역까지 영토를 확장했다. 이후 14세기 초에 이르러 칭기즈칸의 후계자들은 동서로는 오늘날의 중국과 헝가리, 남쪽으로는 이란과 이라크, 터키, 북쪽으로는 러시아의 발트해 연안 지역에 이르는 광대한 영토를 다스리게 되었다.

이 이야기는 두 가지 물음을 던진다. 몽골 군대는 무슨 수로 그토록 엄청난 성과를 거두었을까? 칭기즈칸과 그 후계자들은 어떻게 흩어져 있던 유목 부족들을 하나로 묶어 세계를 정복한 대제국을 세웠을까? 두 물음의 답은 사실상 하나다. 칭기즈칸과 후계자들은 유인을 활용하는 법을 잘 알았으며, 이를 바탕으로 지속 가능한 제도를 세워 발전시켜나갔다.

몽골족의 전쟁 기술과 대초원의 삶에서 가장 중요한 요소는 말이었다. 말은 유목 생활을 떠받치는 근간이자 가축 방목과 사냥에 없어서는 안 될 도구였다. 대초원에 사는 사람들은 어릴 적부터 말 타는 법을 배우며, 매일 수 시간씩 안장 위에서 생활했다. 따라서 그들의 기마술은 적수가 없을 만큼 뛰어났다. 게다가 몽골족이 보유한 말의 수 또한 어마어마했다. 1206년 테무친이 칭기즈칸으로 즉위할 당시, 그가 다스리던 영토의 인구는 100만 명에 달했으며, 말은 무려 500만 마리에 이르렀다. 1300년경 몽골제국이 보유한 말은 약 1000만 마리에 달했는데, 이는 당시 지구상에 있던 말의 절반 수준이었다.

뛰어난 기마술은 몽골군이 대체로 전장에서 전술상의 우위를 점하고 압도적인 기동력으로 적을 혼란에 빠뜨릴 수 있었던 이유를 설명한다. 그러나 그보다 더 중요한 요인은 병사들이 언제든 새로운 말로 갈아탈 수 있었다는 점이다. 몽골 병사들은 한 사람당 많게는

20마리의 말을 데리고 다녔고, 그 덕분에 몽골군은 적들이 하루에 겨우 15킬로미터쯤 이동할 때 80~100킬로미터씩 진군할 수 있었다.

몽골군 병사 대다수는 말에서 내리지 않고도 빠르고 정확하게 활을 쏘는 기마 궁수였다. 그들은 우월한 속도와 기동력을 활용해 교전을 주도했으며, 적이 우왕좌왕할 때까지 화살을 퍼부은 다음 적에게 돌격해 마무리를 지었다.

13~14세기 몽골군이 이 같은 전투 방식에 매우 능했던 것은 사실이지만, 그들의 전술 자체는 새로운 것이 아니었다. 좋은 말을 탄 대초원의 기마 궁병 부대는 로마제국과 중국 진나라 시대에도 이름이 알려져 있었으며, 칭기즈칸이 이끄는 몽골군의 전투 방식은 750여 년 전 훈족의 왕 아틸라가 이끌던 군대와 크게 다르지 않았다.

산업화 이전 시대에 여러 제국이 거둔 성공은 전술적 혁신이나 군사 기술, 특정 민족의 전쟁 능력과 같은 요인만으로는 설명할 수 없다. 몽골제국이 전 세계 말의 절반을 보유했다는 사실은 그들이 이룬 성과를 설명하는 데 빠뜨려서는 안 될 요인이지만, 이것만으로는 충분하지 않다. 칭기즈칸이 세운 제국을 이해하려면 전장 바깥으로도 눈을 돌려야 한다.

칭기즈칸은 분명 전쟁에 탁월한 능력을 보였다. 하지만 그는 전쟁보다도 조직을 만드는 일에 더 뛰어난 재능이 있었다. 그의 진정한 위대함은 지극히 어려운 상황에서도 거대한 제국을 정치적으로 통합시켰다는 데 있다. 그가 여러 집단을 통합하기 위해 사용한 방법들은 대초원 사회를 뒤바꾼 혁명으로 평가받기도 한다. 무엇보다 그는 당시로서는 보기 드물게 확고한 능력주의자였다. 그가 세운 제국에서는 재능 있는 사람이라면 국가에 충성을 바치는 한 누구나 출세

할 수 있었다.

대초원에서는 폭력 전문가가 되는 데 필요한 능력을 자연스럽게 기를 수 있었다. 대초원에서 생활하려면 말을 잘 타고 활을 잘 쏴야 했으며, 신체적으로 약한 사람들은 정착 사회에서보다 살아남기가 훨씬 어려웠다. 그러나 대초원에서는 폭력 전문가들이 얻을 수 있는 보상이 비교적 적었다. 앞서 설명했듯, 방목과 사냥으로는 경제적으로 많은 잉여생산물을 생산하지 못한다. 주변의 정착민들을 약탈하면 더 큰 이득을 챙길 수 있지만 그만큼 위험도 컸다. 하지만 칭기즈칸은 기존의 유목 부족들을 통합하고 자원을 공유함으로써 대초원의 폭력 전문가들이 얻을 수 있는 보상의 규모를 대폭 늘리는 데 성공했다.

그 첫 번째 단계는 혈연과 씨족 집단에 바탕을 둔 전통적 구조를 해체하는 것이었다. 칭기즈칸을 따르려는 사람들은 새로운 위계질서 안에서 자신에게 주어지는 자리를 받아들이는 대가로 더 많은 보상을 얻었으며, 이 같은 분배 방식은 이후 공식적인 제도로 자리매김했다. 가령 몽골 사회의 최상층에 속한 제국 각지의 통치자들은 '호비ₓᵧʙʜ(khubi)'라는 제도에 따라 전리품을 공식적으로 나눠 가질 권리가 있었다. 예를 들어 원나라의 통치자가 전리품으로 얻은 도자기와 약재를 서쪽의 페르시아로 보내면, 페르시아의 통치자는 그 대가로 향신료, 보석, 진주 등을 보내는 식이었다. 제국의 전리품은 위계의 꼭대기에 있는 통치자들 사이에서 수평적으로 오갈 뿐만 아니라 계층 사다리를 타고 아래로도 전해졌으며, 전사들은 계급과 공적에 따라 자신의 몫을 받았다.

몽골 부족들은 경제학 용어로 말하면 규모의 경제를 이뤘다.

몽골제국의 통치를 쉽게 이해하려면
보호를 명목으로 돈을 뜯어내는
마피아를 떠올리면 된다.

———

그들은 저마다 주변 지역을 약탈해 전리품을 챙길 수 있었지만, 모든 부족이 통합했을 때의 힘은 각자가 가진 힘을 더한 것보다 훨씬 컸다. 몽골 사회는 이전까지 다른 부족에 속했던 사람들이 뒤섞인 1000명 단위의 집단을 중심으로 재편되었으며, 이에 따라 전통적인 유대 관계가 끊어지고 씨족 집단이 재구성되었다.

몽골에서 16~61세 남성은 누구나 징병의 대상이 됐다. 칭기즈칸은 10만여 명의 병사를 전장에 동원할 수 있었는데, 이는 당시 기준으로 매우 큰 규모였지만 제국의 지배를 받는 인구에 비하면 적은 숫자였다. 이에 따라 몽골 사회는 가끔 주변을 약탈하던 소규모의 수렵·유목 부족에서 벗어나, 이웃과 피지배 민족에게서 조공을 징수하는 데 주력하는 조직적 연합체로 탈바꿈했다. 그들은 말을 잘 타고 싸움에 능한 폭력 전문가 10만 명과 전 세계 말의 절반을 가지고 제국을 확장해나갔다.

몽골제국의 통치 방식은 지역과 지리적 특성에 따라 달랐지만, 전반적으로 조공에 기반한 체제였다고 보는 것이 타당하다. 로마제국이나 먼 훗날 등장한 대영제국과 달리, 칭기즈칸과 그의 후계자들은 영토를 지배하는 것 자체에 초점을 맞추지 않았으며, 유라시아 전역을 누비며 식민지 관리자를 임명해 피지배 민족을 직접 통치하려 하지도 않았다. 몽골제국의 통치를 쉽게 이해하려면 보호를 명목으로 돈을 뜯어내는 마피아를 떠올리면 된다. 몽골에 정복당한 민족들은 전쟁에서 패했더라도 꼭 직접적인 통치를 받지는 않았다. 그들은 정기적으로 조공을 바쳐야 했지만, 조공을 중단하지 않는 한 자기 방식대로 살아갈 수 있었다. 예를 들어 오늘날의 러시아와 우크라이나 지역에서는 조공을 바치는 동안 토착 군주와 주교들이 통치 권력을 유지했으며 종교에도 큰 변화가 없었다. 러시아에서는 이 시기 몽골의 지배를 가리켜 '타타르의 멍에the tatar yoke'라고도 부른다. 반면에 중국과 이란 지역에서는 현지 엘리트 출신들이 통치 과정에 깊이 관여하기는 했지만, 다른 지역보다 직접적으로 제국이 통치했다.

몽골제국의 지배자들은 피지배 민족의 지식과 기술에 보기 드물 정도로 열려 있었으며, 이를 실용적인 방식으로 조합해낼 줄 알았다. 날짜를 정하는 것 같은 단순한 문제에서도 이 점을 확인할 수 있다. 8000킬로미터에 달하는 광대한 영토에는 달력 체계가 다른 수십 개의 민족이 살았으므로 제국은 행정에 많은 어려움을 겪었다. 이에 쿠빌라이 칸은 각지에서 전문가들을 불러 모아 역법 연구 기관을 세우고 여러 달력의 날짜를 비교할 수 있는 대응표를 만든 다음, 중국의 인쇄 기술을 활용해 이를 대량으로 인쇄·배포했다.

몽골인들은 전장에서도 새로운 기술에 열린 태도를 보였다. 몽골의 기마 군단은 대초원에서 벌어지는 전투에 안성맞춤이었고, 당시 중동이나 중국, 유럽의 국가들이 운용하던 재래식 군대를 상대로 우위를 보였다. 하지만 요새나 성을 돌파할 때는 무력했다. 어릴 적부터 말 위에서 생활했고 예비 말 20마리를 데리고 다니는 기마병도 성벽을 뛰어넘을 수는 없었기 때문이다. 이에 따라 몽골군은 중국의 공성 기술자와 전문가들을 전장에 대동하곤 했으며, 이들의 지휘에 따라 현지 노동자들을 동원해 유럽이나 페르시아의 방어 시설을 무너뜨릴 투석기를 만들었다.

그러나 몽골의 정복 과정과 이후의 통치는 때로 매우 잔혹했다. 13세기 초 몽골이 중국을 침략하는 과정에서는 2000만~4000만 명이 목숨을 잃었을 것으로 추정되는데, 이는 당시 중국 인구의 25퍼센트에 달하는 숫자였다. 또 몽골제국의 법전을 살펴보면 사형이 놀라우리만큼 자주 언급되며, 단순한 절도범조차 사형에 처한 것을 알 수 있다. 게다가 당시에는 향신료, 농산물, 귀금속 같은 물건만이 아니라 평범한 사람도 전리품으로서 노예가 될 수 있었다. 몽골군은 장인, 의사, 천문학자, 수학자, 통역사 등 유용한 기술을 지닌 사람들을 붙잡아 제국 전역으로 보내기도 했다. 새로운 지식과 기술에 열린 태도가 유용한 재주를 가진 사람들에게 꼭 도움이 되지만은 않았던 셈이다.

몽골제국이 선보인 이 잔혹스러운 면모는 새삼스럽지 않다. 마피아가 보호를 명목으로 돈을 갈취하는 구조에서 가장 이득을 보는 것은 결국 마피아 자신이기 때문이다. 하지만 마피아 이야기를 다룬 미국 드라마 〈소프라노스〉를 본 사람이라면 알 수 있듯, 갱단이 제공하는 '보호'에도 나름의 이점은 있다. 일례로 쿠빌라이 칸이 재위한 시기에 몽골제국을 방문한 마르코 폴로는 흉작이나 자연재해에 대비한 일종의 사회보장 제도가 있다는 사실에 깊이 감명받았다. 이는 그가 살던 유럽에서는 찾아보기 힘든 제도였다. 마르코 폴로는 이 제도를 다음과 같이 설명했다. "날씨가 좋지 않거나 폭풍이 불거나 메뚜기 떼가 습격하는 등의 재난으로 기근이 닥치면, 그해에는 세금을 거두지 않거나, 나라에서 비축해뒀던 곡식을 식량과 종자로 쓰도록 나눠주었다." 성공한 정착 도적들이 으레 그러하듯, 몽골인들은 약탈할 대상이 풍족하게 사는 것이 길게 보아 자신들에게 이익이 된다는 사실을 잘 알았다.

몽골의 지배는 분명 가혹했지만, 사회보장 제도 외에도 긍정적인 면은 또 있었다. 몽골제국의 통치자들은 공공질서와 치안을 중시했다. 그들은 무역로에 기마 순찰대를 배치하고 도난당한 물품을 돌려주도록 하는 법 조항을 마련하는가 하면, 실크로드를 오가는 교역품을 대상으로 일종의 분실물 보관소를 운영하기도 했다.

칭기즈칸과 그 후예들이 유라시아를 정치적으로 통합한 결과, 이 지역의 경제에는 거대한 변화가 일어났다. 1250년부터 1350년까지의 100여 년 동안은 중국과 유럽을 안전하게 오갈 수 있을 만큼 평화로운 시기였는데, 오늘날 경제사학자들은 이 시기를 '팍스 몽골리카Pax Mongolica'라고도 부른다.

대초원의 유목민들은 칭기즈칸이 제국을 세우기 훨씬 전부터 무역을 해왔다. 가축과 축산물을 공예품이나 곡물과 교환하는 일은 수천 년 동안 그들의 삶을 지탱한 토대였다. 그리하여 몽골인들은 유라시아의 지배자가 된 후에도 무역을 촉진하는 일을 중요하게 여겼으며, 무역로의 치안을 유지하는 데 그치지 않고 상인의 사회적 지위를 높이거나 새로운 상인들을 유치하는 등 적극적인 노력을 기울였다. 일례로 중국 원나라에서는 상인의 공식적 지위가 관료 바로 아래에 위치할 만큼 높았다. 몽골제국의 상인들은 단순한 장사꾼이 아니라 물자의 수입을 담당하는 관리 역할을 했으며, 외국 세력이나 지역민들과의 협상에서 군 지도자들의 조언자로 활동하기도 했다. 또한 몽골제국에서는 장차 새로운 교역 상대가 될 가능성이 있는 상인과 처음 거래할 때는 앞으로도 거래를 이어가기를 바란다는 뜻에서 값을 두세 배로 지불하는 관례가 자리 잡았다.

무역을 장려하려는 몽골제국의 노력은 여기서 그치지 않았다. 그들은 제국 내의 소통을 원활히 하고 통치와 협력을 강화하고자 '얌ям(yam)'이라는 역참 제도를 도입해 제국 전역에 30~50킬로미터 간격마다 역참을 설치했다. 역참에는 늘 새 말이 준비되어 있어 전령들이 전속력으로 달리며 중간중간 말을 갈아탈 수 있었으며, 제국은 1300년대 무렵부터 상인들에게도 역참을 개방했다. 마르코 폴로는 역참을 보고 감탄하며 이렇게 말했다. "전령들이 이용하는 역참에는 좋은 침대와 그 외에 필요한 모든 물건을 갖춘 크고 멋진 건물이 있다."

몽골은 제국 전역에서 사용할 수 있는 공통 화폐도 발행했다. 이에 따라 제국에서는 중국식 지폐가 널리 쓰였고, 지폐를 거부하는 사람은 사형에 처한다는 법까지 제정되었다(앞서 언급했듯, 몽골의 법률에 익숙한 사람에게는 그리 놀랄 일이 아니다). 여기에 더해 몽골은 도량형을 표준화함으로써 무역을 더욱 촉진하고자 했다.

마르코 폴로는 이 시기 원나라를 찾아온 가장 유명한 유럽인일 테지만 결코 유일하지는 않았다. 몽골제국은 치안과 기반 시설을 강화하고 무역을 장려함으로써 최초의 세계화 시대를 열었다. 1340년대 초에 쓰인 피렌체의 한 무역 지침서는 크림반도에서 베이징까지 이어지는 육상 무역로가 "밤이건 낮이건 더할 나위 없이 안전하다"고 평했다. 물론 무역로가 안전하다고는 해도 그 길을 지나려면 8~11개월에 이르는 긴 여정을 거쳐야 했다. 이처럼 거리가 워낙 멀다 보니 제국의 양 끝을 오가는 물건은 무게 대비 가치가 높은 상품에 한정되

몽골제국은 치안과 기반 시설을 강화하고
무역을 장려함으로써
최초의 세계화 시대를 열었다.

————

었다. 그리하여 향신료, 비단, 모피, 노예 같은 상품은 먼 곳까지 건너갈 수 있었던 반면, 곡물, 올리브유, 목재처럼 부피가 크고 값이 싼 물건은 지역 시장에서 활발히 거래되었다. 13~14세기 경제에 관한 자세한 통계는 당연히 남아 있지 않지만, 몽골제국 말기에는 소도시나 마을에서도 현물이 아니라 은화로 조공을 바치게 되었다는 점은 주목할 만한 변화다. 이는 시골의 작은 마을들도 은화를 마련하기 위해 무역에 적극적으로 참여했으며, 팍스 몽골리카의 혜택이 제국 구석구석까지 퍼졌음을 보여준다.

　　당시 2년에 달하는 시간을 들여 유럽과 중국을 오간 사람은 어마어마한 보상을 얻었다. 앞서 언급한 피렌체의 무역 지침서에 따르면, 평균 규모의 카라반이 유라시아 양 끝을 오갈 때의 여행 비용과 관세, 상품 매입 비용을 합하면 3500플로린 정도였지만, 그렇게 해서 들여온 상품을 유럽에서 팔면 2만 5000플로린을 벌 수 있었다. 이처럼 막대한 수익을 생각하면 많은 사람이 그토록 기나긴 여정에 나선 것도 충분히 수긍할 수 있다. 13~14세기에 장거리 무역으로 큰 부를 얻은 경험은 이후 유럽의 발전에 지대한 영향을 미쳤다. 장거리 무역의 결과 유럽에서는 상인의 사회적 지위가 높아졌고, 그들이 가진 자본의 규모도 커졌다. 이 시기 몽골제국이 무역에 호황을 가져오지 않았다면, 훗날 바스쿠 다 가마나 크리스토퍼 콜럼버스 같은 인물들이 항해를 떠나는 일도 없었을 것이다.

이 시기에 무역로를 따라 유라시아를 오간 것은 상품만이 아니었다. 지식과 기술도 양방향으로 흘러갔다. 예를 들어 중국의 의사들은 중동에서 처음 실용화된 외과 수술 기법을 배웠고, 중동의 의사들은 중국에서 발전한 약리학을 배웠다. 후대 사람들의 행복에는 그리 도움이 되지 않았지만, 중국에서 발명된 화약도 이때 유럽으로 전해졌다.

이 시기에는 세계화가 처음 시작된 만큼 이동한 인구의 수와 물자의 양은 이후 시대보다 훨씬 적었다. 정치적으로 통합된 제국이 등장해 무역로의 안전을 보장한 것은 물론 중대한 변화였지만, 운송에 드는 비용이 아직도 터무니없이 비쌌기 때문이다. 그럼에도 이러한 변화는 틀림없이 유라시아 전역에 지대한 영향을 끼쳤다. 그 영향은 유라시아 양 끝의 유럽과 중국이 제국의 지배로 얼마나 다르게 변화했는지를 비교하면 한눈에 알 수 있다.

중세 유럽은 무역의 발전으로 이익을 보았지만, 쉽게 정복당할 만큼 가깝지는 않았기에 제국의 조공 체제에 편입되지 않았다. 몽골군은 1220~1240년대에 유럽으로 진격했고 오늘날의 독일 지역까지 소규모 정찰 부대를 파견했지만, 대부분의 전투는 헝가리와 크로아티아 지역에서 벌어졌다. 1241년 헝가리 왕국에서 벌어진 모히전투에서는 쇠뇌와 근접 무기를 든 보병과 철갑 기병으로 이루어진 유럽의 재래식 군대가 더 적은 수의 몽골군을 상대로 싸운 결과, 전체 병력의 절반에 달하는 1만여 명의 사상자를 내고 대패했다. 당시 유럽의 군사 전술로는 이전까지 만난 적과 전혀 다른 방식으로 싸우는 몽골군을 감당할 수 없었다.

뒤에서 다시 살펴보겠지만, 중무장한 기사는 전장에서 무시무시한 위력을 보일 때가 많았다. 하지만 그들은 적이 뛰어난 기동력을 활용해 거리를 유지하며 끊임없이 화살을 퍼붓는 식으로 싸울 때는 제힘을 발휘할 수 없었다.

몽골제국은 유럽인들과의 전투에서 여러 차례 승리했지만, 유럽 전체를 정복하는 데는 실패했다. 몽골제국의 서방 원정이 실패로 끝난 이유를 두고 흔히들 오고타이 칸이 사망하면서 후계자를 정하기 위해 본국으로 회군해야 했기 때문이라고 설명한다. 하지만 여기에는 석연치 않은 점이 있다. 그렇다면 몽골제국은 왜 다시 원정에 나서지 않았는가 하는 당연한 의문에 답을 할 수 없기 때문이다. 유럽이 몽골제국에 정복당하지 않고 막대한 조공을 바치지 않을 수 있었던 진짜 이유는 단순하다. 유럽은 몽골제국의 중심부에서 너무 멀리 떨어져 있었다. 헝가리에서 전투를 벌인 군대는 이미 보급선의 끝자락에 있었으며, 그보다 더 서쪽으로 가면 기마 전술에 불리한 지형이 펼쳐졌다.

모히전투에서 목숨을 잃은 1만여 명의 유럽인 병사들에게는 미안한 말이지만, 유럽은 팍스 몽골리카의 혜택을 받으며 오랫동안 무역 호황을 누리면서도 조공 체제에 직접 편입될 때 발생하는 악영향을 피할 수 있었다.

그에 반해 유라시아 동쪽 끝에 있던 중국의 상황은 전혀 딴판이었다. 중국의 시각에서 보면 팍스 몽골리카는 그다지 이로울 것이 없었다. 정복 초기에는 참혹한 살육으로 수백만 명이 목숨을 잃으면서 노동 인구가 줄어들었고, 많은 농지가 몽골 지배층의 방목지나 사냥터로 쓰이면서 농업이 황폐해졌다. 그런 와중에도 중국인들은

150년 가까이 조세와 조공을 부담해야 했다. 게다가 당시 세계에서 가장 발전한 사회를 이루었던 중국은 아이러니하게도 지식과 기술의 교류에서 별로 얻은 것이 없었다. 4대 발명으로도 불리는 화약, 나침반, 제지술, 인쇄술은 중국에서 유라시아 전역으로 퍼져 나갔지만, 정작 중국은 그만한 대가를 받지 못했다.

팍스 몽골리카가 지역마다 다르게 미친 영향은 이후 수백 년에 걸쳐 중대한 변화를 가져왔다. 유라시아 서쪽, 특히 유럽은 해외에서 막대한 부를 얻을 수 있다는 사실을 두 눈으로 목격한 덕분에 경제적으로 성장했을 뿐 아니라 바깥 세계에 열린 태도를 지니게 되었다. 반면에 중국은 몽골의 지배로 국력이 쇠퇴했으며, 자연스럽게 외부 세력을 향한 경계심이 강해졌다.

칭기즈칸은 최초로 세계화 시대를 열었고, 이후 수백 년간 유럽과 중국 경제의 발전 방향에 큰 영향을 끼쳤다는 사실만으로도 세계 경제사에서 가장 중요한 인물로 평가받을 만하다.

게다가 칭기즈칸은 세계 경제가 도약을 이룬 결정적 사건인 산업혁명에도 뜻하지 않게 중요한 역할을 했다. 실크로드를 따라 유라시아를 오간 것은 상품과 사람, 지식과 기술만이 아니었다. 그 사이에는 질병도 섞여 있었다. 혹자는 팍스 몽골리카가 '유라시아 대륙을 아우르는 미생물 공동 시장'을 만들어냈다고 평가한다. 그중에서도 오늘날 우리가 흑사병이라 부르는 전염병은 실크로드를 따라 중국에서 크림반도로 퍼졌고, 이곳에서 제노바의 배를 타고 유럽으로 전파된 것으로 보인다. 유럽에서는 1348년부터 1351년까지 전체 인구 8000만 명 중 2500만 명가량이 이 병으로 목숨을 잃었다. 흑사병은 단기적인 관점에서 인적으로나 경제적으로나 엄청난 재앙이었지만,

유럽 사회에 오래도록 영향을 미칠 중대한 변화를 가져왔다. 인구의 4분의 1이 사망하면서 유럽 전역이 심각한 노동력 부족에 시달리게 된 것이다. 그리하여 유럽에서는 노동자의 협상력이 강해지고 임금이 높아졌으며, 유럽인들은 인건비 상승에 대응하고자 자본으로 노동력을 대체할 방안을 찾아나서기 시작했다. 그 결과는 몇백 년 뒤우리가 산업혁명이라 부르는 현상으로 나타났다.

3

군사력의 모순

왜 일부러 질 낮은 무기를 사용했을까

1066~1450

인생이 복권이라면, 바르공국의 공작 에두아르 3세는 1등 당첨자로 태어난 인물이라 할 수 있다. 1377년 오늘날의 프랑스에서 태어난 아이들의 앞날은 썩 밝지 않았다. 당시의 평균 기대수명은 고작 40세였다. 이는 유아 사망률이 매우 높았기 때문만은 아니다. 스무 살까지 살아남은 사람도 이후 25년을 살아남기 어려웠다. 그 당시 성인이된 평범한 사람들의 삶은 고된 노동의 연속이었으며, 사회적·경제적으로 신분을 높일 방법도, 은퇴 후 편히 살 수 있으리라는 희망도 없었다. 그러나 에두아르는 귀족으로 태어났다. 그는 남보다 장수할 뿐만 아니라 더 건강하고 만족스러운 삶을 살 가능성이 높았으며, 더 높은 지위에 오를 기회를 누렸다.

어린 에두아르는 그가 성인이 된 이후 맡아야 할 역할에 맞게 준비된 삶을 살았다. 그는 프랑스어뿐 아니라 라틴어로 읽고 쓰는 법을 배웠으며, 자신의 거대한 영지에 사는 농민들이 꿈도 꾸지 못할 호사와 문화를 누렸을 것이다. 하지만 동시에 에두아르는 폭력 전문가로서의 소양도 길러야 했다. 14~15세기 서유럽의 귀족은 막대한 부를 손에 넣을 수 있었고 사회적으로 높은 지위를 누렸지만, 한편으로는 왕을 위해 부하들을 이끌고 전장에 나설 의무가 있었기 때문이다.

잉글랜드와 프랑스가 끊임없이 전쟁을 벌이는 동안, 에두아르는 20대 후반까지 10번이 넘는 전투를 경험했으며, 1415년에는 38세의(당시 기준으로는 이미 노인이나 다름없는 나이였다) 노련한 군인이 되어 있었다. 그해 벌어진 아쟁쿠르전투에서 에두아르는 프랑스군의 세 부대 중 하나를 지휘했다. 이 전투에서 그는 가지고 있던 가장 좋은 갑옷(십중팔구 이탈리아나 독일에서 만든 전신 판금 갑옷이었을 것이다)을 입었을 테지만, 휘하의 병사들은 대부분 투구나 방패, 쇠사슬이나 가죽으로 만든 갑옷 하나만 걸친 채 싸워야 했다. 에두아르가 입은 화려한 갑옷이 얼마나 비쌌을지 정확히 추정하기는 어렵다. 이 시기 유럽은 오늘날처럼 화폐를 중심으로 돌아가는 사회가 아니었으며, 모든 물건이 일정한 가격으로 거래되지도 않았다. 하지만 평범한 농민이 그런 갑옷을 구하려면 대략 연 수입의 500배에 달하는 돈을 내야 했을 것이다. 여기에다 에두아르가 탄 잘 키운 군마 또한 농민 한 사람의 연 수입의 200배에 이르는 가격이라 추정된다. 이렇듯 중세 말 유럽의 귀족이 전쟁에 나설 때는 어마어마한 비용이 들었다.

그러나 값비싼 장비들은 에두아르에게 아무런 도움이 되지 않았다. 1415년 10월 25일(셰익스피어의 『헨리 5세』를 읽은 사람이라면 잘 알겠지만, 이날은 성 크리스핀 축일이었다), 에두아르는 아쟁쿠르전투에서 수적으로 열세였던 잉글랜드군과 싸우다 전사했다. 이 전투에서는 에두아르뿐 아니라 그의 두 형제와 프랑스군의 사령관, 왕실 가문의 가주, 공작 2명, 백작 5명, 남작 90명이 목숨을 잃었다. 프랑스의 귀족들에게는 역사상 가장 참혹했던 하루였다.

아쟁쿠르전투에서 누가 에두아르를 죽였는지는 알 수 없다. 하지만 우리는 그가 잉글랜드 장궁으로 쏜 화살에 맞았으며, 그를 맞힌 병사가 라틴어는커녕 영어조차 읽지 못하는 사람이었으리라 짐작할 수 있다.

원거리 무기는 근접 무기와 달리 늘 전장에서 중요한 위치를 차지해왔다. 적과 직접 맞부딪치지 않고도 교전을 시작할 수 있다는 확실한 이점 때문이다. 기록으로 남아 있는 전쟁의 역사에서 모든 군대는 일정 수의 병력을 원거리 무기로 무장시켰다. 그러나 서유럽에서는 7세기 무렵부터 수백 년 동안 원거리 무기가 잘 쓰이지 않게 되었다. 크고 무거운 방패로 무장한 보병이 똘똘 뭉쳐 방패 벽을 쌓아 서로를 보호하는 전술로 전투의 양상이 변화하면서 원거리 무기를 활용하기가 훨씬 어려워졌기 때문이다. 원거리 무기의 위상은 경무장한 척후병들이 단궁이나 투석구를 가지고 다니는 정도로 떨어졌다. 그리하여 7~10세기 서유럽의 전장에서는 근접 무기가 주로 쓰였으며, 밀집 보병대와 이후에 등장한 기병대가 치열한 백병전을 벌였다.

서유럽의 전장에서 원거리 무기가 다시 모습을 드러낸 때는 10세기 말부터다. 그중에서도 특히 널리 쓰인 무기는 쇠뇌였다. 과거 로마인들도 쇠뇌의 존재와 사용법을 알았지만, 5~10세기 유럽의 문헌에서는 쇠뇌에 대한 언급을 거의 찾아볼 수 없다. 쇠뇌는 한동안 유럽에서 쓰이지 않다가 10세기 말에 이르러서야 재발견된 것으로 보인다. 이 시기 프랑스에서는 쇠뇌를 다시 활용하기 시작했으며, 정복왕 윌리엄이 잉글랜드를 정복한 과정을 담은 바이외 태피스트리 (70미터 길이의 거대한 자수 작품으로 유네스코 세계기록유산이다)를 보면 1066년 헤이스팅스전투 당시 그의 군대도 쇠뇌로 무장했음을 알 수 있다.

쇠뇌는 일반적인 활에 비해 장점이 많다. 쇠뇌의 기본 원리는 활과 마찬가지로 시위를 당겨 강한 힘으로 화살을 날리는 것이다. 그러나 쇠뇌는 윈치winch를 사용해 시위를 당긴 채 고정해둠으로써 화살을 쏠 때까지 장력을 유지할 수 있다. 어느 정도 먼 거리에서 일반적인 활로 두꺼운 갑옷을 뚫을 정도의 위력을 내려면 초인적인 근력이 필요하다. 하지만 윈치의 도입은 쇠뇌가 제 위력을 내는 데 필요한 물리적 조건을 바꿔놓았다. 윈치를 사용하면 근력이 평범한 사람도 시위를 감아올려 수백 미터 거리에서 갑옷을 뚫을 수 있었다. 게다가 쇠뇌는 인간의 힘이 아니라 기계 장치로 장력을 유지하기 때문에 병사들이 목표를 조준하는 데에 더 집중하기 쉬웠다.

쇠뇌는 유럽에서 벌어지는 전쟁의 양상을 바꿀 잠재력이 있었고, 유럽 국가들은 프랑스의 뒤를 이어 쇠뇌를 활용하기 시작했다. 그러나 당연하게도 귀족들은 이러한 변화를 달갑게 여기지 않았다. 이제는 돈으로 살 수 있는 가장 좋은 갑옷으로도 누구나 쉽게 다루는 무기를 막아내기가 어려워졌기 때문이다.

그런 만큼 쇠뇌의 보급은 강한 반감을 불러일으켰다. 1096년 교황 우르바노 2세는 쇠뇌를 기독교도 간의 전투에 사용하는 일을 금지하면서, 이를 어기면 파문을 당해 영원히 지옥에 떨어질 것이라

군사력의 모순

경고하기까지 했다. 그러나 이 말에 신경 쓰는 사람은 아무도 없었다. 심지어는 교황군조차 이탈리아의 다른 기독교도들과 싸울 때 쇠뇌를 사용할 정도였다. 유럽에서 확고히 자리를 잡은 쇠뇌는 점점 더 널리 사용되었다. 휴대 가능한 총기가 도입되는 15~16세기 전까지는 쇠뇌 전문 부대가 용병(이탈리아와 저지대 국가 출신 용병이 특히 유명했다)으로 활약하기도 했다.

그러나 바르 공작 에두아르를 죽인 무기는 쇠뇌가 아니라 장궁이었다. 1415년 당시 장궁은 이미 200년 넘게 잉글랜드 고유의 무기로 쓰이고 있었다.

중세 유럽에서 일반적으로 사용하던 활은 길이가 대략 76~91센티미터인 반면 장궁은 이름에서 알 수 있듯 훨씬 길다. 가령 튜더 왕조 시대의 군함으로 1545년 침몰한 뒤 20세기 후반에 인양된 메리로즈호에서 나온 장궁들은 길이가 188~211센티미터에 달했으며, 평균 길이는 약 198센티미터였다. 요컨대 장궁은 당시 사람들의 평균 키보다도 훨씬 길었다. 이렇게 긴 활을 쭉 뻗은 팔로 쥐고 시위를 끝까지 당기면 엄청난 힘으로 화살을 쏠 수 있었다.

당시 보편적으로 쓰였던 쇠뇌와 비교했을 때 장궁에는 여러 이점이 있었다. 갑옷을 더 쉽게 뚫었고 사거리도 조금 더 길었다. 그러나 장궁의 가장 큰 장점은 발사 속도였다. 숙련된 쇠뇌병이 1분에 두 발을 쏠 수 있었다면, 숙련된 장궁병은 5초에 한 번씩 조준 사격이 가능했다. 그러나 이러한 장점들만큼이나 큰 단점이 하나 있었는데, 누구나 빠르게 익힐 수 있었던 쇠뇌와 달리(이는 귀족들이 쇠뇌의 보급에 분노한 이유이기도 하다), 배우는 데 엄청난 노력이 필요하다는 것이었다.

고고학자들은 비대해진 왼팔과 손목,
과도하게 발달한 오른손 손가락을 보고
장궁병의 유골을 식별해낸다.

───────

장궁은 아쟁쿠르전투 이전에도 전 세계에서 오랫동안 쓰이던 무기였다. 고고학자들은 무려 4000년 전에도 장궁이 쓰였다는 증거를 발견하기도 했다. 하지만 잉글랜드 군대에서 장궁이 널리 쓰이기 시작한 시기는 비교적 최근이었다. 웨일스인들은 노르만 왕조가 잉글랜드에 정복당할 당시 장궁을 효과적으로 사용했는데, 그들이 장궁을 활용하는 모습은 잉글랜드 왕들에게 깊은 인상을 남겼고, 장궁은 13세기 무렵부터 잉글랜드를 대표하는 원거리 무기로 자리매김했다.

하지만 장궁병을 양성하기란 결코 쉬운 일이 아니었다. 장궁을 제대로 다루려면 매주 몇 시간씩 훈련해야 했으며, 그 훈련은 신체의 형태를 바꿀 만큼 고되었다. 고고학자들은 비대해진 왼팔과 손목, 과도하게 발달한 오른손 손가락을 보고 장궁병의 유골을 식별해낸다. 이렇게 장궁을 익히는 문화가 발전한 과정은 잉글랜드의 법률에서도 확인할 수 있다. 초기에는 장궁 훈련이 불행한 사고로 이어지기도 했던 것으로 보인다. 가령 헨리 1세(재위 1100~1135년) 시대에 제정된 법에는 장궁 훈련 도중 실수로 사람을 죽인 경우 살인 혐의를 받지 않는다는 조항이 명시되어 있다. 또 1252년에 제정된 무장조례 Assize of Arms는 모든 잉글랜드 남성이 장궁을 소유하고 훈련하도록 권장했고, 자산을 40실링 이상 소유한 사람에게는 이를 의무화했다. 그

군사력의 모순

런가 하면 에드워드 1세(재위 1272~1307년)는 일요일에는 궁술 훈련 외에 다른 스포츠 활동을 금지하기까지 했다. 1363년 에드워드 3세는 "건강한 남성은 누구나 휴일에 활과 화살을 가지고 여가를 보내면서 궁술을 배우고 훈련해야 한다"고 선언하며 일요일 외에 다른 휴일에도 장궁을 익히도록 장려했다. 적어도 법적으로는 장궁이 국민적여가 활동으로 자리매김한 것이다. 지방 귀족들도 주기적으로 궁술대회를 열고 때로는 거액의 상금을 내걸며 궁술 훈련을 장려하고자 했다.

　　장궁은 이 시기 잉글랜드가 프랑스와 스코틀랜드를 상대로 벌인 여러 전투에서 위력을 발휘했다. 1333년에 있었던 할리돈힐전투에서는 잉글랜드군 8000명과 스코틀랜드군 1만 5000명이 맞섰다. 결과는 잉글랜드군의 일방적인 학살이었다. 이 전투에서 에드워드 3세는 언덕 위에 군대를 배치했다. 병력이 더 많았던 스코틀랜드군이 진격을 시작하자 잉글랜드군은 쉬지 않고 일제사격을 퍼부었다. 한 역사학자의 표현을 빌리자면, 잉글랜드군이 퍼부은 화살은 "내리쬐는 햇살처럼 하늘을 뒤덮으며 스코틀랜드 병사들을 무더기로 쓰러뜨렸고, 그들을 패배 직전까지 몰아붙였다." 그리하여 스코틀랜드군이 막대한 사상자를 내고 혼란에 빠지자 잉글랜드군은 언덕 아래로 돌격해 그들을 궤멸시켰다. 이 전투에서 스코틀랜드군은 병사 수천 명을 잃었지만, 잉글랜드 측의 희생자는 고작 14명이었다.

　　할리돈힐전투와 아쟁쿠르전투는 이례적인 사건이 아니었다. 잉글랜드는 1298년부터 1453년까지 프랑스와 스코틀랜드를 상대로 25차례 대규모 전투를 벌였다(여기서 대규모 전투란 5000명 이상의 병력이 투입된 전투를 말한다). 그중 잉글랜드군은 절반이 넘는 전투에서 수적으로 열세였으며 상대보다 병력이 5~6분의 1 정도로 적을 때도 있었지만, 무려 18번이나 승리를 거뒀다.

1346년 크레시전투에서는 장궁병 1만 1000명을 포함한 1만 4000명의 잉글랜드군이 쇠뇌병 1만 2000명(대다수가 이탈리아 용병이었다)을 포함한 3만 명의 프랑스군과 맞붙었다. 전투는 활을 이용한 사격전으로 시작되었으나, 곧 장궁의 빠른 발사 속도가 위력을 발휘하면서 프랑스의 보병을 후퇴시켰다. 이후 프랑스군은 기병대를 앞세워 돌격을 시도했지만, 끝없이 쏟아지는 화살 세례를 당해낼 수는 없었다. 한 추정에 따르면, 프랑스군의 전사자는 제후 11명과 기사 1200명을 포함해 1만 명에 이르렀던 반면 잉글랜드군의 전사자는 수백 명에 불과했다고 한다.

이러한 사례들을 보면 장궁이 쇠뇌보다 훨씬 뛰어난 무기였다는 결론에 이를 수밖에 없다. 실제로 후대의 역사학자들은 대체로 이러한 평가에 동의해왔고, 자연스레 다음과 같은 의문에 빠졌다. 장궁이 그렇게나 우수한 무기였다면 프랑스와 스코틀랜드는 왜 장궁을 적극적으로 받아들이지 않았을까?

여기에는 쉽게 떠올릴 만한 대답이 몇 가지 있지만, 대체로 설득력이 떨어진다. 가령 프랑스와 스코틀랜드가 장궁을 채택하지 않은 이유는 장궁을 익히는 데 지나치게 많은 노력을 쏟아야 했기 때문이리라 생각할 수 있다. 장궁을 능숙하게 다루려면 쇠뇌보다 훨씬 많은 시간을 들여야 했다. 하지만 장궁은 그만한 노력을 들일 가치가 있는 무기였다. 14세기 잉글랜드인들이 체격이나 학습 능력 면에서 동시대 프랑스인이나 스코틀랜드인보다 특별히 뛰어난 것도 아니었다. 프랑스나 스코틀랜드의 왕들도 원한다면 얼마든지 장궁병을 육

군사력의 모순

성할 수 있었다.

몇몇 연구자는 웨일스에서 처음 장궁을 쓰기 시작한 이유가 우거진 숲에서 사냥하는 데 유용했기 때문이라고 주장한다. 그 말이 맞을 수도 있지만, 위에서 언급한 의문에는 답이 되지 않는다. 장궁이 압도적인 힘을 발휘하던 시기에 장궁을 주로 사용한 지역은 웨일스가 아니라 잉글랜드였다. 또한 잉글랜드 북부의 지형은 스코틀랜드 남부와 크게 다르지 않았으며, 잉글랜드 남동부의 지형 역시 프랑스 북서부와 비슷했다. 게다가 영국 왕실이 수십 년에 걸쳐 제정한 법령들을 보면 알 수 있듯, 장궁을 다루는 기술은 충분히 배워서 익힐 수 있었다.

어쩌면 프랑스와 스코틀랜드 사람들이 장궁의 우수성을 알아차리지 못했던 것은 아닐까? 요컨대 그들은 일부러 성능이 떨어지는 무기를 고른 것이 아니라 실수를 저질렀을 뿐일지도 모른다. 하지만 이러한 주장 역시 설득력이 떨어진다. 잉글랜드와 프랑스가 벌인 '백년전쟁'은 실제로 100년 넘게 이어졌으며, 이 정도면 상대방의 무기가 얼마나 강력한지 깨닫기 충분한 시간이었다. 게다가 프랑스와 스코틀랜드의 사료들에는 양국의 귀족들이 장궁의 위력을 익히 알았다는 기록이 남아 있다.

그게 아니라면 장궁이 너무 비쌌던 것일까? 아쉽지만 장궁의 가격은 쇠뇌의 6분의 1 수준이었다. 장궁은 성능이 더 뛰어날 뿐만 아니라 훨씬 저렴한 무기였다.

경제학자 더글러스 앨런Douglas Allen과 피터 리슨Peter Leeson은 이 문제에 가장 설득력 있는 답을 제시했다. 그들은 전장에서 눈을 돌려 제도와 유인에서 답을 찾았다.

**장궁과 쇠뇌 중 하나를 고르는 것은
외부의 위협과 내부의 위협 중 어느 쪽을 중시할지
결정하는 일과 마찬가지였다.**

———

두 사람이 지적했듯, 장궁이 제 위력을 발휘하기 위해서는 장궁 부대를 대규모로 운용해야 했다. 다시 말해 장궁의 우수성을 살리려면 일제히 화살을 쏠 수 있는 다수의 궁수가 필요했다. 하지만 여가를 자유롭게 보낼 수 있는 시간에 굳이 장궁을 배우려는 사람은 드물었을 것이다. 사람들은 보통 일요일에 왼팔과 오른손이 뒤틀릴 만큼 힘든 훈련을 하기보다 다른 일을 하고 싶어 했을 테니 말이다. 따라서 숙련된 장궁병을 다수 보유하기 위해서는 잉글랜드처럼 중앙집권적인 국가가 상명하달식으로 정책을 추진해 궁술을 장려하는 문화를 만들어야 했다. 통치자들은 사실상 장궁병을 보유할지 말지가 아니라, 나라 전체에 궁술을 익히는 문화를 주입할지 말지를 놓고 선택해야 했던 셈이다.

그 선택에 결정적인 영향을 끼친 것은 장궁의 한 가지 중요한 특성이었다. 장궁은 값이 싸고 만들기 쉬웠다. 잉글랜드의 장궁병들은 대부분 자신의 활을 직접 만들었을 가능성이 높다. 재료로 쓸 적당한 나무와 시간만 있다면 그리 어려운 일은 아니었다. 반면에 쇠뇌는 훨씬 비쌌을 뿐 아니라 만드는 데 전문적인 기술이 필요했다. 13~14세기의 평범한 자작농이라면 장궁을 직접 만들 수는 있어도 쇠뇌를 만들지는 못했을 것이다.

문제의 핵심은 바로 여기에 있다. 통치자들에게 장궁과 쇠뇌

군사력의 모순

중 하나를 선택하는 것은 단순히 전장에서 어떤 무기를 쓸지 고르는 일이 아니었다. 이는 자국의 많은 성인 남성에게 비교적 쉽게 만들 수 있는 강력한 무기를 훈련시킬지 말지를 결정하는 일이었다. 잉글랜드의 왕들이 프랑스나 스코틀랜드의 왕들과 다른 선택을 했다는 사실은 그들이 어떤 제도적 틀 아래서 나라를 다스렸는지를 말해 준다. 이 사례에서 한 국가가 특정 기술을 받아들일지 말지를 좌우한 것은 그 국가의 제도였다.

중세의 왕들은 크게 보아 두 가지 위협에 시달렸다. 하나는 이웃 나라들이 가하는 외부의 위협이고, 다른 하나는 귀족이나 신하들이 가하는 내부의 위협이었다. 장궁과 쇠뇌 중 하나를 고르는 것은 외부의 위협과 내부의 위협 중 어느 쪽을 중시할지 결정하는 일과 마찬가지였다. 장궁을 채택하면 전장에서 확실한 우위를 점해 대외 안보를 강화할 수 있었으며, 이웃 나라들이 아직 쇠뇌를 쓰는 상황에서는 그 효과가 더욱 컸다. 하지만 장궁병을 육성해 대외 안보를 강화하는 일은 장차 대내 안보를 뒤흔들 가능성이 있었다. 왕에게 반기를들 위험이 있는 귀족들이 국가의 장려하에 훈련을 받은 데다 전장을지배하는 무기를 직접 마련할 수 있는 다수의 병사를 거느리게 되기때문이다. 반대로 쇠뇌를 채택하면 군대의 전투력이 약해져 대외 안보에는 문제가 생기겠지만, 귀족들이 훈련된 장궁병을 거느릴 위험을 없애 대내 안보를 강화할 수 있었다.

대외 안보와 대내 안보 중 어느 쪽을 우선할지는 통치자가 어떤 유인에 따라 움직이느냐에 달려 있었다. 통치자는 누구를 가장 두려워했는가? 자국의 귀족들이었는가, 아니면 이웃 나라들이었는가?

따라서 이 시기에는 안정적인 제도를 갖춘 나라일수록 우수한 군사 기술을 더 적극적으로 도입할 수 있었다. 14~15세기의 프랑스를 설명할 때, '안정적'이라는 말은 그리 어울리지 않는다. 단적인 예로 백년전쟁 당시 잉글랜드의 왕들은 잉글랜드 국왕으로서가 아니라 프랑스 남부에 있던 아키텐공국의 공작으로서 프랑스의 왕위를 계승할 권리를 주장하며 전쟁에 나섰다. 한 역사가는 당시 프랑스가 하나의 왕국이라기보다 여러 제후국의 집합체에 가까웠다고 지적하며 이렇게 말했다. "프랑스는 중앙 권력에 충성하지 않는 느슨하고 유동적인 지역들로 나뉘어 있었고, 그중 대부분은 군벌이나 다름없는 귀족들이 지배했다." 심지어 귀족 중에는 잉글랜드 편으로 돌아서는 사람도 있었으며, 브르타뉴나 플랑드르처럼 크고 부유한 지역들은 반쯤 독립한 상태였다. 영토 내의 제도적 기반을 고려하면, 프랑스의 군주로서는 대외 안보보다 대내 안보를 우선하는 편이 합리적이었던 셈이다.

프랑스의 왕과 주변 인물들 역시 이 점을 잘 알았다. 프랑스의 국왕이었던 샤를 6세(재위 1380~1422년)는 장궁을 도입하려 했다가 곧장 쇠뇌를 계속 사용하기로 마음을 바꿨다. 당대의 연대기 작가 주브넬 데 우르생Juvénal des Ursins은 1430년에 쓴 글에서 이렇게 말했다.

> 얼마 지나지 않아 프랑스의 궁수들은 궁술 실력이 크게 늘어 잉글랜드군을 향해 활을 쏘는 것도 두려워하지 않게 되었고, 모두가 활과 쇠뇌를 훈련하기 시작했다. 그러나 이들이 하나로 뭉친다면 제후나 귀족들보다 더 강력한 존재가 될 수 있었기에, 국왕은 궁술 훈련을 중단하라고 명령했으며, 궁수의 숫자에 제한을 두기로 했다.

군사력의 모순

스코틀랜드 역시 왕권이 눈에 띄게 불안정했다. 스코틀랜드에서는 지리적 특성 탓에 중앙집권이 어려웠을 뿐만 아니라(특히 하일랜드 지역은 2000년 넘게 스코틀랜드 통치자들의 골머리를 썩였다), 게일어와 영어 사용자들 사이의 분열도 심각했다. 일례로 브루스 왕조를 세운 로버트 1세는 13명의 경쟁자와 다툰 끝에 왕위에 올랐다. 이 시기에 스코틀랜드에서 벌어진 대규모 전투 중 일부는 잉글랜드를 상대로 한 전쟁이 아니라 왕위 계승 후보들 간의 다툼으로 벌어졌으며, 후보 중 한 사람은 잉글랜드의 지원을 받기도 했다.

이 시기 잉글랜드가 '안정적'이었다고 단언하기에는 무리가 있겠지만, 적어도 주변 경쟁국들보다는 안정된 편이었다. 잉글랜드의 왕들이 다스리던 영토는 오랫동안 국경에 변화가 없었고, 웨일스 외에는 독립을 꾀하는 지역도 없었다. 1215년에 제정된 대헌장(일명 마그나카르타Magna Carta)은 국왕과 유력 귀족 간의 책임과 의무를 공식화했다. 이후 그러한 책임과 의무를 둘러싸고 벌어진 두 차례의 내전(제1, 2차 남작전쟁)은 어떤 내용을 문서로 남긴다고 해서 반드시 현실이 되지는 않는다는 것을 보여주었지만, 1300~1450년 장궁이 서유럽의 전장에서 확고한 우위를 차지하는 동안 잉글랜드의 국내 정치는 대체로 안정적이었다. 안정적인 시기가 길어질수록 잉글랜드군의 장궁병 비율이 높아졌다는 사실은 대내 안보와 대외 안보 중 어디에 무게를 두는지가 무기의 선택을 좌우했다고 보는 이론을 뒷받침한다. 잉글랜드군의 장궁병 비율은 1300년대 초만 해도 10퍼센트 수준이었지만, 1300년대 중반에 이르자 50퍼센트를 넘어섰다.

어떤 통치자가 명백히 성능이 떨어지는 무기를 선택한다면, 전혀 합리적이지 못한 행동이라 생각하기 쉽다. 그러나 국내의 제도적

누군가의 생각을 알고 싶다면,
우리는 그가 어떤 행동을 하는지 봐야 한다.

———

기반이 불안정하고, 우수한 무기를 도입하는 일이 오히려 대내 안보를 뒤흔들 위험이 있다면, 그와 같은 선택은 지극히 합리적일 수 있다. 통치자들을 움직이는 유인은 그들이 어떤 여러가지 위협을 받으며 그중 어느 쪽을 더 시급하게 느끼는지에 따라 결정된다. 스코틀랜드와 프랑스의 왕 들은 늘 자국의 귀족 세력을 경계해야 했기에 잉글랜드와의 전투에서 열세에 놓이는 것은 감수할 만한 희생이라고 판단했다. '현시 선호revealed preference'는 어떤 사람의 유인을 파악할 때 특히 유용한 경제학 개념이다. 누군가의 생각을 알고 싶다면, 우리는 그가 어떤 행동을 하는지 봐야 한다.

장궁의 시대는 1450년 무렵에 이르러 서서히 막을 내렸다. 엘리트 군인들이 입던 판금 갑옷은 이제 철이 아니라 강철로 만들어졌고, 숙련된 장궁병이라 해도 갑옷을 뚫기가 어려워졌다. 게다가 이 시기에는 잉글랜드 내부의 정치적 안정도 흔들리기 시작했다. 1450년대부터 1480년대까지 잉글랜드에서 벌어진 장미전쟁은 앞서 프랑스의 연대기 작가가 보인 우려가 옳았음을 입증한다. 훈련된 장궁병을 거느리며 힘을 키운 귀족들은 왕권을 위협하는 세력으로 성장했다. 프랑스의 귀족들이 아쟁쿠르전투와 크레시전투에서 엄청난 피해를 입은 것과 마찬가지로, 잉글랜드의 귀족들은 장미전쟁 중 세인트올번스, 토우턴, 보스워스 등지에서 벌어진 전투로 막대한 희생을 치러야 했다.

BLOOD & TREASURE

4

신대륙 정복

황금이 국가를 가난하게 만든다?

1492~1598

스페인의 펠리페 2세는 해가 지지 않는 제국을 다스렸다고 말할 수 있는 최초의 인물이다. 그는 1556년 스페인 국왕의 자리에 올랐고, 동시에 포르투갈, 나폴리, 시칠리아의 국왕이었으며, 1554년부터 1558년까지는 메리 1세와 결혼함으로써 잉글랜드의 왕좌에도 앉았다. 게다가 그는 스페인 왕이 되기 전부터 밀라노공국과 네덜란드의 17개 주를 통치하고 있었다. 이 정도만 해도 어지간한 군주는 꿈조차 꾸지 못할 만큼 넓은 영토였으며, 역사책에 이름을 남기고도 남을 수준이었다. 하지만 펠리페는 선왕이 시작한 중앙아메리카 정복이 마무리되는 시기에 스페인의 왕위를 물려받았다. 또 스페인군은 1565년 멕시코에서 원정을 떠나 태평양 너머에 있는 한 군도를 정복했는데, 그들은 펠리페 2세를 기리고자 이곳에 펠리피나스Felipinas(오늘날의 필리핀)라는 이름을 붙였다. 여기에다 북아프리카 해안의 몇

몇 식민지까지 더하면 펠리페 2세는 5개 대륙에 걸친 대제국을 통치한 셈이었다.

이 제국의 상당 부분은 유럽 왕실에서 일어난 우연으로 만들어졌다. 펠리페의 아버지 카를은 몇 가지 예기치 못한 사건과 다른 상속자들의 때 이른 죽음 덕분에 친가와 외가 양쪽으로부터 막대한 영토를 물려받았다. 훗날 카를 5세로 불린 그는 합스부르크 가문의 여러 분파가 다스리던 유럽의 영토를 하나로 통합했다. 그는 아라곤과 카스티야의 왕위를 물려받아 신생 통일 국가 스페인의 국왕이 되었으며, 동시에 독일 신성로마제국의 황제이기도 했다. 16세기 전반 합스부르크 왕가는 이처럼 탄탄한 지위를 바탕으로 유럽의 패권을 노렸고, 그 시도는 펠리페 2세 시대까지 이어졌다.

그러나 합스부르크 왕가는 여러 유산이 모여 거대한 제국을 이룬 데서 잘못된 교훈을 얻었고, 이는 장기적으로 그들에게 불행한 결과를 가져왔다. 당시 유럽의 모든 왕가에서는 어느 정도 근친혼이 이루어졌지만, 합스부르크는 근친혼을 극단적인 수준까지 밀고 나갔다. 짐작건대 16~17세기 합스부르크 왕가의 결혼식 좌석 배치도는 꽤 단순했을 것이다. 신랑 측과 신부 측 가족을 나눌 필요조차 없었을 테니 말이다. 스페인 합스부르크 왕조의 마지막 왕이었던 카를로스 2세는 후사 없이 1700년에 세상을 떠났다. 그의 부모는 삼촌과 조카 사이였고, 둘 다 사촌 간의 혼인으로 태어났다. 거듭된 근친혼의 결과, 카를로스는 과도하게 튀어나온 아래턱 때문에 음식을 씹기가 힘들었고, 혀가 너무 큰 탓에 말도 잘 못했다. 그를 부검한 검시관은 "심장은 후추 알갱이처럼 작고, 폐와 내장은 부패해 괴사했으며, 하나뿐인 고환은 석탄처럼 새까맸다"고 기록했다. 당연하게도 카를로스는 나라를 제대로 다스릴 수가 없었다.

하지만 다시 1550년대로 돌아가보면, 근친혼이 낳은 비극은 아직 먼 미래의 일이었다. 펠리페 2세는 세계적인 강대국의 군주로 즉위했으며, 그 나라는 아메리카 대륙의 발견이 가져다줄 이익을 누리는 데 가장 유리한 위치에 있었다.

1550년대 사람들에게 장차 유럽의 어떤 지역이 세계 경제를 주도하리라 생각하는지 물었다면, 대부분은 펠리페 2세의 핵심 영토였던 지중해 연안 지역을 꼽았을 것이다. 그렇게 추측할 가장 단순한 근거는 지중해가 오래전부터 유럽의 중심이었고, 앞으로도 그 위상이 흔들릴 일은 없어 보인다는 것이었다. 지중해 연안에서는 온화한 기후 덕분에 집약적이고 생산성 높은 농업이 가능했으며, 바다를 둘러싸고 긴 해안선이 펼쳐져 있어 운송 비용이 낮고 통신 속도가 빨랐던 덕분에 지역 간의 무역과 교류가 활발했다. 따라서 유럽의 도시화가 지중해 연안에서 시작된 것은 경제지리학자들이 보기에 당연한 일이었다. 하지만 16세기 무렵 지중해의 위상은 분명 이전만큼 공고하지 않았다. 이슬람의 부상과 더불어 아랍 세력이 북아프리카 대부분을 차지하고 이베리아반도 일부를 수백 년간 점령하면서 지중해를 '세계의 중심에 있는 바다'로 보는 인식에 균열이 생겼고, 이탈리아와 북아프리카를 남북으로 잇는 교역은 로마제국 시절보다도 규모가 줄어들었다. 물론 지중해 서쪽에서는 여전히 무역이 번성했다. 1550년대 이탈리아는 유럽에서 가장 부유한 지역이었으며, 이탈리아의 상당 부분은 펠리페 2세의 지배를 받았다. 이 시기 스페인의 1인당 소득은 프랑스, 잉글랜드, 독일보다 높았다.

1550년대가 한 세기 전과 달라진 점이 있다면, 펠리페 2세가 유럽에서 가장 경제적으로 번영한 지역을 다스렸을 뿐만 아니라, 대서양 너머의 새로운 영토와 그곳에서 발견된 은광들까지 물려받았다는 것이다.

콜럼버스는 스페인 왕실에서 자금을 일부 지원받아 신대륙 탐험에 나섰으며, 스페인의 항구에서 항해를 시작했다. 그리하여 콜럼버스는 1492년 신대륙을 '발견'했으며, 스페인은 이듬해인 1493년부터 곧장 신대륙 정복에 나섰다. 스페인의 정복은 놀랄 만큼 빠른 속도로 이루어졌지만, 정복 초기에는 경제적으로 큰 변화가 일어날 만한 조짐이 보이지 않았다. 당시 구대륙에서 신대륙으로 향한 콩키스타도르conquistador*들은 흔히 명예와 신, 황금을 위해 싸운 사람들로 묘사되어왔다. 그러나 1490년대부터 1500년대 초까지 스페인이 카리브해 지역을 정복한 일은 스페인 왕실의 명예를 잠시 드높였을지 몰라도 황금을 가져다주지는 않았다. 인구가 적고 경제적으로 낙후된 카리브해의 섬들은 정복하는 데 어려움이 없었던 만큼 별다른 이득이 되지 못했다.

하지만 이후 스페인이 중앙아메리카로 진출하자 상황이 바뀌기 시작했다. 그곳에서 스페인인들은 카리브제도에 흩어져 있던 부족이나 마을과는 전혀 다른 존재를 마주했다. 바로 아즈텍과 잉카의 제국과 도시 들이었다. 이들을 상대로 한 전쟁은 정복 초기 20년 동안 벌어진 전투보다 훨씬 규모가 컸지만, 정복 방식은 놀랍도록 비슷했다. 최신식 무기로 무장한 스페인의 소규모 병력은 다른 원주민 집

• '정복자'라는 뜻의 스페인어로 15~17세기에 아메리카 대륙을 침략한 스페인인들을 가리킨다.

신대륙 정복

단과 동맹을 맺고 현지의 지배 세력에 맞섰다.

흔히 스페인이 거둔 경이로운 승리에서 화약 무기의 활약은 과대평가되곤 한다. 물론 스페인의 정복 과정은 분명 경이롭다는 말 밖에 표현할 길이 없다. 그들은 고작 3000여 명의 병력(대부분 스페인인이었지만, 다른 유럽 국가 출신의 모험가들도 제법 섞여 있었다)으로 1519년부터 1521년까지 2년 만에 이론상 30만 명의 병사를 동원할 수 있었던 아즈텍왕국을 정복했다. 10년 뒤에는 또 다른 스페인 병사 3000명이 10만 명의 병력을 보유한 잉카제국을 정복했다. 하지만 화약 무기는 이 과정에서 생각만큼 큰 힘을 발휘하지 못했다. 근대 초기의 화기는 장전 속도가 느리고 명중률이 형편없었으며, 기껏해야 큰 소리와 연기로 적을 놀라게 하는 데에나 효과가 있었다. 그보다는 오히려 구식 무기인 쇠뇌와, 원주민의 무기로는 뚫기 힘들었던 강철 갑옷이 더 중요한 역할을 했다.

그러나 전장에서 무엇보다 압도적인 위력을 보인 것은 유럽인들의 진짜 비밀 병기, 천연두였다. 아메리카 대륙의 원주민들은 유럽인들이 우연히 가져온 천연두 바이러스에 면역력이 전혀 없었다. 정확한 사망자 수는 알 수 없지만, 유럽인들과 접촉한 이후 수십 년 동안 원주민 인구의 25~40퍼센트가 전염병으로 사망했다는 추정에는 신빙성이 있다. 스페인군은 더 우수한 무기 덕분에 적은 병력으로도 전술적 우위를 누렸지만, 아즈텍과 잉카의 저항에 종지부를 찍은 것은 다름 아닌 전염병이었다.

스페인군이 많게는 100대 1로 싸워야 할 만큼 병력이 적었다는 점에만 주의를 기울이다 보면 또 하나의 중요한 요인을 놓치기 쉽다. 정복자들에게는 현지의 동맹 세력이 있었고, 그 숫자가 아즈텍과의 전쟁에서는 10만 명에 이를 만큼 많았다는 것이다. 아즈텍과 잉카 제국은 정착 생활을 했지만, 로마나 페르시아 같은 서유라시아의 제 국들처럼 정복한 지역을 직접 통치하기보다는 몽골제국처럼 조공을 거두는 방식을 택했다. 하지만 두 제국의 지배력은 이상하리만치 취약했으며, 그들에게 조공을 바치던 피지배 민족들은 새롭게 등장한 스페인 세력과 기꺼이 손을 잡았다.

아즈텍과 잉카제국은 이후에 정복할 남아메리카 지역과 더불어 스페인에 막대한 보상을 가져다줄 것처럼 보였다. 1533년, 스페인군은 잉카의 황제였던 아타우알파를 붙잡았고, 궁전의 큰 방 하나를 금으로 1번, 은으로 2번 가득 채우면 그를 풀어주겠다고 약속했다. 아타우알파는 그들의 요구에 따라 18톤에 달하는 귀금속을 넘겨주었지만, 정복자들은 결국 그를 살해했다. 이렇듯 황금 앞에서는 정복자들이 내세운 명예와 종교적 사명 같은 명분도 뒷전이 될 때가 많았다.

하지만 전쟁에서 즉각 손에 들어오는 전리품보다 중요한 것은 그 지역을 계속 착취할 가능성이었다. 스페인은 남은 원주민을 곧장 은광에서 일하게 했고, 많은 양의 은을 유럽으로 보내기 시작했다. 아메리카 대륙에서 채굴한 은은 수백 년 동안 합스부르크의 군주들을 부유하게 해줄 것처럼 보였다.

그러나 펠리페 2세는 이처럼 풍부한 유산을 물려받았으면서도 경제사학자들에게 '최악의 채무자'로 불린다. 그는 40년의 통치 기간 중 4차례나 막대한 부채를 갚지 못해 채무 불이행을 선언했다. 한때 유럽에서 정치적·군사적으로 가장 강력했고, 세계적인 제국을 통치하며 엄청난 부를 손에 넣은 나라가 어쩌다 파산에 이르렀는지

**황금 앞에서는 정복자들이 내세운 명예와
종교적 사명 같은 명분도 뒷전이 될 때가 많았다.**

이해하려면 신대륙에서 들어온 은이 왜 경제적으로 이익을 가져다
주지만은 않았는지, 근대 초기 스페인의 제도가 어땠는지를 살펴봐
야 한다.

경제학자들은 가만히 내버려두면 아이들이 읽는 동화까지 분
석해 망치려 드는 사람들이다. J.R.R. 톨킨이 쓴 『호빗』을 예로 들어
보자. 이 소설은 거대한 황금 더미 위에 앉아 있던 용 스마우그가 죽
고 모두가 행복하게 살았다는 결말로 끝이 난다(적어도 후속작인 『반
지의 제왕』의 이야기가 시작되기 전까지는 그랬다). 이 이야기를 들은 경
제학자의 머릿속에는 자연스럽게 다음과 같은 의문이 떠오른다. 스
마우그가 남긴 막대한 금이 한꺼번에 쏟아져 들어왔다면 소설의 주
요 무대인 가운데땅의 경제에는 무슨 일이 벌어졌을까? 근대 초기의
유럽은 이 물음에 대한 답을 보여주는 사례다.

화폐수량설Quantity Theory of Money(QTM)은 20세기에 이르러서야
명확한 이론으로 정립되었지만, 아마도 가장 역사가 긴 거시경제 이
론일 것이다. 코페르니쿠스는 1510년대에 이 이론을 고안해냈다. 오
늘날 화폐수량설은 주로 MV=PT라는 항등식으로 표현된다. 여기
서 M은 유통 중인 화폐의 총량, V는 화폐의 유통 속도(그 화폐가 얼마
나 자주 사용되는지), P는 경제 전반의 물가 수준, T는 경제 내의 총거
래량을 나타낸다. 이 이론에 따라 화폐의 유통 속도와 경제 내의 거
래량에는 큰 변화가 없다고 단순하게 가정하면, 한 경제의 통화량이

2배로 늘어날 때는 물가도 2배로 올라야 한다. 쓸 수 있는 화폐가 늘어나더라도 생산은 증가하지 않았으므로 살 수 있는 물건의 양에는 변화가 없으며, 그 결과 통화량에 비례해 물가가 높아지는 것이다.

　　물론 현실은 이론보다 훨씬 복잡하다. 화폐의 유통 속도와 경제 내의 거래량은 성가실 정도로 자주 바뀐다. 그러나 새로운 화폐가 대규모로 경제에 투입되면 물가도 따라서 오를 가능성이 크다는 단순한 통찰은 여전히 중요하다. 스마우그가 남긴 유산은 십중팔구 인근에 있던 호수마을의 물가 상승을 초래했을 것이다. 신대륙에서 은이 쏟아져 들어오던 근대 초기 유럽의 상황도 이와 비슷했다.

　　경제사학자들은 15세기 말부터 17세기 중반까지 유럽에서 일어난 변화를 '유럽 가격혁명' 또는 '스페인 가격혁명'이라 부른다. 150여 년간 유럽 전역에서는 물가가 6배 가까이 상승했다. 이는 연평균 인플레이션율로 계산하면 약 1.2퍼센트로, 오늘날의 기준으로는 매우 낮은 수준이지만, 당시에는 전례가 없는 일이었다. 물론 가격혁명 이전에도 인플레이션은 있었지만, 디플레이션, 즉 물가 하락도 함께 일어났다. 따라서 가격혁명 이전까지는 풍작이나 흉작, 유행의 변화 등으로 가격이 변동하더라도 전반적인 물가 수준은 안정적으로 유지되었다. 그러나 16세기에는 물가 수준이 '지속적'으로 상승하는 새로운 현상이 나타났다. 이러한 변화를 설명할 가장 설득력 있는 근거는 금과 은의 공급이 늘어난 데서 찾을 수 있다. 유럽의 경제에 유통되던 은은 콜럼버스가 항해에 나서기 전부터 늘어나기 시작했다. 헝가리를 비롯한 중부 유럽 지역의 은광은 1470년대부터 생산량이 증가했고, 이에 따라 유럽 경제에는 새로운 화폐가 공급되었다. 그러던 와중에 1540년대부터 페루와 멕시코에서 값싸게 채굴한 은

이 쏟아져 들어오자 유럽의 통화량은 폭발적으로 증가했다. 고정 수입에 의존하는 사람들, 예를 들어 정해진 임대료를 받는 지주나 정해진 급여를 받는 하급 성직자들에게 150년간 물가가 오른다는 것은 곧 150년간 실질 소득이 떨어진다는 뜻이었다. 또, 근대 초기의 통치자들에게 가격혁명은 국가를 운영하는 비용이 늘어난다는 뜻이기도 했다.

물론 가격혁명의 중심에는 스페인이 있었지만, 이 현상은 유럽 전역까지 영향을 미쳤다. 따라서 가격혁명만으로는 왜 스페인이 그토록 심각한 신용 불량 국가가 되었는지 설명할 수 없다. 그 이유를 알려면 스페인의 제도가 주변 국가들과 어떻게 달랐는지를 살펴봐야 한다.

근대 초기 군주가 나라를 다스리기 위해서는 아무리 절대왕정을 표방하더라도 주변 세력들과 끊임없이 협상을 벌여야 했다. 왕은 자신이 신의 뜻에 따라 통치한다고 주장할 수 있었지만, 실제로 어떤 일을 추진하려면 권력을 가진 인물이나 집단의 동의를 얻어야 했다. 주로 누구와 협상해야 하는지는 나라에 따라 달랐으며, 보통은 부하와 사병을 거느린 유력 귀족, 자금력을 지닌 상인이나 직인 길드, 도덕적으로 영향력을 발휘할 수 있는 교회의 지도자 등이 그 상대였다.

근대 초기 유럽 국가 중에서도 정치 체제가 가장 분권화된 곳은 네덜란드공화국이었다. 네덜란드는 펠리페 2세 집권기부터 17세기 중반까지 80년간 독립전쟁을 벌인 끝에 스페인 합스부르크 왕조의 지배에서 벗어났다. 초기 네덜란드공화국은 지역 유력자들과 무역으로 부를 쌓은 도시들의 연합체였다. 당시 네덜란드의 정치 체제가 어떤 형태였는지는 그들이 운용하던 해군을 보면 쉽게 알 수 있다. 네덜란드 함대는 독립전쟁 시기 동안 스페인군을 북해에서 몰아내고 스페인 상선을 습격하는 등 많은 활약을 했지만, 단일한 해군이 아니었다. 이들은 바다에 면한 5개 주가 보유한 5개 해군으로 이루어졌으며, 각 해군은 별개의 함선과 지휘부, 장교단을 갖췄다.

언뜻 보기에 통합된 해군조차 없을 만큼 분권화된 국가는 국력이 약하리라 생각하기 쉽다. 그러나 장기적으로 보면, 네덜란드공화국처럼 엘리트 계층, 특히 상업 계층이 정치에 활발히 참여하는 나라는 강한 경제력에 더해 군사력까지 갖출 수 있었다.

결국에 중요한 것은 겉으로 보이는 정치 구조가 아니라 국가의 역량, 즉 국가가 실제로 어떤 일을 해내는 능력이다. 의외로 근대 초기에는 여러 이해집단의 협상을 바탕으로 체제를 구축한 국가들이 이른바 '절대주의' 국가들보다 더 나은 역량을 발휘할 때가 많았다. 네덜란드나 머지않아 그들의 경쟁 상대로 떠오른 잉글랜드 같은 국가들은 견제와 균형을 위한 장치가 존재하고 국가 운영에 일정한 규칙이 있다고 인식했기에 더 많은 세금을 징수할 수 있었다. 일례로 1600년경 네덜란드는 주민 1인당 은 76그램에 해당하는 세금을 거두었던 반면, 스페인은 주민 1인당 은 60그램을 걷는 데 그쳤다.

근대 초기 국가에서 여러 이해집단이 얼마나 활발히 협상을 벌였는지를 가장 잘 보여주는 지표는 의회의 활동이다. 물론 여기서 말하는 의회는 오늘날의 민주주의와는 거리가 멀었다. 당시의 의회에는 힘 있는 귀족, 고위 성직자, 평민 중에서도 가장 부유하고 영향력 있는 계층만이 모였으며, 이들은 다수의 민중을 대변하려는 시도조차 하지 않았다.

1500년부터 1599년까지 100년 동안 의회가 열린 기간을 보면

신대륙에서 오는 새로운 부를 차지한 것은
합스부르크제국이 아니라, 그 제국의 군주였다.

───────

네덜란드는 80년, 잉글랜드는 67년이었다. 반면 스페인은 두 나라에 비해 상황이 조금 복잡했다. 카를 5세와 펠리페 2세는 형식상 통일된 스페인의 군주였지만, 그 아래 있던 왕국들은 완전히 통합되지 않은 채 저마다의 제도와 의회를 유지했다. 그런데 같은 시기 스페인의 아라곤왕국과 발렌시아왕국에서는 의회가 각각 19년, 12년밖에 열리지 않았다. 이렇듯 네덜란드·영국과 스페인은 의회가 열린 기간에도 차이가 있었지만, 더 눈여겨볼 점은 그 차이가 점점 더 벌어졌다는 것이다. 17세기 들어 네덜란드와 영국에서는 의회가 열리는 기간이 이전보다 길어졌지만, 스페인에서는 오히려 줄어들었다.

　　의회를 소집하는 군주의 주된 목적은 자금 조달이었다. 보통 군주가 세금을 걷기 위해서는 의회의 동의가 필요했다. 그런데 스페인의 군주들은 재정 지출이 날로 증가하는 상황에서도 의회를 덜 소집하는 모습을 보였다. 이러한 모순이 벌어진 이유는 가격혁명을 촉발한 신대륙의 은광에서 찾을 수 있다.

　　신대륙의 식민지와 관련해 한 가지 짚고 넘어가야 할 점은 합스부르크의 군주들이 이 지역을 개인의 소유물로 여겼으며, 합스부르크 왕가가 다스리던 여러 왕국의 의회들은 식민지를 통치하는 데 공식적·제도적으로 아무런 역할을 하지 않았다는 것이다. 따라서 신대륙에서 오는 새로운 부를 차지한 것은 합스부르크제국이 아니라, 그 제국의 군주였다. 이 차이는 매우 중요한데, 이는 곧 군주가 지역

엘리트들의 동의 없이도 마음대로 사용할 수 있는 자금원을 손에 넣었다는 뜻이기 때문이다. 그리하여 스페인에서 카를 5세와 펠리페 2세, 그 후계자들은 초기 근대 국가의 특징이었던 여러 이해집단과의 협상 과정을 피할 수 있었고, 일시적으로나마 훨씬 자유롭게 정책을 펼칠 재량권을 갖게 되었다. 다시 말해 이베리아반도의 왕국들에서 의회가 열리는 기간이 점차 줄어든 주된 이유는 국왕이 더는 의회를 소집할 필요가 없었기 때문이었다. 적어도 초기에는 그랬다.

중세에 이어 근대 초기에도 국가의 주된 역할은 전쟁을 수행하는 것이었다. 그리고 카를 5세와 펠리페 2세의 시대에 전쟁은 날이 갈수록 비용이 많이 들었다. 어떤 역사가들은 이 시기에 일어난 변화를 '군사혁명'이라고도 부른다. 당시 유럽에서 전쟁의 양상이 달라진 것은 사실이지만, 훗날 일어난 산업혁명과 마찬가지로 군사혁명이 정확히 무엇을 의미했는지는 지금도 논쟁거리로 남았다.

그중 한 가지 해석은 휴대할 수 있는 화약 무기의 역할에 주목한다. 화약은 13~14세기 무렵 실크로드를 따라 유럽에 전해진 것으로 보이며, 다른 많은 문물처럼 칭기즈칸의 정복 활동으로 전파되었을 가능성이 크다. 그리하여 유럽에서는 1380년대부터 초기 형태의 대포를 포위전에 사용하기 시작했으며, 14세기 말에서 15세기 초에는 핸드캐넌hand cannon이라는 개인용 화기가 전장에 모습을 드러냈다. 하지만 이 무기들은 장전 속도가 느리고 정확도가 낮았기 때문에, 당장은 쇠뇌나 장궁(잉글랜드의 경우)을 대체할 수 없었다. 총기 기술은 15세기 말 콜럼버스가 항해를 떠나기 직전부터 더욱 발전하기 시작했고, 유럽과 오스만제국에서는 아퀴버스arquebus라는 화승총이 널리 쓰이게 되었다.

신대륙 정복

그러나 이 시기에는 아직 활이 총보다 여러모로 우위에 있었다. 근대 초의 화기는 이론상 350~450미터까지 탄환을 날릴 수 있었고 숙련된 궁수가 쓰는 활보다 사거리가 훨씬 길었지만, 목표를 정확히 맞힐 수 있는 거리는 70~100미터에 불과했다. 더 큰 문제는 탄환을 1분에 한두 발밖에 쏘지 못했다는 것이다. 따라서 당시의 화기는 먼 거리에서도 중장갑을 뚫어낼 파괴력이 있었지만(더불어 엄청난 소음으로 화약에 익숙하지 않은 병사들을 겁에 질리게 하는 효과도 있었다), 처음에는 기존의 원거리 무기를 대체하기보다 보완하는 역할에 머물렀다.

스페인은 이러한 인식을 앞장서서 바꾼 서유럽 국가 중 하나였다. 스페인은 1490년대부터 1560년대까지 이탈리아반도의 지배권을 놓고 프랑스와 오랜 전쟁을 벌이며 새로운 전술을 활용하기 시작했다. 100여 년 전에 있었던 백년전쟁 때와 마찬가지로 프랑스군의 핵심 전력은 중무장한 기병대(이 시기에는 흔히 기사보다 장다름 gendarme이라는 이름으로 불렸다)였다. 스페인은 영국과 달리 장궁병을 육성하지 않았기 때문에, 화기와 아퀴버스가 기병대에 맞설 최선의 수단이었다. 1490년대 이전까지만 해도 아퀴버스로 무장한 병사들은 대개 소규모의 산병 부대를 이뤄 적에게 접근해 몇 발을 쏜 뒤 곧장 안전한 곳까지 후퇴하는 방식으로 싸웠다. 하지만 1490년대에서 1500년대 초, 스페인군은 새 전술을 도입해 연달아 승리를 거두었다. 화기를 든 병사들을 최대한 방어 진지 뒤에 집결시킨 다음, 적군이 그들을 향해 진격하도록 유도하는 방식이었다. 스페인군은 이 전술로 프랑스의 기병대뿐 아니라, 프랑스군 소속으로 싸웠던 스위스 용병대(이들은 주로 장창으로 무장했으며, 유럽에서 가장 강력한 중보병으로 손꼽혔다)를 수차례 무찔렀다.

물론 임시로 방어 진지를 구축한다고 해도 늘 그곳에서 싸움이 벌어지도록 유도하기는 어려웠으며, 흩어져서 싸우는 산병 부대는 개활지에서 매우 취약했다. 이에 스페인의 장군 곤살로 데 코르도바 (그는 수많은 전투를 경험한 베테랑으로 '위대한 장군'이라는 칭호를 얻었다)는 근접전을 위해 검과 장창으로 무장한 병사들을 화기병과 함께 편성하기 시작했다. 특히 길이가 4~5미터에 달하는 창을 든 장창병 부대는 보병을 기병으로부터 방어할 가장 효과적인 수단이었다. 제 아무리 용감한 기병이라도 창끝을 겨눈 채 침착하게 일렬로 늘어선 병사들을 향해 돌격하기는 망설여지기 마련이었으며, 훈련을 잘 받은 말들도 그리로 쉽게 달려들지 않으려 했기 때문이다. 유럽의 다른 군대들도 1490년대 이전부터 장창을 활용했지만, 코르도바의 탁월함은 장창병과 화기병을 '콜루넬라coluñela'라는 부대로 함께 편성하도록 군의 편제를 바꿨다는 데 있었다. 1505년 아라곤의 국왕이자 카를 5세의 선왕이었던 페란도 2세는 콜루넬라를 공식 부대로 창설하면서 20명의 장교를 '카보 데 콜루넬라cabo de coluñela'라는 새로운 계급으로 임명했다. 이 계급의 명칭은 1508년 '코로넬coronel'로 간소화되었으며, 이는 이후 다른 국가들까지 퍼져 대령colonel을 가리키는 단어로 자리를 잡았다.

화기병과 이들을 보호하는 장창병으로 이루어진 새로운 조합은 전투의 양상을 바꾸기 시작했다. 기병은 여전히 뛰어난 기동성 덕분에 쓸모가 있기는 했지만, 적의 보병을 향해 돌격해 전열을 무너뜨리는 역할을 하지 못하자 중요성이 크게 줄어들었다. 한편 아퀴버스를 든 다수의 병사를 하나의 부대로 묶는 전술은 명중률이 낮다는 단

신대륙 정복

점을 극복하는 데에도 도움이 되었다. 아퀴버스 한 정으로는 100미터 이상 떨어진 적을 맞히기 어려웠지만, 몇백 정의 총으로 같은 거리에 뭉쳐 있는 적 병력에 일제사격을 가하면 그중 일부는 반드시 명중했기 때문이다.

1500년대 초부터는 유럽의 다른 국가들도 스페인의 전술을 받아들였으며, 그 결과 군대의 규모가 점차 커졌다. 화기는 쇠뇌처럼 별다른 훈련 없이도 쉽게 다룰 수 있는 데다 장전 속도와 명중률까지 서서히 향상되면서 전장을 지배하는 무기로 자리매김했고, 이에 따라 각국의 군대는 갈수록 더 많은 병사를 모집해 화기로 무장시키고자 했다. 스페인은 이러한 변화를 보여주는 대표적인 사례다. 1470년대만 해도 3만 명 수준이었던 스페인군은 1620년대에 이르러 30만 명으로 불어났다. 그에 반해 스페인의 인구는 군 병력이 10배로 불어나는 동안 680만 명에서 850만 명으로 늘어나는 데 그쳤다. 군사혁명이 정확히 언제 일어났으며 어떤 요인들이 변화를 이끌었는지는 논쟁의 여지가 있지만, 아메리카 대륙을 발견한 이후 150여 년간 유럽에서 전쟁의 규모와 비용이 눈에 띄게 증가한 것은 틀림없는 사실이다. 여기에 더해 대포 기술이 발전함에 따라 대포의 성능과 사거리, 화력이 비약적으로 향상되면서 기존의 요새나 성이 무용지물이 된 것도 전쟁 비용을 늘리는 데 일조했다. 이제 군주가 전쟁을 성공적으로 치르기 위해서는 대규모 공성포대를 갖추고 전문 포병을 양성하는 동시에, 방어 시설을 개선해 영토를 침략에서 보호해야 했기 때문이다.

스페인이 해마다 지출하는 군비는 1550년대까지만 해도 150~200만 두카트 수준이었지만, 1590년대에 이르러 600만 두카트로 늘어났다. 1566년부터 1596년까지 펠리페 2세가 지출한 총비용은 부채 이자를 제외하고도 1억 6300만 두카트에 달했으며, 이 중 무려 1억 4430만 두카트(전체 지출의 88.5퍼센트)가 군비로 쓰였다. 군비가 이토록 빠르게 늘어난 주요 원인은 네덜란드에서 끊이지 않고 이어진 반란이었다. 게다가 스페인은 프랑스, 잉글랜드와 오랫동안 전쟁을 벌였으며(잉글랜드와의 전쟁 중에는 엄청난 돈을 들여 구축한 무적함대가 침몰하기도 했다), 지중해에서는 오스만제국과 계속 충돌했다. 이 중에는 스페인이 어쩔 수 없이 치러야 했던 전쟁도 있었지만, 대부분의 전쟁은 스스로 선택했다는 사실을 중요히 살펴봐야 한다. 스페인의 군주가 다른 나라들보다 더 쉽게 전쟁을 일으켰던 이유는 자금을 조달하기 위해 의회를 소집할 필요가 없었기 때문이다. 가령 잉글랜드에서는 의회가 국가 재정을 엄격히 관리해 국왕의 야심을 억누를 수 있었지만, 스페인의 군주는 아메리카에서 쏟아져 들어온 은 덕분에 그와 같은 견제에서 자유로웠다.

펠리페 2세의 문제점은 아메리카에서 얻은 막대한 부로도 야심을 충족하지 못했다는 것이다. 그가 부족한 재정을 메우기 위해 자주 활용한 수단은 바로 차입이었다. 종종 '아시엔토asiento'라는 단기 차입으로 자금을 마련했는데, 이때의 이자율은 최대 20퍼센트에 달했다. 펠리페 2세가 이처럼 재정적으로 어려움에 빠진 근본적인 원인은 더 낮은 금리로 장기채를 발행할 수 없다는 데 있었다. 장기채를 발행하려면 정기적인 과세 계획을 세워 상환 능력을 입증해야 했고, 이 과정에서 반드시 의회의 승인을 받아야 했다. 하지만 독단적인 통치에 익숙했던 펠리페 2세는 의회 소집을 꺼렸다. 그가 날로 거창해지는 정치적 야망을 실현하기 위해 자주 사용한 또 다른 자금 조달 방법은 귀족, 상인, 성직자 등 현금이 많은 사람들에게 세금을 면제받을 권리나 지역에서 독점적으로 사업할 권리를 판매하는 것이었다. 이렇듯 펠리페 2세는 의사결정 과정에서 다른 사람과 협의하기를 꺼리고 자기 뜻대로 모든 것을 결정하려 했기에, 고금리로 단기채를 발행하거나 미래의 과세 능력을 해치는 방식으로 현금을 조달할 수밖에 없었다. 단기적으로는 이러한 방식이 그럴듯하고 편한 해결책으로 보였겠지만, 장기적으로는 국가 재정을 파탄으로 몰고 갔다. 그 결과가 바로 펠리페 2세의 통치기 중 네 차례나 발생한 채무 불이행이었다.

천연자원은 하늘이 한 나라(스페인의 경우에는 한 왕조)에 내린 축복처럼 보인다. 그러나 제도와 유인의 복잡한 상호작용은 천연자원이 오히려 미래의 성장 가능성을 해치도록 만들 수도 있다. 펠리페 2세는 두 가지 의미에서 불운한 인물이었다. 하나는 전쟁 비용이 나날이 더 증가하던 시기에 지나치게 원대한 야심을 품었다는 것이며, 다른 하나는 스페인에는 그의 야심을 제어할 제도적 장치가 없었다는 것이다. 게다가 유럽 내 합스부르크제국에서는 대서양 너머 신대륙으로 가면 막대한 부를 쉽게 손에 넣을 수 있다는 생각이 널리 퍼지면서 중요한 경제적 자원들이 외부로 빠져나갔다. 가령 스페인의 경제 발전에 이바지할 수도 있었던 유능한 상인과 기업가들은 스페인을 떠나 신대륙에서 일확천금을 노렸다. 그들의 눈에는 스페인 본토에서 농업 생산성을 높이는 따분한 사업에 돈을 쓰는 것보다는 금으로 가득하다는 전설의 도시 엘도라도를 찾아 나서는 쪽이 훨씬 나은 투자로(이것을 과연 투자라고 부를 수 있을지도 의문스럽지만) 보였다.

유럽의 다른 나라들에서는 군사혁명으로 군비 부담이 커지자 군주들이 재원을 조달하기 위해 더 자주 의회를 소집해야 했다. 의회를 비롯한 제도의 발전은 장기적으로 보아 국력의 강화로 이어졌다. 의회가 견제와 균형을 위한 장치로서 원활히 작동하는 국가는 더 많은 지역 엘리트 집단으로부터 정치적 동의를 얻어낼 수 있었다. 이러한 변화는 국가가 더 낮은 금리로 더 쉽게 돈을 빌리는 기반이 되었다. 국가가 과세를 통해 안정적으로 자금을 마련할 능력이 있다는 확신이 생기면서 대출자들이 느끼는 위험 부담이 줄어들었기 때문이다. 나아가 국가는 제도의 발전에 따라 새로운 권한을 손에 넣을 수 있게 되었다. 이제 지역의 엘리트들은 필요한 경우 국가 권력을 견제할 수 있으며 그 권력이 자신들에게 해를 끼치지 않으리라고 어느 정도 확신했기에 국가의 권한이 커지는 상황을 훨씬 더 쉽게 받아들였다. 그에 반해 스페인은 신대륙에서 얻은 부 덕분에 군주가 더 큰 자유를 누리는 듯했지만, 이러한 제도가 경쟁국들보다 훨씬 뒤쳐지게 만들었다. 결과적으로 군주들이 잠시 누렸던 재량권은 시간이 갈수록 그들의 권력을 약화시킨 셈이다.

펠리페 2세가 사망한 뒤에도 스페인은 60년간 여섯 차례나 파산을 선언했다. 그들은 아메리카 대륙을 정복했지만, 그 결과는 빈약한 조세 기반과 막대한 부채, 부실한 국가 재정으로 이어졌으며, 스페인의 제도적 기반은 경쟁국들만큼 효과적으로 발전하지 못했다. 놀랍게도 콜럼버스의 항해 이후 150년이 지난 뒤 스페인의 1인당 국민소득은 항해 이전보다 10퍼센트 가까이 낮아졌다. 아메리카에서 건너온 은은 스페인을 부유하게 만들기는커녕 더 가난하게 만든 것이다.

BLOOD & TREASURE

5

마녀사냥

가톨릭과 개신교의 비가격 경쟁

1484~1700

모든 갈등이나 대규모 폭력이 국가나 경쟁 세력 간의 분쟁에서만 비롯하지는 않는다. 16세기부터 17세기 초까지 유럽을 휩쓴 마녀사냥의 광풍은 6만 명에 달하는 사람이(대부분 40세 이상의 여성이었다) 마법이라는 조작된 혐의로 처형당하는 비극을 낳았다. 흔히 합리성과 논리를 다루는 학문으로 여겨지는 경제학은 오늘날의 관점에서 집단적 히스테리로밖에 보이지 않는 이 사건을 설명하기에 적절한 도구가 아니라고 생각할 수 있다. 그러나 무고한 여성들이 대규모로 학살당한 이 잔혹한 사건에서도 제도와 유인은 중요한 역할을 했다. 마녀사냥은 아무리 그럴듯한 이유를 붙인다 해도 정당화할 수 없는 사건이지만, 경제학은 짧은 기간 동안 왜 그토록 많은 사람이 마녀로 몰려 살해당했는지를 이해하는 데 도움을 준다.

이 이야기의 출발점으로 삼기에 가장 적절한 인물은 잔혹한 시대에 걸맞게 잔혹한 인간이었던 하인리히 크라머Heinrich Kramer다. 1500년대 마녀 광풍을 촉발한 책임자를 한 명만 고른다면, 온 세상이 마녀로 가득하다는 망상에 사로잡혔던 크라머를 꼽아야 한다.

마녀에 대한 공포는 근대 초기 유럽에서 새롭게 나타난 현상이 아니었으며, 마녀 광풍은 수백 년 전부터 이따금 몇몇 지역을 휩쓸곤 했다. 크라머가 막 권력을 손에 쥐기 시작한 1480년대 무렵만 해도, 마녀가 존재한다고 믿는 성직자는 많지 않았다. 가톨릭교회는 초자연적인 현상보다 이단, 즉 자신들의 기준에서 벗어난 형태의 기독교를 훨씬 심각한 문제로 여겼다. 실제로 종교재판은 마녀를 잡기 위해서가 아니라 올바르지 못한 교리를 가진 자들을 뿌리 뽑으려는 시도에서 비롯했으며, 그 과정은 종종 지독하게 폭력적이었다. 그렇다고 해서 마녀나 늑대인간 같은 초자연적 존재가 있다는 믿음 자체가 보기 드문 것은 아니었는데, 일례로 1630년대 영국에서 나온 한 출판물은 저지대 국가들에 가면 실제로 늑대인간을 볼 수 있다고 단언하기도 했다. 하지만 1480년대 무렵까지도 가톨릭교회가 직접 마녀의 존재에 대해 뚜렷한 입장을 밝힌 적은 없었다. 성경에도 마녀가 언급되지만, 교회에서는 크게 의미를 두지 않았다.

크라머는 1430년경에 태어나 도미니코회의 수사가 되었다. 그는 유창한 설교와 지칠 줄 모르는 활동으로 이름을 알렸고, 잘츠부르크 대주교의 총애를 받아 1470년대 중반에는 티롤, 잘츠부르크, 보헤미아, 모라비아 지역(오늘날 독일, 오스트리아, 체코에 해당하며, 당시에는 크고 작은 나라들이 모여 형성된 신성로마제국의 일부였다)의 이단심문관으로 임명되었다. 크라머의 공식 임무는 이단자를 색출하는 것이었지만, 그는 갈수록 마녀에 집착했다. 실제로 그는 자신이 관할하는 지역이 마녀로 가득하다고 믿었다. 하지만 지역 당국은 그의 주장을 받아들이지 않았으며, 마녀 혐의로 사람들을 기소할 권한을 인정하지 않았다.

그러던 와중에 1484년 교황 인노첸시오 8세가 『지극한 열망으로 바라건대Summis Desiderantes Affectibus』라는 교서를 발표했다. 교황은 이 교서에서 마녀 문제와 크라머의 권한을 구체적으로 언급했다. 교황이 이 같은 교서를 발표한 데는 정치적인 이유가 큰 영향을 끼쳤을 것이다. 크라머 같은 이단 심문관들은 교황에게 직접 보고하는 일이 지역의 주교나 대주교보다도 훨씬 많았으며, 이 교서는 크라머에게 그가 필요하다고 판단하는 모든 조치를 취할 권한이 있음을 명시하는 데 중점을 뒀다. 하지만 교서의 목적이 단순히 보고 체계를 행정적으로 정리하려는 것이었다 하더라도, 교황이 공식적으로 마녀의 존재를 인정했을 뿐 아니라 크라머와 그의 대리인들이 마녀를 '교정·투옥·처벌·징계'하도록 승인했다는 사실은 중대한 문제였다.

이듬해 크라머는 교황이 부여한 권한을 행사해 티롤의 인스브루크라는 곳에서 마녀재판을 열었다. 하지만 재판은 그의 뜻대로 풀리지 않았다. 크라머는 지역의 주교를 협박해 여러 건의 기소를 시작하도록 허가를 받았고, 곧 두 가지 사실이 확실해졌다. 첫째, 크라머는 여성만을 표적으로 삼았으며, 둘째, 여성들의 성생활이나 성적 성향에 관해 질문하는 데 지나치게 집착했다. 당시 크라머는 헬레나 쇼이베린이라는 여성에게 이유 없이 반감을 품었다. 한 부유한 주민의 아내였던 쇼이베린은 자기 생각을 거리낌 없이 말하는 사람으로 잘 알려져 있었다. 그녀는 크라머의 설교를 들은 적이 있었는데, 설교가 온통 마녀를 향한 비난 일색이었던 탓에 더는 그의 이야기를 들으려

하지 않았다. 크라머는 이러한 반응을 그녀가 마녀라는 증거로 받아들였다. 이후 그는 문제가 된 설교에서 자신은 "소의 우유를 훔친 마녀의 정체를 알아내기 위해" 우유 통을 두드리는 기술을 설명했을 뿐이라고 주장했다. 쇼이베린이 왜 그의 설교를 들을 시간에 다른 일을 하는 게 낫겠다고 생각했는지는 어렵지 않게 이해할 수 있다.

크라머는 쇼이베린을 포함한 여성 14명을 마녀로 고발하고 외르크 슈피스라는 기사를 마법으로 살해한 혐의 등 몇 가지 죄목을 씌웠다. 하지만 그는 여기에 아무런 증거를 제시하지 못했고, 재판은 결국 절차상의 문제로 각하되었으며, 지역의 주교는 크라머에게 자신의 관할구역을 떠나달라고 요청했다. 크라머는 이 일을 순순히 받아들이지 않았다. 망신을 당한 그는 쾰른으로 옮겨가 자신의 가장 악명 높은 저서를 집필하기 시작했다.

『마녀를 심판하는 망치Malleus Maleficarum』는 기괴하면서도 불쾌하기 짝이 없는 책이다. 이 책에서 크라머는 자신을 정당화하고 마녀재판에 법적 근거를 마련하는 한편, 마녀를 식별하고 처벌하는 지침까지 제시하고자 한다. 이를 위해 그는 모호한 개념이었던 마법을 이단이라는 공인된 범죄로 구체화하고, 교회 재판소와 세속 법정 양쪽에서 마녀 문제를 다뤄야 한다고 주장한다. 한술 더 떠 그는 절차상의 하자로 실패한 인스부르크 마녀재판을 의식해서인지 마녀의 혐의를 가장 손쉽게 입증할 방법은 고문으로 자백을 끌어내는 것이라 말한다. 크라머는 이전까지의 행적에 걸맞게 여성은 남성보다 음탕해서 악마와 결탁하기 쉽다는 논리를 펼치며 남자 마법사가 아니라 마녀만을 문제 삼는다. "지고하신 주께 영광 있으라. 주께서는 지금껏 남성들을 크나큰 죄로부터 지켜주셨다. 주께서는 기꺼이 우리를 위해 태어나 고난을 받으셨기에 남성들에게 특권을 베푸셨다." 이렇듯 크라머는 여성을 향한 차별적 인식을 조금도 숨기지 않았다. 그는 마녀들이 남성의 성기를 20~30개씩 모아 새 둥지나 상자에 보관하며 이 성기들은 살아 있는 것처럼 움직이면서 귀리와 옥수수를 먹는다는 황당무계한 주장까지 늘어놓는다. 마녀재판의 절차와 성기가 움직이며 곡물을 먹는다는 이야기를 뒤섞은 이 기이한 책은 이후 150여 년 동안 선풍적인 인기를 끌며 30~50차례나 재판되었다. 이 책의 내용은 뒤이어 휘몰아친 마녀재판의 광풍을 부채질했을 뿐만 아니라 재판의 방법과 절차까지 마련했다.

물론 한 괴짜와 그가 쓴 기분 나쁜 책만으로는 수만 명의 무고한 여성이 잔혹하게 처형당한 이유를 설명할 수 없다. 게다가 크라머 이전에도 마녀를 다룬 책은 필사본으로 나와 있었다. 여기서 16세기의 마녀 광풍이 왜 일어났는지, 그리고 『마녀를 심판하는 망치』가 왜 그토록 큰 반향을 일으켰는지를 더 넓은 맥락에서 이해하는 데에 바로 경제학이 도움을 준다. 16세기의 경제적·인구학적 배경과 이름만 들어서는 위험할 것이 없어 보이는 '비가격 경쟁'이라는 개념을 참고하면, 이후에 일어난 무시무시한 사태를 설명할 수 있다.

크라머는 확실히 때를 잘 타고난 인물이었다. 그가 책을 쓴 1486년은 마침 유럽에서 출판이 거대한 사업으로 번창하던 시기였다. 요하네스 구텐베르크가 이동식 활자 인쇄 방식을 발명한 지 수십 년 만에 일어난 변화였다. 필사가 아니라 인쇄로 저작물을 찍어낼 수 있게 되자 정보가 퍼져나가는 방식에는 일대 혁명이 일어났다. 1450년 이후 50여 년간 인쇄된 저작물은 900만 부에 달했는데, 그전까지의 인류 역사에서 종이에 기록한 저작물을 모두 합쳐도 100만

부를 미처 넘지 않을 것이다. 뒤이어 16세기에 출판된 책과 팸플릿의 숫자는 2억 부까지 늘어났다. 경제학적으로 말하면, 이는 정보 확산에 드는 비용이 급격히 떨어진다는 뜻이다.

　인쇄술은 분명 필사보다 훨씬 쉽게 저작물을 복제하는 방법이었지만, 마냥 간단하고 저렴하지는 않았다. 저작물을 인쇄하려면 숙련된 장인이 각 페이지를 손으로 조판해야 했는데, 조판 작업은 한 페이지를 만드는 데만 반나절까지 걸릴 수 있었다. 여기에다 잉크를 세팅하고, 손으로 프레스를 돌리고, 인쇄된 종이를 말리고, 책을 제본하는 과정까지 고려하면, 근대 초기에 책 한 권을 인쇄하는 데 얼마나 많은 비용이 들었을지 짐작이 갈 것이다. 이렇듯 인쇄는 구조적으로 비용이 많이 드는 사업이었기 때문에, 초창기 출판업자들에게는 어떤 원고를 찍어낼지 선택하는 일이 생존을 좌우할 만큼 중대한 문제였다. 장인 여러 명을 한 달간 고용해 60페이지짜리 책을 찍어내려면 어느 정도는 책이 잘 팔릴 것이라는 확신이 있어야 했다. 따라서 당연하게도 근대 초기 유럽의 출판업자들은 주로 판매가 보장된 베스트셀러였던 성경을 펴냈다. 게다가 당시에는 사실상 저작권 보호라는 개념이 존재하지 않았으며, 다른 나라의 저작물은 더더욱 보호받기 어려웠다. 이 상황에서 출판업자가 가장 쉽게 돈을 벌 방법은 다른 출판업자들이 무엇을 찍어내는지 보고 그대로 따라 하는 것이었다. 그러다 보니 당시에는 어떤 책이 잘 팔리기 시작하면, 출판업자들이 모두 같은 책을 찍어내면서 판매량이 치솟는 일이 흔했다. 『마녀를 심판하는 망치』처럼 곡물을 먹는 성기 같은 기괴한 이야기를 담은 책도 이러한 환경에서 불티나게 팔렸다.

　『마녀를 심판하는 망치』는 마녀를 찾아내어 처리하는 방법을

마녀 광풍을 촉발한 여러 요인 중에서도
가장 근본적인 요인은 다름 아닌 기후였다.

———

제시했다는 점에서 마녀 광풍이 일어나는 데 필수적인 요인이었지만, 그 책이 잘 팔렸다는 사실만으로는 이 현상을 설명하기에 충분하지 않다. 마녀 광풍이 왜 일어났는지를 제대로 이해하려면 더 큰 그림을 봐야 한다.

마녀 광풍을 촉발한 여러 요인 중에서도 가장 근본적인 요인은 다름 아닌 기후였다. 1300년대 이후 수백 년간 유럽은 오늘날 소빙하기라 불리는 기후 변화를 겪었다. 이 시기 유럽에서는 평균 기온이 1도 가까이 떨어졌고 강수량이 늘어났으며, 겨울에는 극심한 한파가 들이닥치곤 했다. 일례로 1650년대에는 스웨덴 군대가 얼어붙은 바다를 건너 코펜하겐까지 진군하기도 했다. 소빙하기의 증거는 다양한 자료에서 찾을 수 있다. 가령 선박의 항해 일지에는 주기적으로 기온을 측정한 기록들이 남아 있으며, 빙하의 빙핵이나 나무의 나이테를 분석하면 당시의 기온을 보여주는 결정적인 증거를 얻을 수 있다. 이 시기에 일어난 변화는 미술작품에서도 잘 드러난다. 1970년에 실시된 어느 연구에서는 미국과 유럽의 박물관 및 미술관에 소장된 작품 중 1400년에서 1967년 사이에 그려진 회화 1만 2000점을 분석했는데, 그 결과 1600년부터 1649년까지는 흐린 하늘과 어두운 날씨를 묘사한 작품의 수가 급증한 것으로 나타났다. 이 기간은 기후역사학자들이 말하는 '그린델발트 변동Grindelwald Fluctuation'이 일어난 시기와 겹친다.

〈해리 포터〉 시리즈에 나올 법한 이름이지만, 그린델발트 변동은 스위스의 그린델발트 빙하에서 따온 용어다. 이 빙하의 빙핵을 분석한 결과, 1560년대부터 1630년대까지 유럽에서는 강추위가 계속되며 기온이 2도까지 떨어진 것으로 나타났다. 다시 말해 유럽에서 마녀 광풍이 절정에 달한 때는 날씨가 유난히 추운 시기였다.

이 점을 눈여겨봐야 하는 이유는 극단적인 기온 변화가 대개 흉작과 기근, 생활 수준의 하락을 가져오기 때문이다. 이러한 환경에서는 사람들이 다른 누군가에게 책임을 돌려 희생양으로 삼는 일이 많아진다. 실제로 이 시기에는 마녀재판과 더불어 유대인을 대상으로 한 학살도 증가했다.

그린델발트 변동 이전부터 시작된 기나긴 소빙하기는 유럽의 인구 구조에도 일찌감치 영향을 미쳤다. 농업 생산성의 하락으로 수확량이 줄고 생활 수준이 떨어지자 유럽에서는 1인당 소득이 낮아지는 시기에 흔히 그러하듯 평균 혼인 연령이 높아지기 시작했다. 사람들은 보통 경제적으로 여유가 없으면 형편이 나아질 때까지 결혼을 미루며, 그러다 보면 결국 결혼을 못 하기도 한다. 16세기 유럽 북부의 많은 지역에서는 여성의 평균 혼인 연령이 20세에서 25세로 높아지면서 미혼 여성 인구의 비율이 점차 늘어났다. 여기에 더해 독일, 스위스, 영국 등지에서는 종교개혁으로 수녀원이 폐쇄되면서 미혼 여성들이 갈 곳은 더욱 줄어들었다. 그 결과 16세기 유럽의 북부 지역에서는 전체 성인 중 10퍼센트 수준이었던 미혼 여성의 비율이 20퍼센트에서 많게는 30퍼센트까지 늘어났다. 지역 사회에서는 그중에서도 특히 나이 든 미혼 여성을 부담으로 여기는 경우가 많았다. 돌봐줄 자녀가 없는 노년층을 부양하는 일은 공동체 전체의 책임이

되었기 때문이다.

 따라서 마녀 광풍은 기후 변화로 전반적인 생활 수준이 하락하고 미혼 여성의 비율이 전례 없는 수준으로 증가하는 시기에 빈곤에 시달리던 지역 주민들이 나이 든 여성들을 제거하고자 내세운 구실이었다고도 볼 수 있다. 먹을 입이 줄면 남은 사람들의 생활이 조금이라도 더 풍족해질 수 있었기 때문이다. 이러한 해석에 따르면,『마녀를 심판하는 망치』와 인노첸시오 8세의 교서는 사람들이 빈곤 탓에 벌인 행위를 정당화하기 위한 그럴싸한 핑계에 불과했다. 비슷한 예로 1980년대부터 2000년 초까지 탄자니아의 농촌 지역에서 벌어진 마녀사냥을 분석한 연구에 따르면, 강수량과 마녀 살해 사이에 뚜렷한 상관관계가 있었다. 폭우가 잦아 수확량이 줄어드는 해에는 고령 여성이 함께 살던 가족들에게 마녀로 몰려 살해당하는 일이 늘어났지만, 다른 유형의 폭력 범죄에서는 이러한 상관관계가 나타나지 않았다.

 탄자니아에서 발생한 마녀사냥을 보면, 근대 초기 유럽에서 마녀재판이 급증한 또 하나의 요인을 가늠할 수 있다. 이 사례에서 가장 눈에 띄는 특징은 여성을 마녀로 몰아 살해하는 일이 대부분 도시가 아닌 농촌에서 일어났다는 것이다. 다시 말해 탄자니아의 마녀사냥은 주로 공권력이 미치지 못하는 지역에서 발생했는데, 16세기 유럽에서도 이와 비슷한 일이 벌어졌을 가능성이 있다. 이 시기 프랑스의 마녀재판 사례를 분석한 한 연구는 각 지역의 마녀 살해 건수와 중앙정부가 그 지역에서 거둬들인 세수를 비교했다. 그 결과 지역의 경제력에 비해 정부가 거둬들인 세금이 적은 지역일수록 마녀재판이 더 자주 벌어진 것으로 나타났다. 국가가 어떤 지역에서 원하는

가톨릭과 개신교의 대립은 종교 서비스를 공급하는
두 경쟁 세력이 소비자들의 선택을 받기 위해 벌인
경제적 다툼이기도 했다.

———

만큼 세금을 걷지 못했다는 사실은 그 지역에 대한 통제력이 상대적
으로 약하다는 뜻으로 해석할 수 있다. 요컨대 마녀재판은 근대 초기
국가의 공권력이 취약한 상황에서 지역민들이 집단적 히스테리에
빠졌거나 빈곤 때문에 공동체에 짐이 된다고 생각한 사람들을 제거
하려 들면서 벌어진 사건이라 볼 수 있다.

이렇듯 16세기를 휩쓴 마녀재판의 광풍에는 날씨, 생활 수준
의 하락, 취약한 공권력, 인구 구조의 변화 등 여러 요인이 영향을 끼
쳤으나, 그 밖에도 두드러지는 역할을 한 요인이 또 하나 있다. 바로
종교개혁과 반종교개혁이다.

16세기 최고의 베스트셀러 작가는 종교개혁의 아버지 마르틴
루터다. 1510~1550년대에 일어난 종교개혁은 이전까지 가톨릭이
지배하던 유럽을 갈기갈기 찢어놓았다. 물론 개신교 종교개혁과 그
에 맞선 가톨릭 반종교개혁은 흔히 신앙의 형태, 예배 방식, 교회의
조직 구조 등 교리상의 문제를 둘러싼 갈등으로 여겨진다. 16세기 유
럽 사회는 극도로 종교적이었으며, 오늘날 보기에는 난해하기만 한
교리 논쟁이 막강한 영향력을 발휘했다. 당시에는 많은 사람이 교리
를 잘못 이해하면 영영 지옥에 떨어질 것이라 믿었기 때문이다. 그러
나 가톨릭과 개신교의 대립은 종교 서비스를 공급하는 두 경쟁 세력
이 소비자들의 선택을 받기 위해 벌인 경제적 다툼이기도 했다.

종교를 일종의 사업으로 본다면, 1500년 무렵의 가톨릭교회는 어마어마한 성공을 거둔 조직이었다. 당시 서유럽의 종교 시장에서 가톨릭교회의 점유율은 100퍼센트에 육박했다. 한 경제사 연구의 표현을 빌리자면, 가톨릭교회가 경쟁 세력에 맞서기 위해 주로 활용한 방법은 '강압적 배제'였다. 요컨대 그들은 다른 교리를 믿는 사람들을 강제로 개종하거나 아예 제거하는 방식을 취했다. 일례로 발칸 지역에서 유래한 이원론적 기독교 교파인 카타리파가 13세기 초 프랑스 남부의 랑그도크 지방을 중심으로 널리 퍼지자 가톨릭교회는 이를 막기 위해 십자군 전쟁을 일으켰고, 20만에서 100만 명에 달하는 사람이 목숨을 잃었다. 이와 마찬가지로 그들은 이단을 근절하고 가톨릭의 독점적 지위를 유지하려는 목적에서 종교재판이라는 제도를 만들었다.

마르틴 루터가 「95개 조 반박문」을 발표해 교황의 권위와 교회의 관행에 이의를 제기하자, 가톨릭교회는 역시나 같은 전략으로 대응했다. 교황은 곧장 루터를 파문하고, 그의 신앙을 이단으로 규정하는 교서를 발표했다. 신성로마제국의 황제이자 스페인 국왕이었던 (당시는 중앙아메리카에서 은이 쏟아져 들어오기 직전이었다) 카를 5세 또한 루터를 이단으로 선언하고 그의 저술이나 비슷한 주장을 담은 책을 소지하는 것을 금지했으며, 그를 체포하는 데 현상금을 걸었다.

그러나 이번에는 가톨릭교회의 전략이 통하지 않았다. 스페인, 포르투갈, 이탈리아의 도시국가들은 대체로 교황의 명령을 따랐지만, 루터의 고향인 독일에서는 가톨릭교회에 대한 충성심이 그리 깊지 않았다. 이 지역에서는 귀족과 제후, 부유한 상인, 도시민과 가난한 농민을 가리지 않고 많은 사람이 루터의 주장에 매력을 느꼈으며, 제후국들은 가톨릭교회가 루터파를 이단으로 공식 선언하자 이를 무시하거나 그 사실을 대중에 공표하기를 거부했다. 그리고 이렇게 지역 제후들이 협조하지 않는 상황에서는 종교재판이 제대로 이루어질 리 없었다.

가톨릭교회는 1555년 신성로마제국 황제 카를 5세와 그에 맞서던 개신교 제후들이 아우크스부르크 화의를 체결하면서 더 심각한 위기를 맞았다. 신성로마제국은 이 협약을 통해 루터교회를 공식 승인했으며, 지역의 통치자가 자신의 영토에서 가톨릭과 루터교회 중 어느 쪽을 따를지 선택할 권한을 부여했다. 이제 제후들이 자신의 영토에서 어떤 종교를 믿을지 선택하면, 그 지역에 사는 사람들은 '통치자의 종교가 곧 신민의 종교cuius regio, eius religio'라는 원칙에 따라 이를 받아들여야 했다.

프랑스 역시 수차례의 내전 끝에 1562년 생제르맹 칙령을 반포하고 개신교도들의 거주를 허용했다. 잉글랜드 역시 헨리 8세의 이혼 문제와 왕조를 유지하기 위한 정치적 고려가 주된 이유이기는 했지만, 가톨릭에서 개신교로 돌아섰다.

수백 년간 성공을 거뒀던 강압적 배제 전략이 1560년대에 이르러 실패로 끝나면서 가톨릭교회는 6세기 이후 처음으로 유럽의 종교 시장에서 실질적인 영향력을 가진 경쟁자와 맞서게 되었다. 따라서 가톨릭교회는 이제 새로운 경쟁 전략을 찾아야 했다. 경쟁 체제에 접어든 가톨릭과 개신교는 역사상 수많은 사업체가 활용해온 익숙한 전략을 받아들였다. 바로 자신이 더 매력적인 선택지임을 적극적으로 선전하는 것이다.

그리하여 유럽의 종교 시장에서는 다양한 형태의 경쟁이 벌어졌다. 몇몇 개신교 교회는 세금, 십일조, 면죄부 등 거추장스럽게 비용이 많이 드는 가톨릭과 달리 자신들은 소득의 10퍼센트만 십일조로 내면 되기에 경제적으로 부담이 적다고 선전했다. 또, 가톨릭과 개신교 양쪽은 기존의 신도와 미래의 신도들을 위해 앞다퉈 학교를 세우기 시작했고, 가톨릭 측에서는 예수회가 교육 사업에 앞장섰다. 그런가 하면 가톨릭교회는 평신도들 사이에서 가톨릭 성인들이 많은 존경을 받는다는 점을 고려해 트리엔트 공의회의 개혁 이후 시성諡聖 (죽은 뒤에 성인으로 추앙하는 일)을 더 자주 허용하는 등 조금씩이나마 이미지를 개선하려 했다.

위의 사례에서 세금, 십일조 등 비용과 관련한 직접적인 경쟁 외에 나머지 전략들은 경제학자들이 말하는 비가격 경쟁에 해당한다. 오늘날 기업들은 주로 광고, 브랜드 인지도, 고객 서비스 수준 등을 놓고 비가격 경쟁을 벌인다. 하지만 근대 초기 교회들은 오늘날과 사뭇 다른 방식으로도 경쟁을 벌였다. 그중에서도 가장 섬뜩한 형태의 비가격 경쟁은 마녀를 다루는 방식을 둘러싼 경쟁이었다.

생뚱맞은 이야기로 들릴지 모르지만, 마녀 박해는 종교 간의 시장 경쟁에서 일종의 광고 역할을 했다. 마녀가 존재한다는 생각은 『마녀를 심판하는 망치』가 출간되기 전에도 널리 퍼져 있었다. 어지간한 마을에서는 마녀로 불리는 사람(대부분은 나이 든 여성이었다)을 몇 명쯤 쉽게 찾을 수 있을 정도였다. 하지만 근대 초기 유럽에서 마녀로 취급받는 사람의 숫자는 어딜 가나 비슷한 수준이었던 반면에, 마녀재판이 발생한 빈도는 지역마다 뚜렷한 차이가 있었다. 여기서 주목해야 할 점은 스페인이나 이탈리아처럼 종교개혁 이후에도 가톨릭의 위상이 확고했던 지역에서는 마녀재판이 비교적 드물었지만, 종교 경쟁이 치열했던 프랑스 일부 지역과 독일, 스위스 등지에서는 마녀재판이 더 잦았다는 것이다.

이 문제를 이해하려면 마녀재판은 오랜 시간이 걸릴 뿐만 아니라 엄청난 화제를 불러일으키는 일이었다는 사실을 알아야 한다. 마녀에 대한 조사가 시작된다는 소식은 순식간에 인근 지역까지 퍼져나갔고, 재판부터 처형에 이르는 과정은 공개적인 행사로서 사람들을 끌어모았다. 그리하여 당시에는 수백에서 수천 명에 달하는 군중이 끔찍한 처형 장면을 지켜보며 심문관의 설교를 들으러 모여들곤 했다. 공개 처형이라는 구경거리를 놓친 사람들은 그 광경을 묘사한 판화에서 무슨 일이 벌어졌는지를 엿볼 수 있었다. 때로는 재판 결과를 널리 알리기 위해 판화 말고 다른 수단을 동원하기도 했다. 일례로 독일 손가우 지역에서는 12명의 마녀가 처형된 후, 재판을 주관한 사제가 "오랫동안 이 일을 기억하도록 공공장소에 기념물을 세우라"고 명령했다.

당시 사람들은 마녀를 적극적으로 색출하는 행위를 교회가 지역의 이익을 위해 최선을 다한다는 증거로 받아들였다. 그러다 보니 종교 간의 분열이 심한 지역에서는 가톨릭교회가 루터교회보다 마녀의 위협에 더 잘 대처한다는 인식이 가톨릭을 계속 믿거나 가톨릭으로 돌아가겠다고 판단할 근거로 작용할 수 있었다.

독일에서는 특히 개신교 지역들 틈에 고립된 가톨릭 지역에서 마녀사냥에 열을 올렸다. 예를 들어 1620년대에 루터파와 칼뱅파를 비롯한 개신교 지역들에 둘러싸여 있던 쾰른의 제후 페르디난트 폰 비텔스바흐는 모든 수단을 총동원해 영지 내의 마녀를 말살하고자 했다. 현재는 프랑스에 속한 로렌 지방 역시 종교 갈등이 심했던 곳으로, 역사학자들은 이곳에서도 마녀를 향한 적대감이 커지며 마녀재판이 급증했다고 말한다.

인근의 개신교 지역들도 가톨릭 지역에서 마녀사냥에 열중하는 모습을 지켜만 보고 있지 않았다. 1620년대 말 작센코부르크의 루터교회 성직자들은 인근의 가톨릭 지역인 뷔르츠부르크를 예로 들면서 그들처럼 더 많은 마녀를 잡아들여야 한다고 촉구했다. 마찬가지로 쾰른에서 비텔스바흐가 벌인 마녀사냥은 인근의 개신교 지역들을 자극했다. 1628년 베르트하임의 주민들은 제후에게 쾰른처럼 마녀사냥에 더 적극적으로 나서달라고 요청했다. 발트해 연안의 리보니아에서는 스웨덴 출신의 루터교회 신자들이 다른 시민들의 변심을 막기 위해 마녀 박멸 운동을 벌이기도 했다.

그러나 마녀재판이 광고와 비슷한 역할을 한다고 해도 함부로 쓰기는 어려웠다. 무엇보다 마녀재판에는 비용이 많이 들었기 때문에, 교회 당국은 비용 대비 이익이 가장 클 것으로 보이는 지역, 즉 종교 경쟁이 치열한 지역에서 마녀재판을 주로 활용했다.

한 연구에서는 1300년에서 1850년 사이에 일어난 마녀재판 4만 건의 데이터를 모아 종교 경쟁이 마녀사냥에 끼친 영향을 정량화했다. 이 데이터에서 가장 눈에 띄는 부분은 유럽 각지의 마녀 처형률에 엄청난 차이가 있다는 것이다. 예를 들어 이탈리아에서는 이 시기에 마녀재판으로 처형된 사람이 인구 100만 명당 5명에 불과했지만, 독일에서는 100배가 넘는 574명이었으며, 스위스에서는 무려 5691명에 달했다. 따라서 당시에는 이탈리아가 스위스보다 나이 든 미혼 여성이 살기에 훨씬 안전한 곳이었다.

연구를 진행한 두 저자는 마녀재판과 처형이 발생한 빈도를 여러 지역과 시기에 걸쳐 나타난 '종파 갈등'의 양상과 비교했다. 여기서 종파 갈등이란 경쟁 관계에 있는 종파, 즉 가톨릭과 개신교의 대립이 격화된 시기를 말하며, 유럽에서 본격적인 종파 갈등은 1520년 종교개혁을 계기로 시작되었다. 이후 잠시 수그러드는 듯했던 양자 간의 대립은 1555년부터 더욱 격렬해졌다가 1585~1615년 소강상태에 접어들었다. 그러나 몇 년 뒤인 1618년부터 1648년까지 이어진 30년전쟁은 대체로 가톨릭과 개신교의 대립 구도에 따라 전개되었으며(가톨릭 국가이면서도 개신교 진영에 섰던 프랑스처럼 일부 예외는 있었다), 유럽의 종파 갈등은 이 전쟁으로 절정에 이른 뒤 1650년부터 차츰 잦아들기 시작했다. 두 저자의 분석에 따르면, 마녀재판은 몇 년 정도의 시차를 두고 이 같은 흐름을 뒤따르는 경향을 보였다. 종파 갈등의 90퍼센트와 마녀재판의 3분의 2가 1550~1650년에 벌어졌으며, 종파 갈등이 일어난 지역과 마녀재판이 벌어진 지역 역시 거의 일치했다. 다소 무미건조하게 들릴지 모르지만, 마녀재판은 결국 일종의 '비가격 경쟁'이었을 공산이 크다.

　　저자들이 해명하지 못한 한 가지 수수께끼는 종파 갈등이 잦아들기 시작한 뒤에도 마녀 광풍은 오랫동안 이어졌다는 것이다. 참혹했던 30년전쟁이 450만에서 800만 명에 달하는 희생자를 낸 채 종식된 이후, 유럽에는 종교적 평화가 찾아왔다. 이제 군주들은 자신이 다스리는 신민의 종교를 마음대로 바꿀 수 없게 되었고, 유럽 내 개신교와 가톨릭의 지역적 분포는 오늘날과 비슷한 형태로 굳어졌다. 그럼에도 마녀재판은 규모가 작아졌을지언정 멈추지 않고 계속되었으며, 30년전쟁이 끝난 지 50년이 지난 1700년 무렵에야 1550년대 수준까지 줄어들었다. 저자들은 지극히 경제학자다운 어조로 그 이

아무리 비합리적으로 보이는 행위라도
유인과 제도라는 맥락을 알면
더 깊이 이해할 수 있다.

─────

유가 "종교 공급자들이 100년 넘도록 마녀재판을 제공한 결과 종교 소비자들이 그에 익숙해졌기 때문"이리라 추측한다. 어찌 되었든 마녀재판의 수요는 과학과 계몽주의의 확산으로 초자연적 현상에 대한 믿음이 줄어든 뒤에야 사라지기 시작했다.

　　마녀 광풍은 경제학에서 다루는 합리적 세계와 무관한 현상으로 보일 수 있다. 그러나 아무리 비합리적으로 보이는 행위라도(무고한 여성들을 학살하는 것만큼 비합리적인 행위도 없을 것이다) 유인과 제도라는 맥락을 알면 더 깊이 이해할 수 있다. 근대 초기 유럽에서 짧은 기간 내에 그토록 많은 여성이 살해당한 이유는 무엇일까? 마녀재판과 처형이 당대의 지배적인 제도였던 교회의 이해관계에 부합했기 때문이다.

6

르네상스

이탈리아 전쟁의 진정한 승자들

1 4 2 2 ~ 1 5 5 9

전쟁과 폭력이 경제와 기술의 발전을 이끌 수 있다는 생각은 새로운 것이 아니다. 소설가 그레이엄 그린이 각본을 썼고 제2차 세계대전 직후를 배경으로 한 스릴러 영화 〈제3의 사나이〉에서 악역으로 나온 해리 라임은 이러한 생각을 멋들어지게 표현한 대사를 남겼다. "이탈리아는 30년간 보르자 가문의 지배를 받으면서 전쟁, 테러, 학살에 시달렸어. 하지만 그들은 미켈란젤로와 다빈치, 르네상스를 낳았지. 형제애의 나라 스위스는 500년간 민주주의와 평화를 누렸지만, 그들이 남긴 게 뭐가 있나? 고작 뻐꾸기시계야." 라임의 말대로 이탈리아의 전쟁과 오늘날 르네상스라 불리는 위대한 과학적·문화적 부흥은 분명 관련이 있다. 하지만 이 관계는 그의 생각과는 달랐다.

　본격적인 이야기에 앞서 스위스가 500년간 민주주의와 평화를 누렸다는 라임의 말을 따져보자. 오늘날 스위스는 뻐꾸기시계와 고급 시계, 은행업으로 유명하지만, 19세기 초까지는 오히려 군대로 더 잘 알려져 있었다. 앞서 언급했듯, 스위스의 용병대는 한발 앞서 장창을 도입했고, 15세기 말부터 16세기 초까지 유럽 최강의 중보병으로 위세를 떨쳤다. 스위스 용병들은 이후에도 수백 년간 유럽 각지에서 활동했으며, 1792년 루이 16세 휘하의 스위스 근위대가 혁명군에 몰살당한 사건은 프랑스혁명에서 중대한 전환점이 되기도 했다. 오늘날에는 교황만이 스위스 근위대를 거느리지만, 1800년대 초까지만 해도 스위스의 용병들은 스페인, 프랑스, 네덜란드, 독일 등지에서 복무했다.

이렇듯 스위스에 관한 라임의 주장은 사실과 거리가 멀지만, 그가 이탈리아를 두고 한 말은 단순히 옳고 그름을 떠나서 훨씬 흥미로운 면이 있다. 중세 시기 이탈리아는 많은 분쟁에 시달렸지만, 의외로 당시의 전쟁은 그렇게 잔혹하지 않았다. 오히려 이 시기에 일어난 전쟁들은 100년 넘게 많은 부를 창출하면서도 큰 인명 피해를 내지 않았다.

페데리코 다 몬테펠트로Federico da Montefeltro는 이야기를 시작하기에 딱 알맞는 흥미로운 인물이다. 그는 1422년 이탈리아 마르케 지방의 소국 우르비노를 다스리던 백작의 사생아로 태어났으며, 두 살 때 교황에게서 혼외자이자 상속자로 인정받았다. 이것이 그의 출생에 관한 공식적인 기록이다. 하지만 몬테펠트로가 살았던 당시부터 지금까지 일각에서는 그의 아버지로 알려진 백작이 사실은 그의 할아버지였으며, 남자 후계자가 부족했던 백작이 외손자를 아들로 삼은 것이라 주장해왔다. 어찌 되었든 몬테펠트로는 어린 시절 평화조약을 보증하기 위한 인질로서 베네치아로 보내졌으며, 열여섯 살부터 군인의 길을 걷기 시작했다.

몬테펠트로는 타고난 군인이었다. 그는 1482년 열병으로 사망하기 전까지 45년 동안 용병대를 이끌며 이탈리아반도의 주요 국가들을 위해 싸웠다. 가톨릭교회의 수장이면서 이탈리아 중부의 세속 영토 교황령을 다스리던 교황과 베네치아, 피렌체, 밀라노, 나폴리왕국, 여러 작은 도시국가와 공국이 몬테펠트로를 고용했고, 그는 단한 번도 전쟁에서 패하지 않았다. 그는 이복형이 사망한 뒤(그가 이죽음에 관여했을 가능성도 있다) 우르비노 공작이 되었으며, 마키아벨리가 1513년에 쓴 『군주론』에도 영감을 줬다(이 책은 집필된 지 20년이 지난 뒤에야 세상에 나왔다).

몬테펠트로는 용병 활동으로 어마어마한 부를 쌓았다. 당시이탈리아에서는 총자산이 2만 두카트 정도만 되어도 부자로 여겨졌는데, 몬테펠트로는 수십 년간 전장에서 활약하며 매년 약 5만 두카트를 벌었다. 그는 이 돈을 대부분 예술과 문화에 투자했다. 최근에나온 한 전기의 표현을 빌리자면, 오늘날 몬테펠트로는 '이탈리아의빛'으로까지 불린다. 그는 이탈리아에서 바티칸 다음으로 많은 장서를 보유한 도서관을 세웠고, 젊은 화가였던 라파엘로의 교육을 지원했으며, 지금은 뉴욕 메트로폴리탄 미술관에 소장된 여러 작품의 제작을 의뢰했다. 그의 후원은 이탈리아 안에서만 그치지 않았다. 플랑드르 출신의 위대한 화가 유스투스 반 헨트는 그를 위해 28점의 초상화를 그렸다. 몬테펠트로는 화가 외에도 다방면의 인재들을 후원하며 다음과 같이 말했다. "우리는 창의성과 뛰어난 기술을 지닌 이들, 특히 산수와 기하학을 바탕으로 하는 건축술처럼 예나 지금이나 높이 평가받는 기술을 가진 이들을 존경과 찬사로 대한다." 건축가, 화가, 조각가, 작가는 물론, 수학자와 오늘날의 기준으로는 과학자나 철학자라 부를 만한 사람들까지도 그에게서 엄청난 지원을 받았다. 그의 후원은 수혜자들에게 금전적 지원 이상의 의미가 있었다. 몬테펠트로를 위해 일한다는 것은 그가 세운 도서관을 이용하고, 교황과의 연줄을 만들고, 유럽 최고 수준의 문화 중심지에서 활동할 수 있다는 뜻이었기 때문이다. 그리하여 몬테펠트로의 명성은 잉글랜드에까지 퍼졌고, 잉글랜드의 국왕이었던 에드워드 4세는 이탈리아를 한 번도 떠난 적이 없었던 그에게 가터 훈장을 수여했다.

몬테펠트로는 어느 시대에 살았든 눈길을 끄는 인물이었을 테지만, 이 이야기에서 가장 주목해야 할 점은 당시 이탈리아에는 그와 비슷한 인물이 드물지 않았다는 것이다. 몬테펠트로는 그중에서도 가장 눈에 띄는 사례겠지만, 중세 말 이탈리아에서는 예술과 학문을 후원하는 부유한 군인을 흔히 볼 수 있었다. 그들은 전쟁에서 얻은 부로 지적 활동이 꽃피우도록 자금을 댔고, 그 결과 이탈리아는 중세 후기에서 르네상스 시대로 넘어갈 수 있었다.

이것이 어떻게 가능했는지를 이해하려면 당시 이탈리아반도의 경제와 정치 구조가 지닌 특성을 살펴봐야 한다. 군인들이 전장에서 얻은 부로 인간의 지식을 확장하게끔 이끈 것은 이러한 제도적 틀에 기반한 유인 체계가 존재했기 때문이다.

중세 이탈리아는 유럽의 여느 지역과 달랐다. 이탈리아는 정치적으로 분열되어 있었지만, 동시에 부유했다. 앞에서도 설명했듯, 중세 시대에는 남유럽, 특히 지중해 인근 지역이 유럽의 경제를 이끌었으며 그 중심에는 이탈리아가 있었다. 여기에는 이탈리아가 지나온 오랜 역사도 어느 정도 영향을 끼쳤다. 이탈리아는 수백 년간 로

**부유한 군인들은 전쟁에서 얻은 부로 지적 활동이
꽃피우도록 자금을 댔고, 그 결과 이탈리아는
르네상스 시대로 넘어갈 수 있었다.**

마 경제의 중심지였으며, 서로마제국이 멸망한 지 1000년이 지난 후에도 제국의 유산은 여전히 중요한 역할을 했다. 그러나 13세기부터는 무역이 이탈리아의 번영을 이끄는 원동력이 되었다. 흑사병이 제노바의 선박을 타고 유럽에 처음 도달했다거나, 마르코 폴로가 이탈리아인이었다거나, 실크로드가 다시 열렸을 때 무역으로 돈을 버는 법을 설명한 지침서들이 피렌체, 토리노, 밀라노에서 먼저 나왔다는 사실은 어찌 보면 당연한 일이었다. 이탈리아인들은 서유라시아와 북아프리카, 동방을 잇는 무역로를 장악하고 있었다. 콜럼버스와 바스쿠 다 가마가 세계지도를 바꾸기 전까지 아시아의 향신료는 실크로드를 지나거나 인도양을 거쳐 이집트로 가는 무역선을 통해 유럽으로 들어왔고, 유럽에 도착한 다음부터는 이탈리아의 중개상들이 유통을 담당했다.

　　이탈리아는 경제 활동의 지리적 분포를 보더라도 유럽의 다른 지역들과 큰 차이가 있었다. 무엇보다 이탈리아는 인구가 많고 도시화 수준이 높았다. 가령 1400년경 이탈리아반도의 인구는 800만 명에 달했던 반면에 잉글랜드와 웨일스의 인구는 270만 명에 불과했다. 게다가 잉글랜드에는 인구 1만 명이 넘는 도시가 2곳뿐이었지만, 북부와 중부 이탈리아에는 12곳이나 있었다. 동부와 남부 이탈리아는 도시화 수준이 그만큼 두드러지지는 않아도 유럽 평균보다는 훨씬 높았으며, 이탈리아반도 전체로 보면 인구 1만 명이 넘는 도시가 18곳에 달했다. 요컨대 이탈리아는 잉글랜드와 웨일스보다 인구는 3배, 대규모 정착지는 10배 가까이 많았다. 게다가 그 정착지 중 일부는 단순히 규모가 큰 마을이 아니라 엄연한 도시였다. 중세 중기 유럽에는 인구 10만 명이 넘는 도시가 5곳 있었는데, 여기에는 베네치아, 밀라노, 나폴리가 들어갔다.

그러나 수백 년 뒤 오스트리아의 정치가 메테르니히가 남긴 유명한 말처럼 이탈리아는 '지리적 표현'일 뿐이었다. 밀라노, 베네치아, 나폴리의 주민들은 대체로 비슷한(아직 똑같지는 않았다) 언어를 사용했고 점차 공통의 문화를 만들어갔지만, 서로 다른 나라에 살았다. 이탈리아에는 베네치아, 밀라노, 피렌체, 교황령, 나폴리 왕국이라는 5개 강대국 외에도 많은 소국과 공국, 도시국가가 어지럽게 뒤섞여 있었으며, 통치 체제 역시 천차만별이었다. 이탈리아 남부의 대부분 지역과 시칠리아섬을 통치하던 나폴리 왕국은 이름처럼 서유라시아에서 흔히 볼 수 있는 전통적인 왕국이었다. 로마를 넘어 이탈리아 중부의 상당 부분을 차지한 교황령은 교황이 다스리기는 했지만, 추기경들이 군주를 선출하는 형태의 왕국이나 다름없었다. 하지만 이 두 나라를 제외한 나머지 지역의 상황은 더 복잡했다. 일부 국가는 밀라노와 같은 세습 공국이었으며, 베네치아, 피렌체, 제노바를 비롯한 여러 국가는 지역의 부유한 엘리트 집단이 통치하는 공화국이었다. 물론 이 공화국들은 어느 모로 보나 오늘날의 민주주의와 비슷하지 않았고 극소수의 상류층만이 투표권을 지녔다. 그러나 경제학적 관점에서 보자면, 이들은 부유한 엘리트 계층으로부터 더 많은 지지와 참여를 이끌어낼 수 있기에 체제가 비교적 열려 있었다.

이탈리아가 유럽의 여느 지역과 두드러지게 달랐던 점은 나폴리와 교황령 정도를 제외하면 대토지를 기반으로 한 지역에 뿌리내린 봉건 귀족의 정치적 영향력이 상대적으로 약했다는 것이다. 베네치아나 밀라노, 피렌체에서 권력을 가진 실세는 뛰어난 폭력 전문가를 조상으로 둔 덕분에 많은 땅을 물려받은 귀족이 아니라, 부유한 상인과 나날이 영향력을 키우는 은행가들이었다. 당시 이탈리아에서는 무역이 늘어나면서 은행업도 함께 성장했다. 상품을 수입·수출하는 사람들은 실물 상품의 유통을 원활히 하기 위해 환어음이나 신용 거래 같은 금융 서비스를 이용해야 했다. 금은이 가득 든 상자를 나르는 것보다는 종잇조각을 교환하는 쪽이 훨씬 수월했기 때문이다. 이에 따라 14~15세기 이탈리아의 번영이 가져온 부는 주로 토지를 소유한 귀족이 아니라 상업 세력, 정확히는 신흥 상업 계층의 상층부로 흘러 들어갔다.

이렇듯 중세 말 이탈리아가 도시화 수준이 높고, 부유하며, 지역에 따라서는 통치 체제가 비교적 열려 있고 초기 형태의 민주주의적 요소까지 갖췄다면(더군다나 이탈리아는 온화한 기후 덕에 농업 생산량도 많은 편이었다), 당시로서는 이상향이나 다름없었으리라 생각할 수 있다. 그러나 이 시기 이탈리아에서는 엄청나게 많은 전쟁이 벌어졌으며, 사실상 전쟁이 끊이지 않았다고 해도 무방할 정도였다.

이 시기 이탈리아반도에는 중앙집권적 통치 권력이 없었기 때문에 수많은 국가가 끝없이 긴장했다. 이탈리아에서는 여러 국가가 시기에 따라 저마다 흥망성쇠를 겪었고 그에 따라 그들 사이의 경쟁 구도도 시시각각 달라졌다. 당시에는 한 국가가 힘을 키워 영향력과 영토를 넓히려 하면, 경쟁국들이 연합을 이뤄 이를 막아내는 것이 일상이었다. 그러다 보니 각국의 동맹 관계는 어지러울 만큼 빠르게 바뀌기도 했다. 1508년부터 1516년까지 벌어졌던 캉브레동맹전쟁을 예로 들어보자. 1508년 베네치아가 점차 세력을 키우는 상황을 우려한 주변 국가들은 캉브레동맹을 결성했다. 당시 베네치아는 이탈리아 북동부를 넘어 지중해 동쪽과 발칸반도에 이르는 제국을 건설했다. 이에 교황령과 페라라 공국, 신성로마제국, 프랑스, 스페인은 동맹을 맺어 베네치아 공화국에 맞섰다. 그러나 1509년과 1510년 동맹군이 잇따라 승리를 거두자, 정세는 순식간에 바뀌었다. 동맹국들은 전쟁에서 승리하면 베네치아의 힘이 약해지는 대신에 프랑스가 이탈리아에서 더 큰 영향력을 발휘할 것이라 우려하기 시작했다. 그리하여 1510년 스페인과 신성로마제국은 전쟁에서 이탈했고, 처음 전쟁을 주도했던 교황령은 베네치아의 편으로 돌아섰다. 1511년 교황은 신성동맹을 조직해 스페인과 신성로마제국을 다시 전쟁에 끌어들이되, 이번에는 베네치아의 편에서 싸우도록 했다. 이어 1513년에는 또 한 번 외교 관계가 급변하면서 밀라노가 신성동맹에 가담했고, 처음에는 타도의 대상이었던 베네치아가 프랑스와 동맹을 맺었다. 이렇듯 당시 이탈리아의 정치 환경에서 누가 아군이고 누가 적인지 구분하기란 쉬운 일이 아니었다.

하지만 이탈리아의 전쟁을 볼 때 가장 흥미로운 점은 전쟁의 지속성이 아니라 전개 방식이다. 우선 이탈리아는 전쟁 이후보다 이전에 영토가 달라지는 일이 많았다는 점에서 유럽의 다른 지역과 확연한 차이가 있었다. 즉 이탈리아에서 국경의 변화는 전쟁의 결과가 아니라 원인일 때가 더 많았다. 가령 누군가가 영토를 구매하거나 운 좋게 상속을 받으면 정세가 불안해지거나 충돌이 벌어지곤 했다. 또,

전쟁에서 패한 쪽은 보통 영토를 빼앗기기보다 배상금을 물어야 했으며, 때로는 배상금으로 어마어마한 돈이 오가기도 했다. 예를 들어 피사는 1364년 승전국인 피렌체에 배상금으로 10만 플로린을 지불했는데, 이는 도시국가였던 피사의 1년 치 수입에 해당하는 금액이었다. 그래도 피사는 비교적 가볍게 넘어간 편이었다. 베네치아는 1373년 파두아에 승리한 뒤 화친의 대가로 25만 두카트를 요구했는데, 이는 파두아 연간 수입의 9배에 달하는 엄청난 액수였다. 피렌체 역시 1378년 8성인전쟁에서 교황령에 패한 뒤에는 1년 치 수입에 해당하는 25만 플로린을 지불해야 했다.

그러나 이탈리아의 전쟁에서는 누가 어떤 방식으로 싸웠는지를 더 눈여겨보아야 한다. 이탈리아는 100년 넘게 전쟁에 시달린 것치고는 놀라울 만큼 전투가 드물었다. 이는 당대의 전쟁 양상을 생각하면 매우 이례적인 일이었다. 5세기 서로마제국이 멸망한 이후 근대 초에 이르기까지 서유라시아에서는 '군사 전략'이라는 개념이 사실상 무의미했다. 당시 군대를 이끌던 지휘관들은 자신의 임무를 단순하게 생각했다. 최대한 직접적인 방식으로 적군과 전투를 벌이는 것이 그들의 목표였다. 적의 영토를 약탈하고 파괴하는 행위는 대개 전투를 강요하기 위한 수단으로 쓰였다. 공격 측의 병력이 명백히 우세하다면, 수비 측은 전투에 나서기를 꺼릴 수밖에 없다. 이럴 경우 농촌 지역을 약탈하는 행위는 싸움을 피할 수 없게 만드는 수단이 됐다. 자기 영지의 농민조차 지키지 못하는 영주는 오래도록 자리를 보전할 수 없었기 때문이다. 하지만 수단이야 어찌 되었든 중요한 것은 적에게 전투를 강제하는 일이었다.

그러나 이탈리아의 전쟁은 달랐다. 이탈리아에서는 주로 직업 군인들이 전쟁을 수행했다는 점이 가장 두드러지는 차이였다. 중세 잉글랜드나 프랑스의 군대는 보통 군주와 영주, 유력 귀족, 가신들을 비롯한 경험 많은 전사 집단이 중심을 이루고, 농민을 징집해 병력을 보충하는 식으로 구성되었다. 잉글랜드 장궁병의 사례에서 보았듯, 무장한 농민이 포함된 병력도 때로는 강력한 힘을 발휘했다. 하지만 중세 이탈리아의 사회 구조는 다른 나라들과 차이가 있었다. 부의 기반은 점차 토지에서 금융·무역·상업으로 이동했고, 왕국이나 공국에서도 정치권력은 부유층의 손에 넘어가고 있었다. 중세 이탈리아에서는 시골보다 도시가 더 중심적인 역할을 한 것이다. 지방의 영주나 소국들은 사병이나 민병대를 거느렸지만, 규모는 매우 작았다. 따라서 이탈리아의 국가들은 전쟁에 나설 병력이 필요한 경우 보통 용병을 고용했다.

경제학적으로 보면 이 시기 이탈리아 사회는 훗날 애덤 스미스가 말한 '분업'의 결실을 누렸다고 할 수 있다. 이론뿐만 아니라 현실에서도 흔히 그러하듯, 경제의 규모가 커지고 부가 늘어날수록 사회 구성원들의 역할이 전문화되면서 분업이 더욱 뚜렷해진다. 일반적으로 분업은 생산성을 높이고 경제를 더욱 부유하게 만든다. 예를 들어, 농민 20명이 각자 밭을 갈고 옷을 만들고 말편자를 박는 소규모 농업 공동체는, 주민 1000명이 대장장이, 재봉사, 제빵사, 농부로 나뉘어 일하는 공동체보다 1인당 산출량이 떨어질 수밖에 없다. 중세 이탈리아에서는 분업의 결과로 전쟁 역시 점차 전문가들의 손에 맡겨졌다. 그리하여 베네치아를 지배하던 소수의 부유층은 해운업과 은행업에만 집중할 수 있었고, 피렌체와 싸워야 할 일이 생길 때는 용병을 고용하면 그만이었다.

이탈리아에서는 오랫동안 외국인들이 주된 용병으로 활동했다. 가령 14세기 이탈리아에서 용병으로 활약한 존 호크우드는 잉글랜드 에식스 출신이지만 피렌체의 한 대성당에 묻혔다. 호크우드는 백년전쟁 중 크레시전투와 푸아티에전투 등에 참전해 군인으로서의 역량을 키웠고, 이후 화이트컴퍼니라는 용병대에 들어가 이탈리아로 건너갔다. 그는 노련한 군인들로 이루어진 이 용병대의 지휘관으로 올라섰고, 30여 년 동안 이탈리아의 여러 국가를 위해 싸웠다. 당시 이탈리아에는 군인들이 일할 기회가 늘 넘쳐났다.

15세기에 들어 용병은 점차 이탈리아인들이 주를 이루게 되었지만, 독일과 스위스 출신 용병도 여전히 쉽게 찾아볼 수 있었다. 페데리코 다 몬테펠트로도 바로 이 시기에 태어났다.

용병은 이탈리아 국가들에 많은 이점을 가져다줬다. 우선 분업을 가능케 했다. 더 넓은 맥락에서 보면, 당시는 개인 화기가 서서히 쇠뇌를 대체하면서 무기가 더욱 복잡해지는 시기였기에 전문 군인을 고용하는 편이 합리적이기도 했다. 용병대는 규모가 수천 명에 이를 때도 있었으며, 보통은 쇠뇌나 개인 화기를 든 경보병과 전신 갑옷을 입은 중기병으로 이루어졌다. 이탈리아에서 용병대의 지휘관은 흔히 콘도티에로condottiero라고 불렸는데, 이 단어는 계약을 뜻하는 이탈리아어 콘도타condotta에서 유래했다. 당시 용병들은 한 국가와 1년 단위로 계약하거나 전쟁이 끝날 때까지 고용되었다.

이탈리아 국가들은 사회 구조상 유럽의 다른 지역들처럼 병력을 직접 모집하기 어려웠기에 용병을 고용하는 편이 합리적이었지만, 그렇다고 해서 고용주와 피고용자의 유인이 꼭 맞아떨어지진 않았다.

용병대의 지휘관들은 특정한 고용주가 아니라 자기 자신과 휘하의 병사들에게 충실했다. 그들은 베네치아 편에서 싸웠다가 이듬해에는 밀라노나 피렌체의 편에 설 수 있었다. 따라서 베네치아 같은 국가가 용병대를 고용하면서 선불로 보수를 주고, 전투에서 승리하면 추가 수당을 지급하기로 약속한 계약 방식은 일리가 있었다. 전장에서 잘 싸우면 더 많은 돈을 받는 구조는 이론상 용병대와 그들을 고용한 국가의 유인을 일치시키는 데에 도움을 줄 수 있었기 때문이다. 하지만 용병들로서는 아무리 많은 보상이 걸렸다 하더라도 치열한 전투에서 목숨을 잃거나 중상을 입는 사태는 사양하고 싶었을 것이다.

이에 따라 이 시기의 위대한 지휘관으로 손꼽히는 인물들(15세기의 페데리코 다 몬테펠트로, 16세기 초의 프로스페로 콜론나와 비텔로초 비텔리 등)은 군사 전략에도 큰 관심을 보였다. 그들은 고대 그리스와 로마 시기의 기록을 살펴보며 '적을 찾아내서 싸운다'는 식의 단순한 전략을 벗어나 중세 이전의 전쟁 방식을 참고했다. 그들은 적군과의 정면 대결이 아니라 기동과 기만이 승리의 열쇠라 보고 고용주를 설득했다. 진군과 후퇴를 반복하는 복잡한 기만전술로 적군을 속여 불리한 위치로 몰아넣으면 큰 교전 없이도 항복을 받아낼 수 있다는 논리였다. 하지만 이 시기를 연구한 어느 전쟁사학자는 "그들이 펼친 작전은 어떻게든 전투를 피하기 위한 시도였다고 해도 과언이 아니다"라며 냉소적인 평을 내렸다.

어쩌면 용병대의 지휘관 중에는 기동이 전투를 승리로 이끈다는 주장을 진심으로 믿은 사람도 있었을 것이다. 그러나 사실이야 어찌 되었든 간에 이러한 사고방식은 분명 용병들의 유인 구조에 부합

전쟁을 벌인 두 나라가
어떤 식으로든 패배했다고 한다면,
진정한 승자는 용병들이었다.

했고, 죽거나 불구가 될 위험을 줄여줬다. 그러다 보니 서로 다른 진영에 고용된 용병대들은 적을 찾아 나서기보다 시골을 이리저리 돌아다니며 전투를 피하는 식으로 시간을 보내곤 했고, 때로는 서로 싸우지 않기로 대놓고 합의하는 일까지 벌어졌다. 마키아벨리는 용병대들의 행태를 다음과 같이 비판했다. "이 자들은 (…) 전쟁을 시간을 낭비하는 기술로 바꿔놓았고, 두 나라가 전쟁을 벌이면 결국에는 양쪽 다 패배하도록 만들었다." 16세기 초 피렌체의 고위 관리였던 마키아벨리는 시민군을 조직해 용병에 대한 의존을 줄이고자 노력했다. 그는 농민이나 도시민을 훈련하더라도 용병에 비하면 경험이나 훈련이 턱없이 부족하겠지만, 시민군은 적어도 고향 땅을 지키려는 유인이 있다는 사실을 잘 알았다.

　그러나 마키아벨리가 『군주론』과 『전쟁의 기술』에서 용병을 두고 한 비판은 한참 때늦은 것이었다. 14세기부터 16세기 초까지 이탈리아의 전쟁은 용병의 몫이었으며, 마키아벨리의 말대로 전쟁을 벌인 두 나라가 어떤 식으로든 패배했다고 한다면, 진정한 승자는 용병들이었다. 이탈리아에서 활동한 용병들은 150여 년에 걸친 전쟁으로 막대한 부를 손에 넣었으며, 페데리코 다 몬테펠트로가 그랬듯 르네상스라 불리는 문화·예술 부흥 운동에 많은 돈을 투자했다. 그들이 전쟁으로 모은 재산을 문화와 예술에 투자한 이유를 이해하

이탈리아에서 전쟁은
"유럽의 다른 지역에서 볼 수 없는 방식으로
부를 재분배한 경제 활동"이었다.

———

려면, 이 시기 이탈리아의 부가 지역의 정치지리적 특성에 따라 어떤 성격을 띠었고 어떻게 분포했는지를 살펴봐야 한다.

이 시기에 창출된 거대한 부는 크게 두 가지 원천에서 나왔다. 하나는 서유라시아를 잇는 무역으로, 이탈리아인들은 주로 중개상 역할을 하며 이득을 챙겼다. 다른 하나는 이탈리아 전역에서 벌어진 전쟁으로, 점차 이탈리아 출신이 주를 이룬 용병 계층은 전쟁으로 큰 돈을 벌었다. 그 결과 이탈리아에서는 부가 극소수 귀족에게 쏠리지 않고 여러 계층의 잠재적 소비자들 손에 들어갔으며, 사회적 유동성이 놀라울 만큼 높았고(적어도 이탈리아는 일정 수준의 재산을 가진 사람이 초부유층으로 올라설 기회가 잉글랜드나 프랑스보다 훨씬 많았다), 파리나 런던처럼 수도 한 곳이 부를 독식하기보다 정치적으로 분열된 지역들이 부를 골고루 나눠 가졌다.

게다가 이탈리아의 전쟁은 전문 군인 중에서도 용병대의 지휘관들에게 부를 안겨줌으로써 경제적 재분배를 더욱 촉진했으며, 나아가 이는 부가 지리적으로도 더 고르게 분산되는 결과를 가져왔다. 가령 몬테펠트로의 고향 우르비노나 페라라, 만토바처럼 유력한 용병 지휘관들이 근거지로 삼은 중소도시들은 베네치아, 밀라노, 피렌체가 낸 전쟁 비용 덕분에 더욱 부유해졌다. 한 경제사학자의 표현에 따르면, 이탈리아에서 전쟁은 "유럽의 다른 지역에서 볼 수 없는 방식으로 부를 재분배한 경제 활동"이었다.

또 하나 중요한 것은 이 부를 손에 넣은 사람들이 대부분 사회적으로 확고한 지위를 누리던 명문가 출신이 아니었다는 점이다. 이탈리아에서는 하급 귀족이나 몬테펠트로 같은 사생아도 예전에는 상상조차 하지 못했을 막대한 부를 거머쥘 수 있었다. 인류 역사에서는 이렇게 급격한 경제적 재분배가 일어나 새로운 부가 창출될 때마다 벼락부자가 된 사람들이 자신의 지위를 과시하거나 공고히 하기 위해 사용하던 전략이 있었다. 바로 '과시적 소비'다.

과시적 소비란 단순히 새로 얻은 부를 쓰고 싶어서 하는 행동이 아니며, 그런 식으로 돈을 쓰는 것만으로는 지위를 과시하기에 충분하지 않다. 벼락부자가 된 사람은 자신이 얼마나 부유해졌는지를 이웃과 동료들이 한눈에 알 수 있도록 가장 호사스러운 방식으로 부를 소비해야 했다. 그리고 중세 이탈리아에는 페라리 자동차나 롤렉스 시계 같은 명품은 없었지만, 라파엘로의 초상화와 미켈란젤로의 천장화가 있었다.

14~15세기 이탈리아의 정치와 지리, 경제 구조하에서는 전쟁이 끊이지 않았다. 압도적인 강대국이 없는 상황에서 20여 개의 크고 작은 국가가 세력 균형을 유지하려 애쓰다 보면 자주 충돌할 수밖에 없었다. 하지만 이탈리아에서는 특유의 경제와 사회 구조 탓에 유럽의 다른 지역들처럼 군대를 징집하기 어려웠다. 그리하여 중세 이탈리아의 제도와 유인 체계는 어마어마한 용병 수요를 창출했다. 처음에는 외국인들이 그 수요를 채웠지만, 용병 시장이 갈수록 활기를 띠자 폭력 전문가가 되려는 이탈리아인의 숫자도 급격히 늘어났다.

이러한 제도적 기반에 따라 이탈리아에서는 해외 무역으로 벌어들인 부가 대부분 전쟁을 통해 재분배되었다. 이 부는 지리적으로는 대도시에서 중소도시에, 사회적으로는 신흥 용병 지휘관 계층에 흘러 들어갔다. 용병대의 이름난 지휘관들은 일상생활에 필요한 물건만 사서는 평생을 가도 다 쓰지 못할 만큼 막대한 부를 손에 넣었으며, 아직은 불안정한 사회적 지위를 확고히 다지고 성공을 과시하기 위해 가장 화려한 방식으로 소비할 유인이 있었다. 중세 이탈리아에서 자신이 '성공한 사람'임을 보여주고자 한다면, 다빈치의 최신 작품을 거실에 걸어두는 것만큼 확실한 방법은 없었다. 이탈리아는 전쟁의 양상이 여느 지역과 달랐던 덕분에 유럽에서 수백 년간 볼 수 없었던 엄청난 규모의 사치재 시장이 탄생했고, 그 시장의 수요를 충족하는 과정에서 예술적 창조성이 꽃피우며 르네상스가 일어났다.

하지만 언제까지고 이탈리아가 누린 역사적 전성기가 계속될 수는 없었다. 정치적으로 통합된 인근의 강대국들은 1490년대부터 이탈리아의 정세에 더욱 관심을 보이기 시작했다. 그리하여 이탈리아에서는 1490년대부터 1550년대까지 프랑스의 발루아 왕조와 스페인, 독일을 통치하던 합스부르크 왕조가 격돌하며 '이탈리아대전쟁'이 벌어졌다. 프랑스, 스페인, 독일 등 외국의 군대가 대규모로 이탈리아 땅에 주둔하면서 전쟁의 양상도 바뀌기 시작했다. 외국 군대의 지휘관들은 이탈리아 용병들의 정교한 기동 전술을 받아들일 시간이나 인내심이 없었으며, 그런 방식으로 싸워야 할 유인도 없었다. 프랑스나 스페인 군대의 지휘관이 의도적으로 전투를 피한다면 국왕에게 보상을 받을 수 없었기 때문이다.

외국 군대의 등장으로 이탈리아에서는 용병의 시대가 서서히
막을 내렸으며, 그와 함께 역사상 손에 꼽을 만큼 거대했던 사치재
시장의 수요도 사라지게 되었다.

7

해적의 경영 철학

민주주의, 공정 임금, 협력

1650~1722

'검은 수염'이라는 별명으로 잘 알려진 에드워드 티치는 아마도 역사상 가장 악명 높은 해적일 것이다. 그는 잉글랜드의 브리스틀 출신이었는데, 1952년 영화 〈해적 검은 수염 Blackbeard the Pirate〉에서 같은 잉글랜드 남서부 출신의 배우 로버트 뉴턴이 그를 연기하면서 자신의 억양을 과장한 탓에 영화가 나온 지 70년이 지난 지금도 영국에서는 해적 말투를 흉내 내보라고 하면 흔히들 잉글랜드 남서부 지방의 사투리를 따라 하곤 한다. 검은 수염의 삶을 다룬 작품은 1960년대 이후로도 영화 2편과 드라마 3편이 제작되었으며, 영화 〈캐리비안의 해적〉의 주인공 잭 스패로우도 그에게서 어느 정도 영감을 받은 것으로 보인다. 이렇듯 티치는 여러 작품에서 재미있는 인물로 그려지며 해적의 대명사 같은 존재가 되었지만, 사실 그보다 훨씬 흥미로운 삶을 산 해적은 비슷한 시기에 활동한 '검은 남작 Black Bart' 바솔로뮤 로버츠다.

로버츠 역시 오랫동안 창작자들의 관심을 받아왔다. 그는 소설
『보물섬』에서 언급되는 4명의 실존 해적 중 하나이며, 영화 〈프린세
스 브라이드〉에 나오는 '공포의 해적 로버츠'는 그에게서 영향을 받
았을 가능성이 크다. 하지만 로버츠는 티치와 달리 웨일스 출신이며,
잭 스패로우가 웨일스 억양을 쓰는 모습은 좀처럼 상상이 가지 않는
다. 훗날 검은 남작이라는 별명으로 널리 알려진 그는 1682년 존 로
버츠라는 이름으로 태어나 1695년 열세 살에 바다로 나갔다. 이후
그는 한동안 행적이 묘연하다가 1718년 바베이도스를 중심으로 활
동하던 슬루프선의 항해사로서 다시 역사에 모습을 드러냈다. 당시
로버츠는 마흔에 가까운 나이에 25년간 바다에서 일한 베테랑 항해
사였다.

1719년 로버츠는 프린세스호라는 노예선을 타고 항해하던 중
오늘날의 가나 연안에서 해적들에게 나포당했다. 그의 인생은 이때
부터 예기치 못한 방향으로 흘러갔다. 로버츠는 다른 승무원들과 함
께 강제로 해적단에 들어갔는데, 당시에는 이런 일이 드물지 않았다.
해적선에는 보통 나포한 배를 운용할 만큼 여유 인력이 많지 않았기
때문에, 납치된 승무원들은 자의로든 타의로든 해적단에 합류하곤
했다. 정말로 이례적이었던 것은 로버츠가 새로운 직장에서 빠르게
승진했다는 점이다. 프린세스호를 나포한 해적선의 선장 하웰 데이
비스는 로버츠와 같은 웨일스의 펨브룩셔주 출신이었다. 데이비스
는 로버츠에게 금세 호감을 느꼈고, 그의 뛰어난 항해술을 높이 평가
했으며, 웨일스어로 남들이 알아듣지 못하게 사적인 이야기를 나눌
수 있다는 점도 마음에 들어 했다.

해적의 경영 철학

로버츠가 사망한 직후에 쓰인 한 기록에 따르면, 그는 처음에 해적이 되기를 주저했으나 곧 생각을 바꿔 이렇게 말했다고 한다. "정직한 일자리는 부실한 식사와 적은 급여를 받으면서 일은 고되다. 하지만 해적 생활에는 풍요와 만족, 즐거움과 여유, 자유와 권력이 있다. 이런 생활을 누리기 위해 감수해야 할 위험이라는 게 기껏해야 목을 조르는 듯한 험악한 시선을 받는 것뿐이라면 누군들 이쪽을 택하지 않겠는가? 그러니 나는 '즐겁고도 짧은 인생'을 좌우명으로 삼겠다."

　　상선의 2등 항해사로 일하던 시절 로버츠는 한 달에 4파운드 정도를 벌었고 선장으로 승진할 가능성은 거의 없었다. 그러나 능력주의가 지배하던 해적 세계에서는 어떤 자리에든 올라갈 수 있었다. 프린세스호가 나포된 지 몇 주 만에 로버츠는 해적선 로열로버호로 자리를 옮겼고, 이 배는 기니만의 포르투갈령 프린시페섬에 정박했다. 로열로버호는 영국 군함의 깃발을 단 덕분에 항구에 입항할 수 있었으며, 지략이 뛰어난 인물이었던 데이비스 선장은 항구에 머무는 동안 곧장 돈이 될 만한 계략을 떠올렸다. 그는 식사를 구실로 프린시페 총독을 배에 초대한 다음 인질로 잡아 몸값을 받아낼 계획을 세웠다. 그러나 총독은 이미 수상한 낌새를 눈치챘고, 데이비스는 저녁 식사 전 술을 한잔하러 총독 관저로 향하던 길에 매복했던 포르투갈 병사들에 사살당했다.

　　이에 따라 데이비스의 부하들은 해적의 방식대로 새 선장을 뽑아야 했다. 그들이 선택한 인물은 불과 몇 주 전 고민 끝에 해적단에 합류한 신참 로버츠였다. 로버츠는 뛰어난 항해술 덕분에 동료들에게 인정받았으며, 그의 단호한 성격도 선장의 자리에 오르는 데 일조했을 것이다.

　　로버츠가 정말로 '즐겁고도 짧은 인생'을 바랐다면, 그는 그 소원을 이룬 셈이다. 이후 3년간 로버츠는 아프리카와 아메리카의 해안을 누비며 무려 470척의 상선(주당 평균 3척)을 나포했다. 해적질로 큰 부자가 된 그는 1722년 영국 해군과의 전투 도중 목숨을 잃었다. 아직 마흔이 채 되기도 전에 맞이한 죽음이었다.

　　로버츠는 분명 노련한 선원이자 항해사인 동시에 뛰어난 리더였다. 하지만 더 놀라운 점은 그가 유인에 대한 타고난 이해를 보여주었다는 것이다(물론 유인 같은 표현을 사용하지는 않았겠지만 말이다). 로버츠의 부하들이 마지막까지 그에게 충성을 다한 이유는 그가 세운 규범이 해적들을 움직이는 유인과 잘 맞았기 때문이다. 게다가 로버츠는 경제학에서 말하는 신호 효과signalling*의 힘을 이해했으며, 기초적이나마 게임 이론이 다루는 전략적 사고를 갖추고 있었다. 여기서 주목할 점은 로버츠가 이러한 면모를 보인 유일한 해적이 아니었다는 것이다. 엉뚱한 이야기로 들릴지 모르지만, 오늘날의 경영자들은 17세기 말부터 18세기 초까지 활동한 해적들에게서 배울 점이 많다.

　　해적들이 어떻게 오늘날의 많은 경영자보다도 현대적 경영 기법을 더 잘 이해하는 듯한 모습을 보였는지 살펴보기 전에, 로버츠와 티치를 비롯한 해적의 존재를 더 넓은 경제적 맥락에서 살펴볼 필요가 있다.

　　해적질은 해상 무역과 항해만큼이나 역사가 깊다. 헤로도토

●　정보가 많은 경제 주체가 정보가 적은 쪽에게 자신의 우월성을 표시(신호)할 때 나타나는 효과. 이를테면 고가의 상품은 '비싸니까 품질이 좋을 것'이라는 신호를 보내 구매를 유도한다.

오늘날의 경영자들은 17세기 말부터 18세기 초까지 활동한 해적들에게서 배울 점이 많다.

———

스의 기록에 따르면, 해적들은 기원전 5세기에도 그리스와 이집트를 오가던 선박들을 노리곤 했는데, 이는 로버츠가 해적 선장이 되기 1000년도 훨씬 전의 일이다. 그보다 300년 전에 쓰인 호메로스의 『오디세이아』에도 해적이 등장한다. 그러나 1650년대부터 1720년대까지의 80여 년은 흔히 '해적의 황금시대'로 불린다. 로버츠와 티치가 활약한 것도 바로 이 시기였다.

이 시기에 해적이 활개를 친 이유 중 하나는 16세기 초 종교개혁과 함께 시작되었던 유럽의 종교전쟁이 비로소 1650년대에 끝이 났다는 데 있었다. 1648년 30년전쟁이 끝난 뒤 비교적 평화로운 시기가 찾아오면서, 유럽 열강은 식민지 확장에 더 많은 시간과 에너지를 쏟을 수 있게 되었다. 이에 따라 국제 무역(특히 해상 무역)이 다시 활발해지면서 해적들이 약탈할 기회도 그만큼 늘어났다. 그러나 무역의 양적 팽창만큼이나 해적 활동에 영향을 미친 것은 무역의 질적 변화였다. 이 시기는 이른바 중상주의의 시대로, 중상주의 경제체제의 작동 방식은 해적질을 부추긴 주요인이었다.

중상주의는 경제학계에서 좋은 평가를 받지 못하는 경제사상이다. 단적인 예로 1776년 출간되었으며 현대 경제학의 시작을 알린 기념비적 저서로 꼽히는 애덤 스미스의 『국부론』은 사실상 중상주의 전체를 논박하기 위한 책이었다. 그러나 중상주의는 16세기부터 18세기까지, 길게 보면 19세기까지도 유럽의 대다수 국가가 따르던 통치 원리였다.

중상주의의 요지는 단순하다. 국가가 힘을 축적하려면 무엇보다도 더 많은 자원, 특히 많은 사람이 '진짜' 돈으로 여기던 귀금속을 확보해야 한다는 것이다. 따라서 중상주의는 외국과의 무역을 경계했다. 한 나라의 국민이 이웃 나라에서 물건을 사면 금이나 은으로 값을 치러야 하므로 귀금속이 외국으로 빠져나가게 된다. 예를 들어 영국인이 프랑스 와인을 사면 영국은 금은 보유량이 줄고 프랑스는 늘어난다. 중상주의 논리에 따르면, 이는 프랑스를 영국보다 상대적으로 강하게 만든다. 이렇듯 중상주의는 세상을 극단적인 제로섬 게임으로 바라보며 한 나라가 이득을 얻으면 다른 나라는 반드시 손해를 본다고 가정한다. 중상주의자들은 양국 모두를 부유하게 만드는 상호 호혜적 무역을 비현실적인 이상론이나 위험한 망상으로까지 여겼다. 1549년 잉글랜드에서 출간된 초기 중상주의 문헌은 이러한 생각을 다음과 같이 요약한다. "우리는 외국인에게 파는 것보다 더 많이 사지 않도록 늘 주의해야 한다. 그러지 않으면 우리는 가난해지고 그들은 부유해질 것이기 때문이다." 중상주의 경제 정책은 경제가 아니라 국가 권력을 보호하고 확대하는 데 초점을 맞췄다(이 같은 맥락에서 보면 경제 정책이라는 말 자체가 이 시대와는 맞지 않는 셈이다). 따라서 정책의 핵심은 수입보다 수출을 더 많이 해 무역 흑자를 냄으로써 귀금속이 흘러 들어오게 만드는 것이었다. 물론 중상주의를 비판한 사람들이 훗날 지적했듯, 모든 국가가 동시에 흑자를 내는 일은 논리적으로 불가능했다.

유럽에서 중상주의 체제를 가장 먼저 도입한 곳은 잉글랜드와 몇몇 이탈리아 도시국가였지만, 1650년대 이후 이 체제는 유럽 전역

해적의 경영 철학

으로 퍼져나갔다. 프랑스에서는 1660년대부터 1680년대까지 재무 장관을 지낸 장 바티스트 콜베르Jean-Baptiste Colbert가 중상주의 정책을 주도했기에, 프랑스의 중상주의는 콜베르주의라고도 불린다.

중상주의 체제에서는 보통 수입을 막기 위해 높은 관세를 부과하거나, 국내의 수출업자들이 외화를 벌어들이도록 보조금을 지급하고, 식민지가 본국과만 교역하도록 제한하면서(이러한 조치는 특히 해적 활동에 지대한 영향을 끼쳤다) 항해법을 제정해 외국 선박을 통한 무역을 금지하는 등 몇 가지 정책을 함께 시행했다.

앞서 살펴보았듯 스페인은 1650년대까지 아메리카 대륙에 광대한 식민 제국을 세웠고, 식민지로부터 은·담배·커피·설탕 등 비싸고 귀한 상품을 들여왔다. 스페인은 중상주의 논리에 따라 외국인이 식민지와의 무역에 끼어들지 못하게 막으려 했다. 그러나 경쟁국들은 해적의 황금시대가 시작되기 전부터 사략선을 장려해 스페인의 선박을 공격하면 자신들에게 이익이 된다는 사실을 알았다. 이에 따라 탄생한 제도가 국가에서 해적 행위를 공식적으로 인정하는 증서인 '사략면장letter of marque'이다. 유럽에서는 프랑스를 시작으로 영국, 네덜란드를 비롯한 여러 나라가 사략면장을 발급해 해적들이 적국 선박을 약탈하도록 허용했다.

물론 사략면장을 가지고 있다고 해서 해적 행위의 위험성이 줄어드는 것은 아니었다. 스페인뿐만 아니라 유럽의 어느 나라에서든 사략면장의 유무를 불문하고 해적은 범죄자로 취급되어 재판을 받고 처형당하기 일쑤였다. 사략면장을 가진 이들은 명목상으로는 사략선원이라 불렸지만, 해적과 사략선원의 차이는 보는 사람의 관점에 따라 달라질 뿐이었다. 그러나 사략면장이 있으면 증서를 발행한 국가의 항구에서 약탈한 물건을 합법적으로 판매할 수 있다는 이점이 있었다.

사략면장은 발행국의 입장에서는 저렴한 비용으로 전쟁을 벌이는 방법이었다. 사략선을 이용하면 국가는 배의 무장과 선원 모집에 드는 비용은 물론 손실에 따르는 위험까지도 제삼자에게 위탁할 수 있었다. 게다가 당시에는 사략선이 약탈한 물건이 저렴한 가격에 발행국으로 유입되면 경제와 국가 권력에도 이익이 된다고 보았다. 그리하여 사략 행위는 놀랄 만큼 오랫동안 계속되었다. 유럽 국가들은 1856년 파리 선언을 체결하고서야 비로소 사략을 전쟁 수단으로 활용하지 않기로 합의했다. 그러나 14년 뒤인 1870년에 일어난 프로이센-프랑스 전쟁에서도 프로이센은 '자원 해군'이라는 이름으로 사략선을 활용했다.

유럽의 식민 열강은 사략면장을 발행하지 않는 평시에도 중상주의 논리에 따라 경쟁국을 겨냥한 해적 행위를 눈감아주곤 했다. 에드워드 티치나 바솔로뮤 로버츠 같은 해적들이 스페인이나 포르투갈 선박을 약탈해 돈을 벌었던 이유는 약탈한 물건을 언제든 영국, 네덜란드, 프랑스, 덴마크의 항구에서 처분할 수 있었기 때문이다.

이 시기에는 국제 관계가 격변하면서 하나의 강대국이 바다를 제패하지 못했다는 점도 해적의 황금시대가 수십 년간 이어지는 데 영향을 끼쳤다. 스페인은 제국으로서 나날이 쇠퇴했지만, 경쟁국들 역시 스페인의 자리를 빼앗을 정도로 힘을 갖추지는 못했다. 그리고 17세기 말에서 18세기 초 많은 국가의 해군 당국은 해적(점잖은 말로 사략선원)을 위협이라기보다 유용한 도구로 인식했다.

이렇듯 1700년 전후 수십 년간 해적들이 어떤 조건 아래서 번

해적의 경영 철학

성했는지는 어렵지 않게 이해할 수 있다. 유럽의 강대국들은 종교전쟁이 끝나자 본격적으로 식민 제국과 무역을 확대하기 시작했으며, 중상주의 원칙에 따라 해적들이 경쟁국의 선박을 약탈하도록 허용했다. 게다가 당시에는 압도적인 해군 세력이 없었던 탓에 바다 위에서 법질서를 유지하기도 어려웠다. 그러나 이러한 요인들이 해적 행위가 성행하기 위한 필수 조건이었다 하더라도, 이것만으로는 해적들이 그토록 큰 성공을 거둔 이유를 설명할 수 없다. 그 이유를 이해하려면 먼저 해적들이 어떤 방식으로 활동했는지를 자세히 살펴봐야 한다.

우선 해적들은 유인을 잘 이해하고 있었다. 앵무새, 잉글랜드 남서부 지방의 억양, 나무 의족과 더불어 20세기 할리우드 해적 영화에서 단골로 등장하는 소재를 예로 들어보자. 그 소재란 바로 해골 머리에 넓적다리뼈 두 개를 겹쳐 그린 해적 깃발, 졸리로저 Jolly Roger 다. 이 유명한 상징은 경제학에서 말하는 신호의 의미를 잘 보여주는 사례다.

해적 행위를 뒷받침하는 경제 논리는 비교적 단순하다. 여느 직종과 똑같이 사람들은 이익을 극대화하려는 목적으로 해적 깃발 아래 모여들었으며, 이를 위해서는 무엇보다 비용을 최소화해야 했다. 그리고 해적 활동에서 가장 큰 잠재적 비용은 약탈하려는 선박과의 전투였다.

해적선은 대체로 무장이 잘 되어 있었다. 그렇지 않았다면 그토록 많은 전리품을 차지할 수 없었을 것이다. 해적선은 보통 상선보다 2~3배가량 많은 대포와 선원을 싣고 다녔다. 따라서 해적들은 거리를 두고 싸우는 화력전뿐 아니라, 배를 맞대고 적선에 올라타는 백병전에서도 우위를 점했다. 하지만 전투에는 비용이 따르기 마련이었다. 전투를 벌여 상선을 나포하기 위해서는 큰 위험을 감수해야 했다. 선원들이 죽거나 다치는 것은 당연했고, 심한 경우 배가 망가질 수도 있었다. 그렇게 되면 바다로 나가야 할 시간에 배를 수리하느라 전리품을 얻을 기회를 놓치는 셈이었다. 게다가 수리를 위해 정박한 동안 다른 위험에 취약해질 수밖에 없었다. 하지만 해적들에게 최악의 시나리오는 약탈하려던 상선이 침몰해 전투에 들인 비용만 날린 채 허탕을 치는 것이었다. 그러다 보니 해적들은 가능하면 더 좋은 배로 바꾸고 싶어 했고, 나포한 상선이 자신들의 배보다 크거나 빠르면 그 배로 갈아타곤 했다. 게다가 그들은 바솔로뮤 로버츠의 사례처럼 상선의 선원을 동료로 삼는 일도 드물지 않았다.

따라서 해적에게 가장 이상적인 상황(경제학 용어로 말하면 수익을 극대화하는 상황)은 상선이 싸우지 않고 항복하는 경우였다. 이를 위해 해적들은 약탈할 상대의 유인을 바꾸고자 했다. 그들이 택한 방법은 저항하는 선원을 모두 죽이겠다고 위협하는 동시에 싸우지 않고 항복하는 사람에게는 자비를 베풀겠다고 약속하는 것이었다. 그렇게 하면 해적선과 맞닥뜨린 상선의 선원들로서는 저항했을 때 치러야 할 대가가 너무도 크기에, 해적의 요구에 따르는 편이 낫겠다고 생각하기 쉬웠다.

경제학자들의 표현을 빌리자면, 해적들은 항복하지 않으면 모두 죽이겠다는 위협을 '신뢰할 만한 약속'으로 만듦으로써 약탈의 피해자들이 저항하지 않도록 유도하고 약탈에 드는 비용을 낮출 수 있었다. 이론상 해적의 습격을 받은 사람들이 저항하다가 죽임을 당하리라 확신한다면, 처음부터 저항을 포기할 가능성이 커질 터였다. 다

　　　　　　　　　　　　　　　　　해적의 경영 철학

**해적들은 항복하지 않으면 모두 죽이겠다는
위협을 '신뢰할 만한 약속'으로 만듦으로써
약탈에 드는 비용을 낮출 수 있었다.**

─────

시 말해 해적들이 언제든 학살을 실행에 옮길 각오가 되어 있다는 믿음을 심어준다면, 실제로 학살을 벌여야 하는 경우가 줄어들 수 있다.

학살은 인도주의적 관점에서뿐만 아니라 이윤 극대화라는 냉정한 논리에 따라서도 가능한 한 피해야 했다. 상선의 선원들을 학살하는 일도 비용이 들기는 매한가지였기 때문이다. 무엇보다 해적들이 학살을 벌이기 시작하면 항복해도 소용없다는 사실을 안 선원들은 마지막까지 필사적으로 저항할 수밖에 없었다.

해적과 상선의 선원들에게는 다행스럽게도, 실제로 학살이 필요한 경우는 많지 않았다. 해적들에게 정말로 필요했던 것은 항복하지 않으면 모두 죽인다는 방침을 널리 알려 많은 사람이 믿게 만드는 일이었다. 요컨대 해적들은 그들의 목적에 맞는 평판을 얻어야 했다. 이 점에서 그들에게 큰 도움이 된 것은 당시의 미디어, 즉 신문이었다. 항구 도시의 신문과 소식지들은 해적 이야기가 대중의 관심을 끄는 소재임을 잘 알았고, 선원들이 저항한 끝에 학살당한 사례뿐만 아니라 항복해서 무사히 살아남은 대다수 사례까지 낱낱이 보도했다. 일례로 1723년 《보스턴 뉴스레터 Boston News-Letter》는 "자비를 구하면 관용을 베풀어야 한다"는 것이 해적의 관행이라고 보도했다. 해적들은 이러한 홍보 전략을 활용해 적극적으로 공포심을 조장했고 실제로 효과를 거두었다. 이들의 전략이 어찌나 잘 먹혀들었던지 1721년 영국 의회는 무장상선이 해적의 공격에 저항하도록 법으로 의무화하려고까지 했다. 상선이 해적에게 항복하는 일이 잦아지자 정부가 아예 이를 범죄로 규정하려 한 것이다.

해적들의 평판은 신문과 입소문을 통해 널리 퍼졌지만, 문제는 거기서 끝이 아니었다. 그들은 자신이 진짜 해적임을 입증해야 했다. 가장 쉬운 방법은 누가 봐도 해적임을 알 수 있게 겉모습을 꾸미는 것이었고, 이에 따라 해적들은 1700년대 초부터 해적 깃발을 걸고 다니기 시작했다.

졸리로저를 처음 사용한 해적이 누구인지는 알 수 없으나, 바솔로뮤 로버츠는 그 후보 중 하나로 일찍부터 해적기를 달고 다녔다. 졸리로저는 어디서 유래했는지도 불확실하지만, 북아프리카 해안에서 활동하던 이슬람계 바르바리 해적의 검은 깃발과 오래전부터 선박의 항해 일지나 각종 기록에서 사망한 선원을 표시할 때 사용하던 상징인 두개골과 넙다리뼈를 합친 것이 그 기원으로 보인다. 어찌되었든 졸리로저는 해적들 사이에서 빠르게 퍼져 일종의 명함처럼 쓰이게 되었다. 그리고 이 깃발은 실용적인 기능이 하나 더 있었다. 18세기 초 카리브해에서 상선들을 괴롭히던 해적과 스페인 해안 경비대를 구별할 수 있게 해준 것이다. 당시 스페인 해안 경비대는 스페인의 중상주의 체제를 수호한다는 명분을 내세웠지만, 실제로는 권한을 남용해 지나가던 배들을 갈취하는 일이 많았다.

그러나 졸리로저를 다는 것은 그 자체로 위험을 무릅쓰는 일이었다. 해적이 붙잡혀 재판을 받을 경우, 해적 행위를 자백하는 증거나 다름없었기 때문이다. 실제로 로버츠가 사망한 뒤 살아남은 부하들이 재판에 넘겨졌을 때, 재판부는 그들이 "검은 깃발을 달고 항해

해적의 경영 철학

함으로써 자신이 한낱 강도이자 반역자이며 인간과 신의 법을 어긴 자들임을 뻔뻔하게 드러냈다"고 지적했다. 하지만 해적기에는 분명한 이점도 있었다. 자신이 항복하지 않으면 모두 죽인다는 원칙을 따르는 해적임을 알리는 데 해적기는 가장 좋은 수단이었다. 일례로 당시에 쓰인 한 기록은 바솔로뮤 로버츠가 프랑스의 순양함 두 척에 쫓기던 일을 묘사한다. 이들은 로버츠의 배를 프랑스령 해역에서 무역이 금지된 상선으로 착각했다. 그런데 추격 도중 로버츠의 배가 졸리로저를 높이 내걸자 "프랑스의 군인들은 간담이 서늘해져 제대로 저항도 해보지 못한 채 항복했다".

몇몇 경제사학자가 지적하듯, 해적 깃발과 신문 보도는 오늘날 할리우드 영화와 마피아의 관계처럼 해적의 범죄 활동과 관련한 이미지를 대중에게 각인시켜 그들의 평판을 강화하는 역할을 했다. 그리고 이러한 평판에서 나오는 신호 효과는 해적들 쪽이 훨씬 강력했다. 해적들은 졸리로저를 다는 것만으로도 사형에 처할 수 있었기 때문이다. 그에 반해 오늘날에는 누구나 줄무늬 정장에 선글라스를 걸치고 마피아 흉내를 낼 수 있지만, 그것만으로 위험에 처할 일은 많지 않다.

해적들은 이처럼 신호 효과와 같은 게임이론 전략으로 약탈 비용을 최소화했을 뿐 아니라, 여러 방면에서 유인을 잘 활용했다. 그들은 해적 활동이 원활히 이뤄지도록 모든 선원의 유인을 조율함으로써 자신들의 배를 매우 효율적으로 조직했다.

해적은 애초부터 법의 테두리를 벗어난 사람들이니 좁은 공간에 모여 생활하는 범죄자 무리가 값비싼 물건을 손에 넣는다면 배신이 밥 먹듯 일어나리라 생각하기 쉽다. 그러나 실제로는 이런 일이 거의 발생하지 않았다. 해적들은 해적 규범을 만들어 배를 운영했고, 그중 몇 가지는 지금까지도 전해진다. 오늘날 몇몇 경영학자는 해적들의 규범을 모범적인 조직 운영의 사례로 꼽기도 한다.

　　바솔로뮤 로버츠가 세운 규범은 해적들이 어떤 식으로 조직을 운영했는지 잘 보여준다. 여기에는 흔히 생각하는 해적의 이미지와 거리가 먼 조항들도 포함되어 있었다. 예를 들어 바솔로뮤의 해적단에는 매일 저녁 8시가 되면 촛불을 다 끄고 그 이후에 술을 마시려면 반드시 갑판 위에서 마셔야 한다는 규칙이 있었다. 주사위나 카드로 하는 도박은 일절 금지되었는데, 아마도 이는 다툼의 소지를 없애기 위한 조치였을 것이다. 더 주목할 만한 점은 "모든 사람이 중대한 사안에 투표할 권리"를 가지며 보급품은 동등하게 나눈다고 규정함으로써 해적선이 바다 위에서도 민주적으로 운영되도록 명시한 것이다. 로버츠를 포함한 간부들은 선원들의 투표로 선출되었다. 게다가 당시 해군 함정에서 선장은 일반 선원보다 10~15배, 상선에서는 5~8배 많은 급여를 받았지만, 로버츠의 해적선에서 선장 로버츠는 일반 선원보다 겨우 2배 많은 전리품을 챙겼다. 로버츠의 해적선은 평등주의적인 배였던 셈이다. 그의 배에서 선장과 부선장은 전리품의 두 몫, 항해와 갑판, 대포 담당자는 한 몫 반, 하급 간부들은 한 몫과 4분의 1, 나머지 선원들은 한 몫씩을 받았다. 또한 규범에서는 각자의 몫이 1000파운드(현재 가치로 약 150만 파운드)에 이를 때까지 모두가 함께 행동하고, 목표를 달성하면 해적 활동을 멈춘다고 명시했다. 규범에는 심지어 일종의 건강 보험 조항도 있어, 전투 중 팔다리를 잃으면 800파운드를 지급하고, 더 가벼운 부상에는 그에 맞는 금액을 지급하도록 규정했다.

　　　　　　　　　　　　　　　　　　해적의 경영 철학

한편 전투 중에는 명령을 따르는 것이 중요하고 빠른 의사결정과 과감한 행동이 필요했기 때문에 선장은 절대적인 권한을 가졌다. 하지만 그 외의 시간에는 선장의 권한을 견제할 여러 장치가 마련되어 있었다. 전리품을 분배하는 일은 선장 다음으로 높은 부선장이 담당했고, 전투 상황이 아닐 때는 선원들이 간부에게 이의를 제기하거나 간부를 해임할 권한도 가지고 있었다.

해적들은 계약서나 법, 재판소 같은 제도에 의지하지 않은 채 불법적인 방식으로 활동하면서도, 성과를 낸 사람은 보상을 받고 능력 있는 사람은 승진하면서 서로 간에 신뢰가 쌓이는 체계를 조직해냈다. 해적선에 탄 선원은 모두가 범죄자들이었지만, 해군 함정이나 상선보다 반란을 일으키는 일이 드물었다. 해적선에서는 선원과 간부들의 유인이 완벽에 가깝게 맞아떨어졌으며, 모두가 하나의 목표를 향해 나아갈 수 있었기 때문이다.

해적이라고 하면 보통 약탈과 살인이 떠오르기 마련인데, 그런 생각은 결코 틀리지 않았다. 항복하지 않으면 모두 죽인다는 해적의 방침을 '신뢰할 만한 약속'으로 믿게 만들기 위해서는 많은 희생이 따를 수밖에 없기 때문이다. 그러나 최근에 나온 한 연구가 지적하듯, 해적에게서는 민주주의와 공정한 임금, 공동체에 대한 배려와 협력 또한 쉽게 찾아볼 수 있다. 결국 이 모든 평가는 해적의 관점에서 보느냐, 아니면 약탈 대상의 관점에서 보느냐에 따라 달라진다.

오늘날의 경제에 해적의 경영 철학을 더 적극적으로 도입하자는 몇몇 경영학자의 주장은 다소 정도가 지나치지만, 해적들이 조직을 운영한 방식이 어떤 점에서 매력적인지는 어렵지 않게 이해할 수 있다.

8

7년전쟁

두려운 이웃이 늘 나쁜 것만은 아니다

1756 ~ 1763

윌리엄 메이크피스 새커리William Makepeace Thackeray의 소설 『신사 배리 린든의 회고록』에서 주인공 배리 린든은 7년전쟁(1756~1763년)에 참전해 처음에는 영국군으로 싸우다가 탈영한 뒤 프로이센군에 가담한다. 신뢰할 수 없는 화자인 그는 작중에서 다음과 같이 이야기한다.

> 전 유럽이 휘말린 그 유명한 7년전쟁의 원인을 설명하려면 나 같은 사람보다 위대한 철학자이자 역사가를 데려와야 할 것이다. 나는 늘 이 전쟁의 원인이 너무나 복잡하다고 생각했고, 관련 서적들은 터무니없이 이해하기 어려워서 한 장章을 다 읽고 나서도 처음 읽기 시작했을 때보다 나아졌다는 생각이 좀처럼 들지 않았다.

린든의 말에는 일리가 있다. 7년전쟁은 유럽은 물론, 북아메리카(이 지역에서는 보통 프렌치인디언전쟁이라고 부른다), 카리브해, 인도, 아프리카, 동아시아에서까지 전투가 벌어졌다는 점에서 최초의 세계대전이라 할 만하며, 당대의 주요 강대국들이 모두 관여했다. 그러나 7년전쟁은 복잡한 면이 많아 정확히 이해하기 어려운 전쟁이기도 하다. 배리 린든이 이를 설명하기 어려워했던 이유 중 하나는, 7년전쟁이 서로 관련은 있지만 엄연히 다른 두 개의 전쟁으로 이루어졌기 때문이다. 이 두 전쟁은 몇몇 국가가 동시에 관여했고, 우연히 같은 시기에 벌어졌을 뿐이다. 린든이 오늘날의 독일 지역을 이리저리 떠돌며 여러 국가의 군대에 복무했던 전쟁은 프랑스·러시아의 지원을 받은 오스트리아와 영국의 지원을 받은 프로이센이 중부 유럽의 패권을 놓고 벌인 싸움이었다. 그러는 사이 다른 한편에서는 영국이 프랑스·스페인을 상대로 아메리카와 아시아의 주요 식민지를 놓고 전쟁 중이었다. 그리고 두 전쟁은 결국 별개의 조약으로 종결되었다.

오스트리아와 프로이센 사이에서 주로 벌어진 첫 번째 전쟁은 전쟁사에 관심 있는 이들에게 매우 흥미로운 주제다. 독일 변방의 소국이었던 프로이센이 유럽의 강대국으로 부상한 과정은 역사적으로 중요한 의미가 있다. 그러나 장기적으로 보아 7년전쟁이 경제에 끼친 영향은 영국의 행보를 따라갈 때 가장 분명하게 파악할 수 있다.

7년전쟁에서 영국이 거둔 승리는 영국 역사에 남을 위대한 성취였다. 오늘날 이 전쟁에 나선 영국의 장군과 제독들은 초대 웰링턴 공작 아서 웰즐리나 넬슨 제독 같은 나폴레옹 시대의 인물들만큼 주목받지는 못하지만, 당대를 대표하는 영웅들이었다. 넬슨처럼 런던 중심가에 52미터 높이의 기념비가 세워지지 않았다고 해서 그들의 업적을 과소평가해서는 안 된다. 특히 1759년은 영국군이 연이어 결정적인 승리를 거둔 덕분에 기적의 해로 불린다. 당시 하원의원이었던 호레이스 월폴은 "승전을 알리는 종소리를 울리느라 종이 다 닳을 지경"이라 말하기도 했다. 그해 에드워드 호크 제독은 함대를 이끌고 위험천만한 키브롱만으로 진격해 프랑스 해군을 궤멸시켰다. 또한 제임스 울프 장군은 비록 승리의 순간에 전사하기는 했지만, 퀘벡 인근의 아브라함평원에서 몽캄 후작이 이끄는 프랑스군을 격파하고 프랑스령 북아메리카를 정복했다. 그보다 2년 전인 1757년에는 로버트 클라이브가 이끄는 영국군이 플라시전투에서 프랑스군을 물리치며 영국이 아시아에서 주도권을 확보하는 계기를 마련했다. 에드워드 호크, 제임스 울프, 로버트 클라이브는 모두 영국에 승리를 가져다준 주역으로 평가받았지만, 다른 분야에서도 이들 못지않게 중요한 역할을 한 이들이 있었다. 가령 찰스 파머, 매튜 비치크로프트, 메릭 버렐, 바솔로뮤 버튼, 로버트 마시는 앞서 언급한 군인들만큼 명예를 누리지는 못했을지라도, 7년전쟁 동안 잉글랜드은행의 총재직을 맡으며 영국의 승리에 크게 공헌했다. 영국은 군사력뿐만 아니라 금융 역량 면에서도 프랑스보다 우월했기 때문에 승리를 쟁취할 수 있었다.

　여기서는 잠시 눈을 돌려 18세기 중반 영국과 프랑스의 인구 구조를 살펴볼 필요가 있다. 7년전쟁은 '제2차 백년전쟁'이라고도 불리는 시기의 한중간에 벌어진 사건이었다. 영국과 프랑스는 1689년부터 1815년까지 126년에 달하는 기간 중 68년 동안 전쟁을 벌였다. 두 나라의 전쟁은 유럽을 넘어 전 세계의 패권을 놓고 벌인 싸움이었다. 21세기를 기준으로 보면 영국과 프랑스는 꽤 오래전부터 비슷한 인구와 경제 규모를 유지해왔기에, 영국이 한때 세계를 제패한 것이 얼마나 놀라운 일이었는지를 간과하기 쉽다.

1750년 전 세계 인구는 약 7억 4500만 명이었고, 유럽에는 1억 5000만 명 정도가 살았다. 당시 프랑스의 인구는 2500만 명이었고, 영국의 인구는 그에 훨씬 못 미치는 900만 명에 불과했다. 즉 프랑스는 영국보다 인구가 2.5배가량 많은 나라였다. 이처럼 인구 규모가 훨씬 큰 나라와의 경쟁이 어떻게 가능했는지를 이해하려면 경제적·금융적 요인을 찬찬히 들여다봐야 한다. 먼저 경제부터 살펴보자. 18세기는 세계 경제사에서 가장 중요한 시기라 해도 과언이 아니다. 산업혁명이 바로 이 시기에 시작되었기 때문이다.

거시적인 관점에서 보면 산업혁명은 면직물 생산 방식의 변화나 증기기관의 탄생 같은 발명과 혁신을 넘어 경제 성장의 의미 자체를 바꿔놓은 사건이다. 산업화 이전의 세계는 한마디로 말하면 천연자원이 인구 성장을 제약하는 세계였다. 토머스 맬서스는 이를 훗날 널리 받아들여진 하나의 이론으로 정립했다. 그의 이론에 따르면 인구는 본래 기하급수적(2, 4, 8, 16…)으로 증가하는 반면에, 인구를 부양하는 데 필요한 자원은 산술급수적(2, 3, 4, 5…)으로 증가한다. 양자 사이의 간극은 복잡한 수학 지식 없이도 누구나 알아차릴 수 있는 문제다.

산업화 이전의 세계에서는 대체로 인구 규모와 1인당 소득이 반비례했다. 다시 말해 인구가 늘어나면 생활 수준이 떨어지고, 인구가 줄어들면 생활 수준이 높아지는 것이 일반적이었다. 가령 흑사병은 치료할 수 없는 전염병으로 수백만 명의 목숨을 앗아갔다는 점에서 유럽의 농민들에게 끔찍한 재앙이었지만, 그 결과 살아남은 사람

**18세기에 유럽, 나아가 전 세계의
지정학적 판도를 바꾼 결정적인 요인은
산업혁명이 영국에서 시작되었다는 것이다.**

———

들은 더 많은 자원과 임금을 누리게 되었다.

산업혁명은 이러한 시대의 종언을 알리는 사건이었다. 산업혁명의 핵심은 생산성의 향상, 즉 같은 자원을 투입해 더 많은 산출량을 얻는 능력에 있었다. 산업혁명으로 자원에 따른 제약이 완화되면서 맬서스의 암울한 계산도 빗나갔다. 이후에 펼쳐진 수백 년의 역사가 입증하듯, 이 시기부터는 인구와 1인당 소득이 동시에 증가하는 일이 가능해졌다.

18세기에 유럽, 나아가 전 세계의 지정학적 판도를 바꾼 결정적인 요인은 산업혁명이 영국에서 시작되었다는 것이다. 1750년 영국의 1인당 GDP(또는 1인당 국민소득)는 프랑스보다 50퍼센트가량 높았다. 따라서 프랑스의 인구가 영국보다 2.5배 많았다 하더라도 경제의 산출량 자체는 큰 차이가 없었다.

게다가 영국은 자국의 경제력을 전쟁에 투입하기 위한 기반이 훨씬 탄탄했다. 여기서 특히 눈여겨봐야 할 요소는 세수와 재정력이다. 1750년대 영국은 1인당 은 109그램에 해당하는 금액을 세금으로 거두었지만, 바다 건너 프랑스는 1인당 은 49그램밖에 걷지 못했다. 인구가 프랑스의 35퍼센트 수준에 불과한데도 영국 정부의 세금 수입은 프랑스의 80퍼센트에 달한 것이다. 이 정도면 충분히 감당할 만한 격차였다.

영국의 우위는 여기서 그치지 않았다. 영국은 7년간 여러 대륙에서 벌어진 전쟁에 끊임없이 재정을 투입한 끝에 승리를 거둘 만큼 자금 동원력 면에서도 앞서 있었다. 한마디로 말해 영국은 돈을 빌리는 능력이 훨씬 뛰어났다.

그 이유를 이해하려면 복잡한 7년전쟁 이야기는 잠시 제쳐두고 그보다 수십 년 전부터 영국이 발전해온 과정을 살펴볼 필요가 있다. 3장에서 설명했듯, 통일 이전의 잉글랜드 왕국은 오늘날의 잉글랜드 지역과 경계가 거의 비슷했고, 오랫동안 보기 드물 만큼 안정적인 체제를 유지했으며, 튜더 왕조 치하에서 중앙집권화도 더욱 진전되었다. 그러나 역사 수업이나 TV 프로그램에서는 튜더 왕조에 더 관심을 보일지 몰라도, 그보다 더 흥미로운 변화가 일어난 것은 그이후의 스튜어트 왕조 시기다. 스튜어트 왕조 치하에서 잉글랜드는 몇 가지 중대한 조치를 바탕으로 더 개방적인 경제 질서를 수립해나가기 시작했고, 폭력 전문가 계층의 이해관계가 더는 경제를 좌우하지 않게 되었다. 제2차 백년전쟁이 시작되기 직전인 17세기 중후반 잉글랜드 왕국의 통치 체제는 초기 단계의 민주주의라 부를 만했다. 군주는 여전히 권력이 막대했고, 의회는 세습 귀족들로 구성된 상원이 장악했지만, 이제 통치는 명백히 협상의 과정이 되었다. 상업 활동으로 부를 쌓으며 나날이 성장한 상인 계층과 다양한 배경을 가진 변호사, 지역의 유력 인사들은 하원을 통해 재정 문제에 목소리를 내기 시작했다. 이로써 잉글랜드는 여러 차례 전쟁을 벌였던 경쟁국 네덜란드처럼 더 열린 통치·경제 체제를 갖춘 외부 지향적이고 상업 중심적인 해양 국가로 변모해갔다.

1688년에 일어난 명예혁명은 이러한 변화를 가장 잘 보여주는 사건이다. 17세기 말 잉글랜드의 정치가 점차 민주적이고 개방적인 방향으로 나아간 것은 사실이나, 그 과정은 결코 순조롭지 않았다. 1640년대 내전과 국왕의 처형 이후 들어선 공화정은 군사 독재나 다름없는 체제로 변질되었다. 올리버 크롬웰이 사망한 뒤 얼마 지나지 않아 공화정이 무너진 뒤에는 마땅한 대안이 없었던 탓에 찰스 2세가 왕위에 오르며 왕정이 복원되었다. 그러나 그는 1685년 적법한 후계자 없이 죽었고, 왕위는 그의 동생 제임스 2세에게 넘어갔다.

제임스 2세의 즉위는 잉글랜드의 엘리트 계층에게 두 가지 면에서 문제가 되었다. 그는 젊은 시절 개종한 가톨릭 신자였으며, 프랑스에서 오랫동안 망명 생활을 하며 프랑스군에 복무한 경험이 있어서인지 절대주의에 가까운 성향을 보였다. 그리하여 제임스 2세가 왕위에 오른 후 잉글랜드 정부는 여느 때보다 심각한 분열에 빠졌다. 국왕은 프랑스와의 동맹을 선호했고, 왕의 권한만으로도 세금을 징수할 수 있으며 사법부가 왕권에 종속된다고 보았다. 반면에 의회는 대체로 네덜란드와의 동맹을 지지했고, 국가 재정은 의회가 관리해야 한다고 보았으며, 사법부의 독립을 옹호했다. 개신교 국가에 가톨릭 왕이 즉위하면서 생긴 종교 갈등과 의회가 왕위 계승 문제에 발언권이 있는지를 놓고 벌어진 첨예한 논쟁도 큰 골칫거리였지만, 이를 제쳐두더라도 갈등의 소지는 충분했다. 그나마 제임스에게 자식이 없는 동안에는 이러한 문제들을 잠시 미뤄둘 수 있었다. 의회는 즉위 당시 이미 51세였던 제임스가 오랫동안 왕위에 머무르지는 못하리라 생각하며 마지못해 인내했다. 가톨릭 신자에다 절대주의적 성향을 가진 왕의 통치도 10~15년 정도만 견디면 '정상'으로 돌아가리라 본 것이다.

그러나 제임스 2세가 느닷없이 후처에게서 아들을 얻으면서 의회의 계산은 완전히 어긋나고 말았다. 왕자 역시 가톨릭 신자로 자랄 것이 확실한 상황에서 의회는 새로운 가톨릭 왕조가 들어설 가능성을 심각하게 고민해야 했다.

그들이 내놓은 해결책은 단순했다. 바로 군주를 갈아치우는 것이었다. 상업계와 의회의 유력 인사들은 그들이 가장 존경하던 유럽의 지도자 오라녜 공 빌럼(네덜란드 공화국의 총독이자 제임스 2세의 사위였으며, 후에 윌리엄 3세로 즉위)에게 손을 내밀었고, 그의 아내이자 왕자가 태어나기 전까지 추정 상속인이었던 메리와 함께 잉글랜드를 통치해달라고 요청했다. 빌럼은 그들의 요청을 받아들여 네덜란드군을 이끌고 잉글랜드에 상륙했다. 영국인들은 흔히 영국은 1066년 이후 외세의 침공을 받은 적이 없다고 말하지만, 이는 1688년 11월 네덜란드군 1만 2000명이 잉글랜드 남서부에 상륙해 런던으로 진군했다는 사실을 무시한 이야기다.

명예혁명은 영국의 전통적인 휘그 사관에서 가장 중요한 사건이다. 휘그 사관이란 영국 역사를 근대화·자유주의·진보를 향해 점진적으로 발전해나가는 과정으로 보는 역사관인데, 특히 19세기 영국 작가들은 자신들의 '명예로운' 혁명을 100년 뒤 프랑스에서 일어난 혼란스럽고 폭력적인 혁명과 비교하는 데 열을 올렸다. 잉글랜드 역시 명예혁명이 일어나기 40여 년 전에는 국왕을 처형한 적이 있다는 사실을 제쳐두더라도, 이렇게 영국인들의 자부심을 고취하는 역사 서술은 어디까지나 실제 역사를 미화한 것이다. 영국에서는 오랫동안 명예혁명을 프랑스혁명과 완전히 다른 사건으로 묘사해왔다. 명예혁명은 프랑스혁명과 달리 질서 있고, 합법적이며, 피 한 방울 흘리지 않은 혁명이었다는 식이다. 그러나 이러한 묘사를 하나하나 뜯어보면 설득력이 떨어진다는 것을 알 수 있다. 성공한 쿠데타가 흔히 그렇듯, 명예혁명의 합법성은 기껏해야 사후에 이루어진 정당화일 뿐이며, 특별히 질서 정연하게 진행되지도 않았다. 피 한 방울 흘리지 않은 혁명이었다는 주장 역시 범위를 잉글랜드로 한정할 때는 사실일지 몰라도 브리튼제도 전체로 보면 그렇지 않다. 잉글랜드에서는 군대가 제임스 2세를 위해 싸우기를 거부했기에(당시 군대를 이끌던 장교 중 상당수는 이름부터 노골적인 '반역 모임'의 일원으로 빌럼을 지지했다), 몇 차례의 작은 교전을 제외하면 전투가 벌어지지 않았다. 그러나 스코틀랜드에서는 제임스 2세와 빌럼을 지지하는 세력이 맞붙은 킬리크랭키전투에서 수천 명이 사망했다. 또, 아일랜드에서는 제임스 2세의 지지 세력이 빌럼이 이끄는 군대와 3년에 걸쳐 전쟁을 벌였으며, 보인전투와 오그림전투를 비롯한 수차례의 격렬한 싸움에서 나온 사망자 수만 해도 2만 5000명이 넘었다.

그러나 명예혁명의 정당성과 문제점을 둘러싼 역사 해석이 어떻게 갈리든 간에 이 혁명이 그 뒤로 수십 년 동안 경제적으로나 군사적으로 어마어마한 영향을 끼친 것은 분명하다. 1640년대의 몇 가지 사건을 바탕으로 일어난 이 입헌 혁명은 의회의 권한을 확립하고 사법부의 독립성을 보장하는 데서 그치지 않았으며, 얼마 뒤 일어난 재정 혁명으로까지 이어졌다.

잉글랜드, 그리고 이후 영국의 군사력이 어디서 비롯했는지를 이해하려면 이 재정 혁명의 성격을 파악해야 한다. 영국이 프랑스처럼 훨씬 인구가 많은 국가와 국제 무역의 패권을 놓고 경쟁할 수 있었던 이유는 단지 1인당 국민소득이 더 높아서도, 국가가 소득 중 더 많은 비율을 세금으로 거둘 수 있어서도 아니었다. 그보다 더 중요한 요인은 필요할 때 훨씬 많은 돈을 빌리는 능력이었다. 펠리페 2세 치하의 스페인이나 18세기 말 프랑스는 막대한 부채 탓에 군사력이 약해졌다. 그에 반해 영국은 오히려 국가부채를 성장의 원동력으로 삼았으며, 차입 능력을 기반으로 군사력을 키웠다.

재정 혁명을 뒷받침한 핵심 요인을 경제사학자들은 제도적 변화, 일반 역사학자들은 정치라 꼽을 것이다. 하지만 어떤 용어를 사용하든 경제와 정치의 변화는 서로 밀접하게 얽혀 있었다.

1690년대 잉글랜드의 의회는 권한이 강력했다. 새 국왕 윌리엄 3세는 의회의 지지에 힘입어(그리고 잉글랜드에 상륙한 수천 명의 네덜란드군 덕분에) 왕위에 올랐다. 그러나 윌리엄 3세에게는 물론 잉글랜드의 왕위도 중요했지만, 그보다 본국인 네덜란드를 향한 프랑스의 위협이 더 시급한 문제였다. 윌리엄 3세는 네덜란드를 지키기 위해 적극적으로 개입했으며, 아일랜드에서 제임스 2세의 잔여 세력과 싸우는 병력을 제외하고 남은 잉글랜드와 스코틀랜드 군대를 곧장 플랑드르로 보내 프랑스와 맞붙었다. 이렇게 해서 벌어진 9년전쟁(1688~1697년)은 제2차 백년전쟁의 시작을 알리는 사건이었다.

이 전쟁에는 막대한 비용이 들어갔다. 1690년대 잉글랜드의 연간 GDP(국내총생산)는 5000~6000만 파운드 수준이었는데, 그중 전쟁에 투입한 비용은 연간 500만 파운드에서 시작해 전쟁 막바지에는 850만 파운드에 이르렀다. 오늘날의 관점에서는 실감이 가지 않을지도 모르지만 이는 엄청난 규모였다. 국민소득의 10~15퍼센트를 전쟁에 투입한 것은 20세기의 총력전 수준에는 훨씬 못 미치더라도(총력전에는 국민소득의 절반이 넘는 비용을 쏟아부을 때도 있었다),

그와 같은 극단적인 사례를 제외하면 영국 역사상 손에 꼽을 만한 재정 지출이었다.

이에 따라 의회는 계속해서 전쟁 자금을 조달해야 했다. 이전까지는 필요할 때마다 의회를 소집해 새로운 세금을 승인하면 되었지만, 전쟁으로 재정 압박이 심해지자 의회는 사실상 상설화되었다. 의회는 전쟁 자금을 마련하기 위한 목적세를 도입해 매년 약 500만 파운드를 징수했다. 국민들은 세금이 오른 것에 불만을 품었겠지만, 이 세금이 어느 정도 국민의(정확히는 경제력을 가진 계층의) 동의를 얻어 합법적으로 부과되었다는 점은 인정하지 않을 수 없었다.

나아가 의회는 1690년부터 공공회계위원회를 설치해 징수한 세금이 어떻게 쓰이는지 감시하기 시작했다. 그들은 단순히 세입을 승인하는 데서 그치지 않고 그 돈을 어디에 어떻게 쓸지 결정하는 데 관여할 권한을 요구했으며, 국왕이 예산을 마음대로 쓰지 못하도록 세출 예산안에 구체적인 지출 목적을 지정했다.

1698년에는 왕실 교부금 제도가 도입되면서 또 하나의 커다란 변화가 일어났다. 이 제도는 국왕에게 왕실 운영비로 사용할 현금(처음에는 70만 파운드로 시작했다)을 일괄 지급함으로써 국왕 개인의 재정과 국가·정부의 재정을 명확히 구분했다. 이로써 잉글랜드에서는 국왕 개인의 부채와 의회가 조세를 통해 이자 지급과 상환을 책임지는 공공 부채(국가부채)를 구분할 수 있게 되었다.

그리하여 9년전쟁이 끝날 무렵 잉글랜드는 근대(정확히는 초기 근대) 국가의 면모를 갖추기 시작했다. 이제 튜더 왕조와 스튜어트 왕조 시기의 임시방편적인 재정·입헌 장치들은 상설 의회, 근대적 국가부채, 정기적인 과세 체계, 의회의 국가 재정 통제권으로 대체되었으며, 그와 더불어 권력의 분립이 공인되었다. 국가를 떠받치는 제도적 틀이 전면 개편된 것이다.

이 같은 혁신을 완성한 마지막 요소는 잉글랜드 정부가 새로운 체제의 성공을 바탕으로 1694년 설립한 잉글랜드은행 Bank of England 이었다.

잉글랜드는 17세기 말까지 은행과 통화 체계가 유럽의 경쟁국들에 비해 낙후되어 있었다. 이탈리아와 독일 지역에서는 수 세기 전부터 부유한 상인들이 주로 무역 자금을 조달하려는 목적으로 은행업에 진출했지만, 잉글랜드에는 독일의 푸거 가문이나 이탈리아의 메디치 가문 같은 은행 세력이 존재하지 않았다. 설상가상으로 잉글랜드는 금은이 거의 생산되지 않았고, 이웃 국가들과의 무역에서 적자를 볼 때가 많았다. 그 결과 잉글랜드에서는 귀금속이 해외로 빠져나가 국내의 유통량이 줄어들었으며, 은행뿐 아니라 주화마저 부족한 상황이 심심치 않게 벌어졌다.

그래도 17세기에는 몇 가지 금융 혁신이 있었다. 1640년대에 양모 무역에 관여하던 부유한 귀족 윌리엄 캐번디시는 물품 대금을 치르기 위해 잉글랜드 중부의 더비셔에서 런던까지 1만 3500파운드(오늘날 기준으로 약 270만 파운드)를 보내야 했는데, 이를 현금으로 보내려면 어마어마한 운송비가 들었다. 그래서 그는 현금 대신에 환어음, 즉 법적 효력이 있는 일종의 차용증으로 대금을 치렀다. 이후 환어음은 점차 널리 쓰이며 형식이 표준화되었고, 특히 상업 분야에서는 빠르게 현금을 대체하기 시작했다. 이제는 가령 상인 A가 상인 B에게서 환어음으로 물건을 사면, B는 다시 그 어음을 상인 C에게 주고 물건을 살 수 있었다. 환어음은 액면가보다 낮은 가치로 거래되거

근대 영국 은행의 역사는
바다에서 겪은 처참한 패배로 시작되었다.

────────

나 공식 주화만큼 안전하지 않았지만, 운반이 훨씬 간편했으며 주화보다 더 구하기도 쉬웠다.

잉글랜드의 은행은 런던 안에서도 시티오브런던 지역에 몰려있었다. 당시의 은행은 대부분 금세공업자가 운영했는데, 이들은 전통적인 금세공업으로 사업을 시작해 고객의 금을 보관하거나 단기 대출을 해주는 등 다양한 금융 서비스를 제공하는 방향으로 발전했다. 그러나 이러한 형태의 은행들은 대규모 대출을 감당할 만한 자본이 없었다.

근대 영국 은행의 역사는 바다에서 겪은 처참한 패배로 시작되었다. 1690년 영국해협의 비치헤드 앞바다에서는 잉글랜드-네덜란드 연합군과 프랑스군이 맞붙었다. 연합군 함선 56척과 프랑스군 함선 70여 척이 충돌한 이 전투는 프랑스의 대승으로 끝났다. 연합군은 함선 12척이 침몰하거나 나포된 데 반해 프랑스군은 단 한 척의 배도 잃지 않았다. 그 결과 프랑스는 한동안 해협을 장악했고, 잉글랜드는 프랑스가 곧 침공해올지 모른다는 공포에 휩싸였다. 새뮤얼 피프스와 더불어 17세기의 시대상을 담은 일기를 남긴 존 이블린은 당시의 분위기를 두고 "프랑스 함대가 템스강 어귀까지 다가오면서 온 나라가 숨 막히는 불안에 빠졌다"고 말했다.

당시는 윌리엄 3세가 즉위한 지 얼마 지나지 않은 때였고, 의회는 함대를 재건하는 데 필요한 150만 파운드 규모의 예산을 승인하는 데 난색을 보였다. 이를 계기로 정부는 국가적 사업에 자금을 조달할 중앙은행 설립에 박차를 가했고, 1694년 왕실 칙허를 내려 잉글랜드은행을 설립했다. 잉글랜드은행은 12일 만에 투자자 1268명(대부분 부유한 상업계 인사들이었지만, 전통적인 지주 계층도 상당수 참여했다)에게서 120만 파운드의 자금을 모아 연 8퍼센트의 금리로 정부에 대출했다. 잉글랜드은행은 프랑스와의 전쟁에 자금을 조달하려는 목적으로 설립되었기에 일반적인 상업 활동에는 관여할 수 없었다. 물론 이후 잉글랜드은행은 지폐 발행이라는 새로운 역할을 맡게 되었지만, 설립 초기에는 정부에 자금을 대출하는 일에만 집중해야 했다.

잉글랜드은행이 제 역할을 할 수 있었던 이유는 명예혁명으로 헌법과 국가 재정에 대한 신뢰가 쌓였기 때문이었다. 의회, 더 정확히는 의회의 동의하에 세금을 걷는 국왕은 징수로써 부채를 갚을 능력과 의지가 있음을 입증했고, 이제 사람들은 잉글랜드은행을 통해 정부에 돈을 빌려주는 것을 믿을 만한 투자로 여기게 되었다.

9년전쟁이 끝날 무렵 잉글랜드의 국가부채는 국민소득의 20퍼센트에 달했다. 오늘날 기준으로 보면 낮은 수치지만 당시에는 꽤 우려스러운 수준이었다. 그러나 주택 담보 대출을 비롯해 어떤 형태로든 대출을 받아본 경험이 있는 사람이라면 대출 총액만이 아니라 이자 비용도 중요하다는 점을 잘 알 것이다. 잉글랜드, 그리고 1707년 잉글랜드와 스코틀랜드의 합병을 결정한 연합법에 따라 통일된 영국은 부채를 충실히 갚으려는 의지를 보였고, 필요할 때마다 의회가 세수를 늘릴 수 있음을 입증하면서 점차 더 낮은 금리로 돈을 빌릴 수 있게 되었다. 그리하여 1750년대 7년전쟁 시기에는 영국 정부의 대출 금리가 3퍼센트까지 떨어졌다.

원칙상 국가부채는 언젠가 전부 갚아야 할 돈이었다. 18세기 영국의 재무 관료들은 가령 의회가 8퍼센트의 금리로 차입을 승인했더라도 실제 금리는 4~5퍼센트 수준인 경우가 많다며, 그 차액으로 원금을 갚을 수 있다고 주장하곤 했다. 일례로 1710년대 말 낙관적인 관료들은 국가부채를 22년 안에 청산할 수 있으리라 보았다. 그러나 이러한 계산은 부채에 대한 걱정을 달래줬을지 몰라도, 영국과 프랑스가 오랫동안 주기적으로 전쟁을 벌이는 현실을 무시한 것이었다. 영국이 스페인 왕위계승전쟁과 오스트리아 왕위계승전쟁에 이어 7년전쟁에까지 뛰어들 무렵, 영국의 국가부채는 GDP의 100퍼센트에 달했다. 그러나 부채에 따른 이자 비용은 아직도 충분히 감당할 만한 수준이었다.

고금리로 많은 돈을 빌린 나라가 계속해서 차입에 의존하면 보통은 군사력이 쇠퇴하기 마련이다. 그러나 18세기 영국은 부채가 많기는 해도(영국의 부채는 부채가 혁명의 원인 중 하나였던 프랑스보다도 많았다) 제도에 대한 신뢰를 바탕으로 저금리에 대출을 받을 수 있었다. 따라서 영국의 부채는 높은 금리로 돈을 빌려야 하는 나라들과 근본적으로 달랐다. 1750년대 영국은 바로 이러한 재정 구조를 기반으로 전 세계에서 성공적으로 전쟁을 수행했으며, 최고 수준의 해군력을 유지하는 동시에 재정적으로 어려움을 겪던 유럽의 동맹국들이 프랑스와 맞설 수 있도록 자금을 지원했다.

영국의 입장에서 7년전쟁은 진정한 의미의 세계 전쟁이었으며, 전쟁의 후반부에 이르러서는 그러한 성격이 더욱 뚜렷해졌다. 여기서는 잠시 시선을 돌려 이따금 논쟁의 대상이 되기도 하는 '영국식 전쟁' 개념을 살펴볼 필요가 있다. 9년전쟁 당시 윌리엄 3세는 프랑스가 네덜란드를 침공할 가능성을 우려할 수밖에 없었고, 플랑드르에 다수의 영국군을 주둔시켜 유럽 대륙에서 직접 전쟁을 벌였다. 영국은 1700년부터 1714년까지 벌어진 스페인 왕위계승전쟁에서도 유럽 대륙에 군대를 보냈고, 초대 말버러 공작 존 처칠이 이끈 영국군은 여러 차례 기념비적인 승리를 거뒀다. 그러나 이처럼 유럽 대륙에 직접 육군을 파병하는 일은 때로 국내에서 반발을 불러일으켰다. 그에 비하면 해군을 육성하는 정책은 명분을 세우기가 훨씬 쉬웠다. 해군은 섬나라인 영국을 외적의 침략으로부터 보호했을 뿐 아니라, 영국이 해외에서 확보한 이권과 교역망을 지키고 넓히는 데 공헌했기 때문이다. 1714년 윌리엄 3세와 메리의 후계자인 앤 여왕이 자녀 없이 사망하고, 개신교도가 왕위를 이어야 한다는 여론에 따라 하노버의 선제후였던 게오르크가 독일 내의 영지를 보유한 채 조지 1세로 즉위하자, 대륙 개입 정책을 둘러싼 논란은 더욱 첨예해졌다. 하노버 왕조가 들어선 뒤 수십 년간 영국 의회의 일부 의원들은 영국군이 유럽 대륙에서 하노버에 이익이 될 법한 분쟁에 개입하는 것을 달가워하지 않았다.

이러한 배경에서 등장한 전략이 이른바 '영국식 전쟁'이다. 영국 정부에서 여러 요직을 지냈고 1756년부터 1761년까지 영국의 전쟁 전략을 총괄한 윌리엄 피트는 영국식 전쟁을 실행에 옮긴 대표적인 인물로 꼽힌다. 피트를 비롯한 영국식 전쟁의 지지자들은 대규모 육군의 필요성을 낮게 보고 유럽 대륙에 영국군을 직접 투입하는 데 회의적이었던 반면에, 동맹국에 대한 재정 지원, 강력한 해군 유지, 적국의 식민지와 해외 영토 장악을 중시했다. 그들은 이러한 방식의

영국의 입장에서 7년전쟁은
진정한 의미의 세계 전쟁이었다.

––––––––––

전쟁이 영국의 강점에 부합한다고 보았다. 영국은 해양 중심의 문화를 바탕으로 해군력에서 비교우위를 가지며, 동맹국을 지원할 만큼 재정이 탄탄하다는 이유였다. 게다가 프랑스는 이러니저러니 해도 영국보다 훨씬 큰 나라이기에 육군 전력에서 항상 우위에 있을 수밖에 없었다. 하지만 영국식 전쟁은 프랑스의 해외 식민지를 빼앗는 효과까지 거둘 수 있었다.

이것이 바로 1750년대에 영국이 택한 길이었다. 『신사 배리 린든의 회고록』에서 묘사하듯, 영국은 독일에 소규모 병력을 투입해 민덴전투에서 큰 전과를 올리기도 했지만, 대부분의 전쟁 역량을 유럽 바깥에 쏟아부었다. 그 결과 영국은 인도와 퀘벡에서 승리를 거두는 한편, 카리브해의 프랑스 식민지 일부를 빼앗았으며, 전쟁 막바지에는 스페인에 선전 포고를 한 뒤 필리핀과 쿠바를 점령했다.

그러나 영국은 전쟁으로 얻은 모든 성과를 영원히 차지할 생각이 없었다. 18세기 국가 지도자들은 평화 회담이 거래와 타협을 수반하는 협상 과정임을 잘 알았다. 일례로 당시의 평화 조약들은 대부분 상업 관련 조항을 포함했는데, 승전국은 패전국의 식민지 일부를 차지하는 데 그치지 않고 패전국의 시장에서 자국의 상품을 유리한 조건으로 팔게 해달라고 요구하기도 했다.

7년전쟁 막바지에 영국이 세운 목표는 가능한 한 많은 영토를 점령해둠으로써 평화 협상에서 쓸 다양한 카드를 확보하는 것이었다. 그러나 스페인과의 전쟁에서는 영국의 계획대로 일이 풀리지 않았다. 18세기의 열악한 통신 환경 탓에 영국군은 영국과 스페인의 전쟁 소식이 필리핀에 전해지기도 전에 마닐라를 공격했으며, 그들이 마닐라를 점령했다는 소식이 유럽에 도착할 무렵에는 이미 평화 조약이 체결된 뒤였다.

한편 영국에서는 프랑스와의 본격적인 협상을 앞두고서 여러 전리품 중 어떤 것을 계속 보유하고 어떤 것을 평화의 대가로 돌려줄지를 놓고 치열한 논쟁이 벌어졌다. 1760년부터 1763년까지 이어진 이 논쟁은 오늘날의 관점으로 볼 때 다소 터무니없게 들리기도 한다. 캐나다와 과들루프 중 어디를 차지하고 어디를 돌려줄 것인지가 논쟁의 주제였기 때문이다. 당시 영국에서는 벤저민 프랭클린과 칼라일의 주교를 비롯한 저명인사들이 팸플릿을 통해 이 문제에 의견을 밝혔다.

하지만 이 논쟁은 보기만큼 터무니없지 않았다. 캐나다는 영토와 인구 면에서 과들루프와 비교가 되지 않았지만, 당장 얻을 수 있는 경제적 수익은 다소 부족해 보였다. 캐나다의 비버 모피 무역도 수익성이 나쁘지는 않았으나, 과들루프는 설탕 생산지였으며 설탕은 18세기 유럽에서 부가 가치가 매우 크고 수요가 많은 상품이었다. 그러나 과들루프의 설탕이 아무리 큰 수익을 가져다준다고 하더라도 캐나다의 안보적 중요성을 고려하지 않을 수는 없었다. 영국이 북아메리카 동부의 13개 식민지 바로 위에 있는 프랑스 식민지를 빼앗으면, 이 지역에서의 우위를 공고히 할 뿐만 아니라 주둔군을 유지하는 데 드는 비용을 줄일 수 있었다.

논쟁은 이따금씩 매우 신랄해졌다. 영국의 주간지 《노스브리튼North Briton》은 7년전쟁 말기에 총리를 지낸 뷰트 백작 존 스튜어트가 비버 가죽의 가치를 이해하지 못한다고 비난하며, 이런 말을 한 것처럼 풍자했다. "예민한 숙녀분께서 몸을 따뜻하게 데워줄 물건을 찾으신다면, 고양이나 개의 털도 있지 않습니까? 그 거칠거칠한 감촉이 얼마나 기가 막힌데요."

영국은 고심 끝에 값비싼 설탕이 아니라 북아메리카 식민지의 안보를 택했다. 그러나 앞선 논쟁에서 통찰력 있는 몇몇 논객이 예상했듯, 이 선택은 장기적으로 정반대의 결과를 가져왔다. 북아메리카의 영국 식민지들은 오늘날 캐나다에 해당하는 지역에 거대한 프랑스 식민지가 존재한다는 사실만으로도 안보를 위해 영국에 의존해야 했다. 1760년대 영국 출신의 한 북아메리카 식민지 주민은 이러한 상황을 두고 "우리에게 두려움을 주는 이웃이 늘 나쁜 것만은 아니다"라고 평하기도 했다. 그러나 영국의 선택으로 프랑스의 위협이 사라지자 식민지 주민들을 움직이는 유인도 달라졌다. 1763년 영국과 프랑스가 파리조약을 맺기 전까지 북아메리카의 영국 식민지들은 식민 본국에 일정한 비용을 치르더라도 프랑스의 위협에서 보호받는다는 확실한 이점을 누릴 수 있었다. 하지만 조약이 체결된 이후 영국은 제국을 통치하는 데 드는 비용을 식민지에 더 전가하고자 했고, 이에 따라 북아메리카 식민지들이 떠안아야 할 부담은 늘어난 반면 그에 상응하는 이익은 훨씬 줄어들었다. 이렇듯 과들루프 대신에 캐나다를 고른 영국의 결정은 결과적으로 영국이 북아메리카 식민지를 잃은 원인이 되었다고도 볼 수 있다. 영국은 근대적 제도를 바탕으로 7년전쟁에서 승리를 거뒀지만, 그 승리는 식민지 주민들의 유인을 제대로 이해하지 못한 탓에 빛이 바래고 말았다.

9

영국 해군의 성공 비결

연고주의와 부패

1 6 9 0 ~ 1 8 5 0

존 빙John Byng은 거의 평생을 승승장구한 영국 해군 제독이었다. 그러나 상당히 가혹하고도 억울한 운명이 그를 기다리고 있었다. 1757년 1월 27일 군사법원은 그가 비겁하게 싸움을 피했다는 혐의에는 무죄를 선고하면서도 적과 교전하거나 적을 섬멸하기 위해 '최선을 다하지 않았다'는 이유로 그에게 사형을 선고했다. 한 달 반 뒤인 3월 14일, 빙은 영국 군함 모나크호의 갑판에서 총살형을 당했다.

이전까지 빙은 군인으로서 탄탄대로를 걷고 있었다. 빙의 아버지는 1704년 그가 태어날 당시 해군 소장이었고 이후 해군 원수의 자리까지 올랐으며, 은퇴한 뒤에는 자작 작위를 받았다. 해군 집안으로서는 이보다 더 좋을 수 없는 환경이었다. 아버지의 뒤를 이어 13세에 해군에 입대한 빙은 19세에 대위로 진급했고, 겨우 23세의 나이로 군함의 함장 자리에 올랐다. 이후 대체로 평화로운 시기가 이어진 15년간 그는 주로 지중해에서 복무했고, 오늘날 캐나다에 속한 뉴펀들랜드의 총독을 지내기도 했다. 이어 1745년에는 소장으로 진급해 스코틀랜드 리스 지역의 해군 총사령관이 되었고, 스코틀랜드 내의 해군 활동을 총괄했다. 그러나 이 시기는 이전만큼 평온하지 않았다. 오래전 명예혁명으로 폐위된 제임스 2세의 손자이자 '보니 프린스 찰리(사랑스러운 찰리 왕자)'라는 별명으로 잘 알려진 찰스 에드워드 스튜어트가 자신의 아버지를 영국의 국왕으로 옹립하기 위해 스코틀랜드에서 이른바 자코바이트Jacobite 반란을 일으킨 것이다. 빙은 자코바이트의 동맹인 프랑스가 보급품을 지원하지 못하게끔 막는 역할을 맡았고, 컬로든전투에서 영국군이 승리한 뒤에는 자코바이트의 잔당을 잔혹하게 소탕하는 작전을 지원했다. 이후 빙은 1747년 중장으로 진급해 지중해 함대의 총사령관에 임명되었으며, 1751년부터는 켄트주 로체스터 지역구의 의원직을 겸임했는데, 당시에는 이러한 일이 드물지 않았다.

문제는 1756년 7년전쟁이 발발하면서부터 시작되었다. 영국은 7년전쟁에서 승리를 거뒀지만, 존 빙의 삶은 이 전쟁 때문에 나락으로 떨어졌다. 당시 영국은 스페인 왕위계승전쟁이 한창이던 1708년 스페인으로부터 빼앗은 메노르카섬을 점령하고 있었다. 빙은 지중해 함대의 총사령관으로서 전략적 요충지인 메노르카섬의 해군 기지를 방어해야 했다. 하지만 전쟁이 터지기 전 영국 정부는 평화 시기에 늘 하던 대로 재정의 균형을 맞추기 위해 군비를 줄이면서 지중해 함대를 전열함(일렬로 전열을 이뤄 적 함대와 포격전을 벌이는 것이 주목적인 군함) 3척만 남긴 채 축소했는데, 이 결정이 곧 빙의 인생을 망친 불행의 씨앗이었다. 그러는 사이 프랑스는 메노르카섬

북쪽에 있는 툴롱에 강력한 함대를 주둔시켰다.

빙은 포츠머스에서 함대를 소집해 서지중해로 향하라는 명령을 받았다. 하지만 그의 함대는 상태가 영 좋지 못했다. 함대에 배정된 군함 10척을 다 모으는 데에만 한 달이 걸렸고, 그렇게 해서 모은 배들도 당장 수리부터 해야 할 지경이었다. 1756년 4월 빙의 함대가 마침내 출항했을 때도 군함 디파이언스호는 돛대 3개 중 2개가 없었다. 더 심각한 문제는 함대의 선원이 필요한 인원보다 800명 가까이 부족하다는 점이었다. 육군 병력을 빌려 모자란 머릿수를 어느 정도 채우긴 했지만, 육군 병사들은 해군의 필수 훈련조차 받지 못해 기초적인 업무밖에 수행할 줄 몰랐다.

함대가 지브롤터에 도착했을 때도 상황은 크게 나아지지 않았다. 지브롤터의 총독이 약속과 달리 해병대 병력 지원을 거부한 데다 군함을 수리하는 데 필요한 군수품도 거의 바닥난 상태였다. 빙은 런던의 해군부로 편지를 보내 자신의 함대가 얼마나 위태로운 상황인지를 알린 다음 메노르카로 향했고, 5월 19일 메노르카의 마혼 항구에 도착했다. 그러나 프랑스군의 대규모 병력은 이미 섬에 상륙해 있었다. 빙은 악천후 탓에 섬의 수비대와 접촉하지 못했고, 다음 날에는 프랑스 함대가 모습을 드러냈다.

1756년 5월 20일에 벌어진 메노르카해전은 승패를 가리지 못한 채 끝이 난 전투라 할 수 있다. 이 전투에서는 어느 쪽도 확실한 전과를 거두지 못했으며, 그 결과가 전황에 큰 영향을 끼치지도 않았다. 양측의 전력은 엇비슷해 보였는데, 빙의 함대는 전열함 12척과 소형 프리깃함 7척, 갈리소니에르 후작이 이끄는 프랑스 함대는 전열함 12척과 프리깃함 5척으로 이뤄졌다. 빙의 함대는 인원이 부족하고 배의 상태도 썩 좋지 않았지만, 바람을 등졌다는 이점이 있었다. 범선이 선박의 주류였던 이른바 '범선 시대'에는 이렇게 바람을 등지는 것이 해전에서 중요한 이점이었다. 바람을 등진 배는 바람을 타고 적을 향해 움직이며 좌현과 우현의 포를 자유롭게 쏠 수 있는 반면, 바람을 마주 보는 배는 맞바람을 뚫고 나아가야 하므로 움직임이 제한되고 포격의 효율도 떨어졌기 때문이다.

빙은 당시의 일반적인 전술에 따라 함대를 일렬종대로 배치하고 프랑스 함대와 나란히 항해하도록 했다. 100여 년 전 잉글랜드와 네덜란드가 벌인 전쟁 이래로, 유럽에서 함대 간의 교전은 줄곧 이같은 방식으로 이뤄졌다. 군함의 함포는 대부분 좌현과 우현을 향하도록 배치되었기 때문에, 두 함대가 나란히 일렬로 늘어서면 가장 많은 수의 함포를 동시에 발사할 수 있었다. 이 전술의 기본 원리는 단순했다. 두 함대가 나란히 서서 서로 포격을 퍼부으며 어느 한쪽이 물러설 때까지 싸우는 것이었다. 전열 전술은 그 밖에도 몇 가지 눈에 띄지 않는 이점이 있었지만, 이에 관해서는 뒤에서 다시 설명하겠다.

하지만 메노르카해전에서 빙은 계획한 대로 전술을 펼치지 못했다. 대열의 선두에 선 군함들은 빙의 명령을 즉각 따랐지만, 나머지 함대는 명령을 제대로 이행하지 못했다. 그 결과 전투 초반에는 대열의 앞쪽에 선 영국 군함들이 더 많은 수의 프랑스 군함과 교전을 벌였고, 뒤에 있던 군함들은 자리를 잡느라 애를 먹었다. 이 전투는 오후 2시쯤 시작해 6시 무렵 양측 함대가 물러나면서 끝이 났다. 양측 모두 사상자가 200명 정도 나왔고, 영국군은 선봉에 선 배들이 큰 피해를 입었지만 침몰하거나 나포된 배는 없었다. 빙은 전황을 검토

한 다음 배를 수리하기 위해 나흘 뒤 지브롤터로 철수했다.

빙의 함대는 지브롤터에서 전열함 4척을 증원받았고, 메노르카에서 입은 피해를 복구하기 시작했다. 그러나 빙이 다시 메노르카섬이 있는 발레아레스제도로 향하기 전에 런던에서 명령이 도착했다. 빙을 직위에서 해임하고 런던으로 소환한다는 내용이었다. 이어 6월 29일에는 메노르카의 영국 수비대가 항복하면서 섬은 프랑스의 손에 넘어갔다.

안타깝게도 메노르카가 함락되었다는 소식은 빙보다 먼저 런던에 도착했다. 영국 정부와 해군부는 패전의 책임을 떠넘길 희생양이 필요했고, 빙은 군법에 따라 재판을 받았다. 그의 혐의는 재차 메노르카의 수비대를 구하러 가지 않고 지브롤터로 후퇴함으로써 자신의 임무에 '최선을 다하지 않았다'는 것이었다. 많은 사람이 그를 선처해달라고 요청했지만, 일단 혐의가 유죄로 확정되자 사형을 피할 수 없었다.

프랑스의 사상가 볼테르는 2년 뒤인 1759년에 출간된 소설 『캉디드』에서 이 사건을 언급한다. 소설의 주인공 캉디드는 포츠머스에서 빙이 총살형에 처하는 광경을 목격하고 "이 나라에서는 다른 이들에게 본보기를 보이기 위해 가끔 해군 장성 한 명쯤 죽일 필요가 있다"라는 한 영국 장교의 말을 듣는다.

물론 빙은 평범한 장성이 아니었다. 그는 지중해 함대의 총사령관이자 현직 의원이었으며, 해군 원수를 지낸 자작의 아들이었다. 그러나 이러한 배경은 그에게 아무런 도움이 되지 않았다. 놀라운 점은 볼테르가 소설에서 반쯤 우스갯소리로 했던 이야기가 어느 정도 사실이었다는 것이다. 빙을 총살한 일은 실제로 군에 본보기가 되었

———

다. 영국 해군은 모든 장교에게 전황을 냉정히 분석한 다음 공격적으로 전투에 나서는 태도를 심어주고자 했다. 경제학적으로 보자면, 이런 방침은 18세기 내내 영국 해군의 효율성과 전투력을 높이는 데 중요한 역할을 했다.

　　잠시 이야기를 돌려 17세기 말부터 19세기 초까지 영국 해군이 얼마나 대단한 성공을 거두었는지를 살펴볼 필요가 있다. 1650년대에서 1810년대 사이 영국 해군은 유럽의 중견급 해군에서 세계 최강의 해군으로 탈바꿈했다. 이 150년 남짓한 기간 동안 영국 해군은 네덜란드, 스페인, 프랑스 같은 경쟁국과 그 밖의 약소국 함대들을 차례로 격파해나갔다.

　　영국 해군의 성공은 수치로 보면 더욱 두드러진다. 프랑스혁명전쟁과 나폴레옹전쟁이 벌어졌던 1793년부터 1815년까지 약 20여 년 간은 영국 해군의 최전성기라 할 수 있는데, 이 시기 영국 해군은 프랑스 해군과 싸워 프리깃함 17척만을 잃었고 그마저도 9척을 되찾은 데 반해, 프랑스 해군은 군함 229척을 잃었다. 같은 기간 프랑스를 비롯한 모든 적국과의 전투에서 영국 해군이 잃은 배는 총 166척이었고, 그중 전열함(보통 함포를 50문 이상 장착한 군함을 가리킨다)은 5척에 불과했다. 반대로 영국 해군이 침몰시키거나 나포한 적의 군함은 1201척에 달했으며, 전열함만 해도 159척이었다. 20여 년에 걸친 전쟁에서 영국 해군은 함선 1척을 잃을 때마다 적 함선 7척을 격파했고, 전열함 1척을 잃을 때마다 적 전열함을 무려 33척이나 격파한 셈이다. 영국이 세계의 바다를 제패했다는 말은 결코 과장이 아니었다.

영국 해군이 이토록 압도적인 전과를 거둔 이유는 단순히 더 많은 함선과 대포를 보유했기 때문만은 아니었다. 가령 범선 시대 동안 영국 함대가 벌인 함선 간의 일대일 결투 172건을 보면, 영국 측의 승률은 67퍼센트에 달했으며, 무승부는 24퍼센트, 패배한 비율은 고작 9퍼센트였다.

이러한 격차는 한 가지 요인만으로 설명할 수 없다. 영국 해군은 함선 간의 맞대결에서도 상대를 능가했지만, 애초에 보유한 함선의 수도 더 많았다. 영국이 1690년대부터 효율적인 과세 제도와 차입 능력을 갖춰 '재정군사국가fiscal-military state'*로 발전한 것을 생각하면 그리 놀라운 일은 아니다. 9년전쟁이 있었던 1690년대까지만 해도 잉글랜드 함대와 프랑스 함대는 배수량(선박의 중량을 나타내는 일반적인 지표)이 20만 톤 정도로 거의 비슷했다. 하지만 50년이 지난 7년전쟁 시기 프랑스 함대의 배수량은 여전히 20만 톤 수준에 머물렀던 반면 영국 함대의 배수량은 30만 톤 규모로 늘어나 있었다. 1750년대에 다른 주요 강대국이었던 스페인과 네덜란드의 함대 규모는 각각 10만 톤, 5만 톤에 불과했다. 18세기 중엽 영국 해군은 규모 면에서 경쟁국들보다 확실한 우위에 있었으며, 이 차이는 19세기 초에 이르러 더욱 크게 벌어졌다.

당대 최첨단 기술의 집약체였던 전함은 엄청나게 비쌌다.

● 　전쟁을 수행하기 위해 재정 구조를 효율화한 근대 초기의 유럽 국가.

1790년대의 표준 전열함은 74문의 함포를 탑재하고 있었다. 전열함 한 척의 화력이 어느 정도인지는 동시대의 육군과 비교하면 잘 알 수 있다. 1809년 탈라베라전투(아서 웰즐리가 스페인에서 프랑스를 상대로 승리한 대표적인 전투다)에서 2만 명에 달하는 영국 육군이 보유한 대포는 고작 30문이었다. 이 시기 영국이 치른 최대의 지상전이었던 워털루전투에서 웰즐리의 군대는 약 150문의 대포를 동원했는데, 해군의 기준에서 보면 이는 겨우 전열함 2척분에 해당하는 숫자다. 게다가 함선에 탑재하는 대포는 보통 구경이 훨씬 크고 무게가 10~15킬로그램 정도 나가는 포탄을 사용한 데 비해, 육군의 대포는 3~5킬로그램짜리 포탄을 사용했다.

74문 전열함은 당시에 3급 전열함으로 불렸으며, 1급과 2급 전열함보다는 크기가 작았다. 3급 전열함은 갑판이 2층으로 이루어졌고 승무원이 500~700명 정도 탑승했으며, 20년 이상 사용할 수 있는 데다 수개월에서 수년까지 바다 위에 머물 수 있었다. 이 배는 무게가 2000~3000톤에 달했으며 고급 목재, 캔버스 천, 밧줄, 철, 송진, 타르 등 어마어마한 양의 자재가 들어갔다. 게다가 1700년대 초부터는 선체 바닥에 구리판을 덧대는 경우가 많아지면서 전열함 건조에 드는 비용이 더욱 늘어났다. 따라서 전열함 한 척을 잃는 것은 어느 나라에든 크나큰 손실이었다.

섬나라인 영국은 국방 예산을 배정할 때 늘 육군보다 해군을 우선했으며, 경쟁국들보다 압도적으로 많은 군비를 지출할 수 있는 체제를 갖췄다. 영국 해군은 함선 간의 일대일 전투에서 연거푸 승리를 거뒀지만, 영국의 함선이 경쟁국의 함선보다 질적으로 우수했다고 볼 확실한 증거는 없다. 오히려 영국 해군의 함장들은 프랑스 프

영국 해군의 성공 비결

리깃함의 항해 성능을 높이 평가했고, 이 배를 나포하는 것을 큰 전과로 여기곤 했다. 당시 각국은 함선을 설계할 때 서로 다른 요소를 우선하는 경향이 있었는데, 프랑스는 속도를, 스페인은 험난한 대서양 항해를 견딜 수 있는 내구성을 중시했으며, 영국은 대체로 다재다능함을 중시하는 편이었다.

그러나 함선의 성능에 유의미한 차이가 없었더라도, 승무원의 능력 면에서는 영국이 확실히 앞서 있었다. 이 또한 영국이 해양 국가라는 사실과 무관하지 않았다. 경쟁국들과 비교하면 영국은 나라의 크기에 비해 숙련된 선원의 수가 훨씬 많았다. 일례로 1770년대 영국은 상선에 근무하는 선원이 70만 명에 이른 반면, 가장 유력한 경쟁국이었던 네덜란드는 그 수가 영국의 10분의 1에 불과했다. 영국에는 그만큼 즉시 활용할 수 있는 노련한 선원이 많았다. 여기에다 영국이 1790년대부터 1800년대 초까지 프랑스의 해상을 봉쇄하자 프랑스 해군은 오랫동안 항구에 묶여 있었던 탓에 항해 기술이 더욱 뒤처졌고, 영국 해군의 질적 우위는 점점 더 공고해졌다. 또한 영국 해군은 탄탄한 재원을 바탕으로 실제 탄약을 사용한 포격 훈련을 자주 했고, 그 덕에 영국의 군함은 전투에서 적보다 더 빠르게 포탄을 쏠 수 있었다.

이렇듯 승무원의 능력은 영국의 해군력에 큰 도움을 주었지만, 영국 해군의 진정한 우위는 리더십에서 나왔다. 영국 해군부가 장교들에게 내세운 유인 체계가 바로 이 리더십을 키우는 데 중요한 역할을 했다.

범선 시대, 특히 프랑스혁명전쟁과 나폴레옹전쟁이 벌어진 시기 동안, 영국 해군의 장교는 유럽의 여느 군대와는 다른 방식으로 경력을 쌓아야 했다. 당시 영국 육군을 비롯한 대다수 국가의 군대에서는 장교 자리를 사고파는 것이 일반적이었다. 예를 들어 장교가 되려는 16~17세의 젊은이는 우선 돈을 주고 소위 자리를 산 다음, 몇 년 뒤에 다시 그 자리를 팔고 중위 자리를 사는 식으로 진급하곤 했다. 이러한 관행은 1870년대에 이르러서야 철폐되었다.

황당한 이야기로 들릴 테지만, 당시의 육군 장교들은 공병이나 포병 같은 일부 특수 병과를 제외하면 공식적인 훈련을 전혀 받지 않았고, 직위를 얻는 데 필요한 요건도 따로 없었다. 그 직위를 살 만큼의 돈만 있으면 그만이었다. 반면 영국의 해군 장교는 먼저 장교 후보생으로 일정 기간 복무하며 수습 과정을 거쳐야 했다. 해군 장교가 되고자 하는 소년들은 보통 12~13세 무렵에 이 과정을 시작했으며, 수습 장교로 일하면서 선임 장교들에게서 항해술과 선박 운영법을 교육받았다. 원칙상 수습 장교는 바다에서 최소 6년간 복무하고 근무한 배의 함장에게 추천서를 받아야만 정식 장교인 중위로 임관하는 자격시험을 볼 수 있었다(실제로는 함장이 지인이나 친척의 자녀를 몇 년간 승무원 명단에 이름만 올려두는 일도 드물지 않았다).

19세부터 응시할 수 있었던 중위 자격시험은 만만한 시험이 아니었다. 시험을 통과하려면 다음과 같은 능력을 입증해야 했다.

> 밧줄을 잇고, 매듭을 묶고, 돛을 감아올리고, 항해 중인 배를 조종하고, 조류의 영향을 계산하고, 평면항법과 메르카토르 항법을 사용해 항로를 계산하고, 해와 별을 관측하고, 나침반의 편차를 계산하고, 유능한 선원이자 수습 장교로서 임무를 수행할 자격이 있어야 한다.

패트릭 오브라이언이나 C.S. 포레스터 같은 작가가 쓴 해양 소설에 나올 법한 전문 용어가 많지만, 쉽게 말하면 이는 중위가 되기 위해서는 몇 가지 특수한 역량이 필요하다는 뜻이다. 해군 중위가 되려면 배와 돛을 다루는 기술적이고 까다로운 작업을 해낼 수 있어야 하며, 항해 업무를 담당할 만큼 삼각법도 잘 알아야 했다.

하지만 중위 자격시험에 합격했다고 해서 임관이 보장되는 것은 아니었다. 가령 1780년대처럼 영국이 대체로 평화로운 시기에는 자격을 갖춘 후보자 모두를 임관시킬 자리가 모자랐다.

설령 중위로 임관되었다 하더라도, 이후의 경력을 위해서는 정식 함장으로의 진급이라는 또 하나의 산을 넘어야 했다. 장교들의 경력은 정식 함장이 되느냐 마느냐에 따라 크게 갈렸으므로, 진정한 경쟁은 여기서부터 시작되었다. 중위는 함선에서 몇 가지 보직 중 하나를 맡았는데, 보통은 전열함이나 프리깃함에서 중간급 장교로 복무했지만, 많은 사람이 선망하던 최고의 자리는 작은 함선의 지휘관 직책이었다. 후자의 경우, 실제 계급은 똑같이 중위지만 함선을 지휘하는 동안에는 보통 함장이라 불렸다.

그러나 엄밀한 의미의 함장이 되려면 진급이 필요했다. 진급은 해군부의 재량에 따라 이루어졌으며, 해군부는 필요하다고 생각할 때 중위를 정식 함장에 임명할 수 있었다. 일단 정식 함장이 되면, 그 이후의 진급은 연공서열과 직위에 있었던 기간에 따라 결정되었다. 따라서 어느 정도 젊은 나이에 정식 함장이 된 사람은 전투나 사고로 목숨을 잃지 않는다면 훗날 장성 자리에까지 오르는 것도 기대해볼 만했다.

하지만 문제는 여기서 끝이 아니었다. 정식 함장이 된 이후 어떤 경력을 쌓을지는 사람마다 천차만별이었다. 보통은 정식 함장 명단에 이름을 올린 사람의 수가 지휘할 수 있는 함선보다 많았기 때문에, 많은 장교가 급여를 절반만 받으며 지휘할 배를 배정받을 때까지 오랫동안 대기하곤 했다. 설령 배를 배정받는다고 하더라도, 모든 지휘 임무의 가치가 동등하진 않았다. 가령 해군 장성이 이끄는 작은 함대에 소속된 74문 전열함을 지휘하는 것과 단독으로 지중해를 순찰하며 적국의 상선을 나포하는 40문 프리깃함을 지휘하는 것 사이에는 큰 차이가 있었다. 물론 두 임무는 낡은 50문 함선을 타고 상선을 호위하면서 18개월간 영국과 호주를 왕복하는 것보다야 훨씬 나았다.

경제학적 관점에서 보면, 영국 해군을 비롯한 당대의 모든 해군은 근복적으로 유인에 관한 문제에 직면했다. 영국 해군부는 막대한 비용을 들여 군함을 건조해 장비를 갖추고, 최대한 능력이 뛰어난 승무원을 배치하고, 이들을 지휘할 장교를 선발했지만, 정작 이 배가 바다로 나가고 나면 자신들이 의도한 대로 행동하는지 확인할 수단이 거의 없었다. 상관과 수백, 수천 킬로미터 떨어져서 연락조차 닿지 않는 함장을 관리·감독하는 일은 오늘날의 기준으로 보더라도 엄청나게 어렵다.

그러나 우연의 일치였든 의도였든 간에, 영국 해군은 장교들의 유인을 원하는 방향으로 조율하고 그들의 성과를 감독할 효과적인 방법을 찾아냈다. 이 방법은 경쟁국들이 쉽게 흉내 낼 수 없었기에 영국 해군이 질적으로 우위를 점했던 이유를 설명해준다.

장교들에게 유인을 제공하는 한 가지 방법은 금전적 보상이었다. 영국의 해군은 육군과 달리 장교들에게 풍족한 보상을 안겨줄 수 있었다. 기본 급여도 그리 나쁘지 않았지만, 가장 큰 차이는 나포 포상금의 존재였다. 영국 해군은 해군 선박이 적국의 상선이나 군함을 나포하면, 적재된 화물의 가치와 선박의 시장 가치, 포로로 잡은 적국 승무원 1인당 지급되는 수당을 더해 포상금 총액을 계산하고, 이를 일정한 비율에 따라 배분했다. 해당 선박이 소속된 함대를 이끈 장성은 나포 과정에 직접 참여하지 않았더라도 포상금의 12.5~25퍼센트를 가져갔고, 함장과 그 외의 장교들이 각각 25퍼센트씩을 받았으며, 나머지는 남은 승무원들의 몫으로 돌아갔다.

포상금은 때로 어마어마한 수준에 이르기도 했으며, 정당한 몫을 받지 못했다고 생각한 해군 장교들이 대리인이나 변호사를 고용하면서 이들의 이익을 대변하는 작은 서비스 산업까지 생겨났다. 당시 영국 해군이 제공한 금전적 보상이 어느 정도였냐고 하면 1790년대 해군 제독의 연봉은 약 3000파운드였는데, 이는 오늘날의 기준으로 30만 파운드(6억 원)에 달하는 금액이다. 게다가 제독들은 연봉과 맞먹는 수준의 나포 포상금을 받는 일도 드물지 않았기에, 초부유층의 반열에 오를 수도 있었다. 지금도 영국 남부 지방에 가면 당시의 제독들이 포상금으로 지은 호화 저택들을 볼 수 있으며, 하트퍼드셔주 포터스바에는 불운한 최후를 맞은 존 빙의 저택도 남아 있다.

이처럼 영국 해군이 제시한 보상은 상류층 출신의 남성들을 끌어모으고도 남을 만큼 수준이 높았다. 경제학 용어로 말하면 이는 일종의 효율임금efficiency wage이다. 영국 해군은 필요 이상으로 높은 보상을 지급함으로써 급여를 절반만 받으며 임무가 내려오기를 기다리는 함장과 제독을 확보할 수 있었다. 이러한 여유 인력의 존재는 그 자체로 쓸모가 있었다. 바다에 나간 함장들은 임무를 제대로 수행하지 못했을 때 언제든 자신의 자리를 꿰찰 경쟁자들이 줄을 서 있다는 사실을 잘 알았기 때문이다.

영국 해군은 함장들이 보이는 두 가지 행동 유형을 경계해야 했다. 하나는 탐욕이었고, 다른 하나는 비겁함에서 비롯된 회피였다. 탐욕에 빠진 경우 함장은 적과의 교전보다도 포상금을 노리고 상선을 나포하는 데만 집중할 가능성이 있었다. 목숨을 잃을 위험은 적으면서도 더 많은 보상을 받기에 유리했기 때문이다. 또한 긴박한 전투가 벌어졌을 때 겁을 먹은 함장이 적을 향해 진격하지 않고 멀찍이 떨어져 소극적인 태도를 보이는 것도 해군의 걱정거리였다.

금전적 보상과 대체 인력의 존재는 해군이 장교들의 유인을 조율하는 데 중요한 역할을 했다. 하지만 해군의 유인 체계가 잘 작동한 가장 큰 요인은 감시와 엄격한 규율이었다. 빙의 사례를 보면 알 수 있듯, 해군의 군법은 때로 매우 가혹하기도 했지만 정당한 목적이 있었다. 영국 해군의 모든 장교는 맡은 일에 최선을 다하지 않으면 가장 무거운 처벌을 받게 된다는 사실을 늘 인지한 채 임무를 수행했다.

게다가 함장들은 상관인 제독과 오랫동안 떨어져 있더라도 동료 장교들에게서 지속적인 감시를 받았다. 해군 중위의 주요 임무 중 하나는 함장의 행동을 꾸준히 기록으로 남기는 것이었고, 해군부는 이후 이 기록을 점검할 수 있었다. 이에 따라 중위들은 군사재판에서 핵심 증인으로 여러 번 불렸다.

당시 해군의 표준 전술이었던 전열 전술 역시 일종의 감시 장치 역할을 했다. 전열을 갖추면 최대한 많은 함포를 적에게 겨눌 수 있지만, 이것이 모든 상황에서 가장 효과적인 전략은 아니었다. 실

영국 해군의 성공 비결

제로 넬슨 제독은 승리를 거둔 유명한 전투들에서 기존의 전술과 완전히 다른 전술을 사용한 적도 많았다. 애초에 전열 전술은 적이 때마침 아군 함대와 나란히 배를 정렬하는 상황일 때 효과를 발휘했다. 게다가 빙의 사례에서 보았듯, 여러 척의 함선이 일사불란하게 움직여 전열을 이루기란 쉬운 일이 아니며 어느 정도 시간이 걸렸다. 이렇게 전열을 이루느라 시간을 쓰다 보면 그 틈에 적이 도망치는 일도 흔했다. 하지만 전열 전술에는 분명 장점도 있었으며, 이는 1744년에 치러진 툴롱해전의 사례를 보면 알 수 있다. 프랑스-스페인 연합 함대와 맞닥뜨린 영국의 매튜 제독은 자신의 함대가 전열을 이루기도 전에 곧바로 공격을 명령했다. 그러자 많은 함장이 혼란에 빠졌고, 일부는 후방에 머물며 앞으로 나서기를 주저하기까지 했다. 그 결과 영국군은 패배했고, 많은 장교가 군사재판을 받았다. 전열 전술은 그다지 창의적인 전략은 아니었지만, 지휘 중인 제독이 휘하의 함선들을 아주 가까이에서 감시한다는 확실한 장점이 있었다.

이렇듯 영국 해군은 진급이 자동으로 이뤄지지 않는 구조, 부하들의 지속적인 감시, 엄격한 규율, 과도할 정도의 포상금, 대기 중인 여유 인력 등 여러 요소를 결합해 효과적인 유인 체계를 구축했다. 모든 상황에서 최선을 다하는 장교는 더 높은 자리로 진급해 큰 부를 거머쥘 기회를 얻었지만, 그러지 못한 장교는 오랫동안 포상금도 없이 급여의 절반만 받으며 대기하거나 최악의 경우 군사재판에 회부되는 처지가 될 수 있었다.

영국 해군과 프랑스 해군의 군법을 비교해보면 또 하나 흥미로운 점이 발견된다. 영국 해군의 규율은 오늘날의 시각에서는 지나치게 가혹해 보이지만, 동시대 프랑스 해군과 비교하면 조금 더 온건하면서도 확실히 구별되는 점이 있었다. 영국 해군의 군법에서 핵심 원칙은 장교가 '최선을 다해야 한다'는 것이었는데, 이는 최선을 다하더라도 성공적인 결과를 얻지 못할 때가 있음을 암묵적으로 인정한다는 뜻이기도 했다. 빙이 이 점을 인정받지 못하고 불행한 최후를 맞은 이유는 정부가 자신들의 실패와 지중해 함대의 열악한 정비 상태를 덮기 위해 그를 희생양으로 삼았기 때문이다. 하지만 빙이 메노르카를 떠난 지 18개월도 채 되지 않은 1757년 10월, 영국 해군의 아서 포레스트 준장은 프랑스 함대와 싸워 승부를 가리지 못했고, 함선이 망가진 탓에 추격을 포기했는데도 총살형을 당할 위기에 처하지 않았다. 이에 반해 1790년대 프랑스 해군에서는 '함선이 침몰할 위험이 있을 만큼 파손된 경우'가 아니면, 함선을 포기한 함장은 사형에 처할 수 있었다.

영국 해군의 규율은 함장들이 전투에 적극적으로 나서서 최선을 다하도록 유인을 제공한 반면, 프랑스 해군은 실패했을 때 치러야 할 대가를 지나치게 높게 설정한 탓에 함장들이 전투 자체를 기피하도록 만들었다. 프랑스 해군의 함장들로서는 함선을 잃을 위험을 감수하지 않는 선택이 더 안전했고, 이에 따라 프랑스 함대는 방어적인 전술을 활용하는 경향을 보였다.

마지막으로 영국 해군의 성공을 이끈 비결 중에는 다소 이해하기 어려운 것이 하나 있었다. 바로 후원 관계, 오늘날의 표현으로는 연고주의와 부패였다.

장교의 경력에서 가장 중요한 단계는 중위에서 정식 함장으로 진급하는 것이었다. 대부분의 중위는 이 단계를 넘어서지 못했지만, 정식 함장으로 진급한 이들은 오래 살아남기만 하면 제독의 자리까지 오를 길이 열렸다. 그러나 수습 장교에서 중위가 되려면 엄격한 기준에 따라 시험을 치러야 했던 것과 달리, 중위에서 정식 함장으로 진급하는 과정에는 불투명한 점이 더 많았다. 존 빙이 전직 해군 원수의 아들이었다는 점을 생각해보라. 제독들은 될 수 있으면 자신의 친족을 진급시키기 위해 애를 쓰곤 했다. 그러나 정말로 놀라운 것은 이러한 연고주의 문화가 해군에 해를 끼치기보다 오히려 득이 되었다는 점이다. 경제사학자들의 연구에 따르면, 1690년부터 1850년까지 이어진 범선 시대에 영국 해군의 함선은 연평균 0.8척의 적함을 나포하거나 불태우거나 침몰시켰다. 그런데 함장이 해군부에 연줄이 있는 함선의 경우는 이 수치가 1.3척으로 눈에 띄게 높았다.

제독들이 자신의 친족에게 알짜배기 보직과 더 좋은 배, 더 쉬운 임무를 몰아줬기 때문에 이러한 결과가 나왔다고 보기는 어렵다. 함선 간의 일대일 전투와 관련한 데이터를 다시 한번 살펴보면, 연줄이 있는 함장들은 특정한 성향을 보인다는 점을 알 수 있다. 앞서 언급한 대로 범선 시대에 영국 해군의 함선들이 치른 172건의 일대일 전투 중에서 영국 측이 승리한 비율은 67퍼센트, 패배한 비율은 9퍼센트였다. 그런데 연줄이 있는 함장들의 사례만 따로 살펴보면, 패배한 비율은 똑같이 9퍼센트였지만, 승리한 비율은 무려 87퍼센트에 달했다. 게다가 해군 전체에서 무승부를 거둔 비율은 24퍼센트인 데 반해, 연줄이 있는 함장들은 무승부의 비율이 고작 4퍼센트였다. 다시 말해, 연줄이 있는 함장들은 일단 전투에 나서면 어떤 식으로든 끝장을 볼 가능성이 높았다.

이러한 증거들을 보면, 당시 영국 해군의 장성들은 친족을 정식 함장으로 진급시킬 때, 전투 장교에게 필요한 끈기와 위험 감수 성향을 갖췄는지를 고려했으리라 짐작할 수 있다.

　　물론 연줄이나 인맥이 조직을 운영하는 바람직한 기준이라는 말은 아니지만, 이 사례는 연고주의가 늘 나쁜 것만도 아니라는 점을 보여준다. 범선 시대 영국 해군은 전투에서 최선을 다하면 막대한 보상을 주고 그러지 않으면 큰 불이익을 주는 방식으로 함장들에게 유인을 제공하는 제도를 갖추고 있었다. 따라서 해군 장성들은 친족에게 자리를 줄 때 신중할 수밖에 없었다. 만약 존 빙의 아버지가 아들이 군사재판을 받을 때까지도 살아 있었다면, 아들을 제독의 자리에 올리려 힘을 쓴 것을 후회했을지도 모른다.

BLOOD & TREASURE

10

세포이항쟁

외부 위협과 내부 위협의 역설

1600~1858

1857년은 인도를 통치하던 영국 세력에 뜻깊은 해일 수밖에 없었다. 무엇보다 플라시전투가 있은 지 100주년이 되는 해였다. 7년전쟁 중 벌어진 그 전투에서 로버트 클라이브가 이끄는 영국군은 벵골-프랑스 연합군을 상대로 대승을 거둔 바 있었다. 그 결과 프랑스는 인도 아대륙에서 영향력을 잃었으며, 영국, 더 정확히 말해 영국 동인도회사는 벵골에 대한 지배를 공고히 했다. 1857년 이전까지 영국은 동인도회사를 통해 인도아대륙을 통치했다. 영국 동인도회사는 역사상 가장 강력한 민간 회사였다. 1857년이 되었을 때 이 회사는 30만 명이 넘는 병력을 보유했고, 인구가 1억 6000만 명에 이르는 지역을 다스리고 있었다. 이토록 강력했던 동인도회사의 지배 끝에 영국이 공식적으로 인도를 통치하게 된 것은 1857년 3월 말에 시작해 걷잡을 수 없이 번진 일련의 사건 때문이었다.

1857년 3월 29일의 나른한 일요일 오후, 제34토착민연대 소속이었던 29세의 병사 망갈 판데이가 한 발의 총탄을 발사했다. 빅토리아 시대 영국인들에게는 '인도반란'으로 알려졌고, 오늘날에는 '대반란', '제1차 독립전쟁' 등으로도 불리는 세포이항쟁의 시작을 알리는 사건이었다. 판데이는 머스킷총을 들고 바라크푸르의 연병장을 서성거리며 동료 병사들에게 반란을 일으키자고 외쳤고, 유럽인이 보이면 쏴버리겠다고 위협했다. 동료 세포이[*]들의 증언에 따르면, 그는 대마로 만든 식용 혼합물인 방bhāṅg에 취해 있었던 것으로 보인다. 그러다 마침내 유럽인을 만난 판데이는 자신의 말을 실행에 옮겼다. 제임스 휴슨 원사가 소란을 듣고 다가오자, 판데이는 그를 향해 총을 겨누고 발사했다.

하지만 총알은 휴슨 원사를 스쳐 지나갔다. 놀란 휴슨은 근처의 위병소로 몸을 피했고, 안에 있던 세포이들에게 무장을 지시했다. 그는 병사들이 주저하는 모습을 보며 곧장 사태가 심상치 않음을 직감했다. 몇 분 뒤, 젊은 영국인 장교 헨리 보 중위가 현장에 도착했다. 판데이는 중위를 향해서도 총을 발사해 그가 타고 있던 말을 쓰러뜨렸다.

보와 휴슨은 칼을 들고 판데이에게 달려들었다. 잠깐 동안의 전투에서 보 중위는 목과 왼손에 칼을 맞아 왼손을 못 쓰게 되었다. 휴슨은 또 다른 세포이가 등 뒤에서 휘두른 머스킷에 맞아 쓰러졌고, 이후에도 누가 자신을 공격했는지 알아내지 못했다. 판데이는 두 유럽인을 죽이려 했지만, 무슬림 세포이였던 셰이크 풀투가 끼어들어

[*] 영국이 인도를 지배하던 시기에 고용한 인도인 용병.

그를 저지했고, 보와 휴슨은 풀투가 판데이를 붙잡는 사이 가까스로 도망쳤다. 하지만 풀투는 다른 연대원들이 판데이를 놓아주지 않으면 쏘겠다고 위협하자 어쩔 수 없이 그를 풀어줬다.

이때 제34연대의 지휘관이었던 55세의 대령 스티븐 휠러가 연병장에 도착했다. 그는 곧 대놓고 반란을 일으킨 병사는 판데이뿐이지만 상황이 긴박하게 돌아가고 있음을 알아챘고, 현장에 있는 다른 인도 병사들이 자신의 명령에 따를지 확신하지 못했다. 휠러는 당장 상관인 여단장의 본부로 가서 상황을 보고하기로 했다.

그사이 소란은 바라크푸르 주둔군의 총지휘관이었던 존 허시 소장에게 전해졌다. 허시는 나이가 이미 60대 중반이었지만, 40여 년간 산전수전을 다 겪은 강인한 백전노장이었다. 그는 휘하의 장교였던 두 아들과 함께 판데이에게 다가갔다. 또 다른 장교가 판데이의 머스킷이 장전되어 있다고 경고하자, 허시는 "지금 그깟 머스킷이 대수야?"라고 소리쳤다.

장교 세 사람이 다가오자 위협을 느껴서인지, 동료 세포이들이 반란에 적극적으로 가담하지 않아 낙담해서인지, 아니면 단순히 방에 취했기 때문인지 몰라도 판데이는 머스킷의 총구를 자신에게 돌렸고, 이로써 당장의 소동은 일단락되었다.

그러나 이는 훨씬 더 거대한 사건의 전조일 뿐이었다. 판데이는 자살 시도에서 살아남았지만, 죽음을 피할 수는 없었다. 그는 군사재판을 받고 4월 8일 교수형에 처했다. 4월 21일에는 위병소에 근무했던 부사관 이슈리 프라사드도 판데이를 체포하지 않은 혐의로 교수형에 처했다. 제34토착민연대에 대한 조치는 여기서 끝이 아니었다. 사건 당일 바라크푸르에 있었던 7개 중대는 소극적으로 반란에 가담했다는 이유로 5월 6일 해산되었다.

나흘 뒤인 5월 10일, 이번에는 인도 북부의 메루트에서 대규모 반란이 일어났고, 그곳에 주둔하던 인도 병사들이 유럽인 장교들을 살해했다. 이어 11일에는 델리에서도 반란이 일어났다. 이후 18개월 간 이어진 잔혹한 전쟁은 엄청난 인명 피해를 낳았다. 최소 80만 명의 인도인이 전사하거나 전쟁이 가져온 기근과 전염병으로 목숨을 잃었으며, 실제 사망자는 이보다 훨씬 많았을 것으로 보인다.

이처럼 수많은 사람의 목숨을 앗아가고 영국이 인도를 지배한 이래 가장 큰 위기를 가져온 반란의 직접적인 계기는 인도군에 도입될 예정이던 신형 무기를 둘러싼 소문이었다. 1850년대 영국군은 기존에 쓰던 활강 머스킷을 강선 머스킷(보통 라이플rifle이라고 불렀다)으로 교체하고 있었다. 이 신형 무기는 총알이 회전하면서 발사되도록 총열 안쪽에 나선형으로 홈을 파 사거리와 정확도를 크게 높였다. 1850년대까지 100년 넘게 쓰이던 활강 머스킷은 유효 사거리가 70~100미터 정도였지만, 영국의 엔필드조병창에서 개발한 강선 머스킷은 숙련된 병사가 사용하면 200미터 가까이 떨어진 목표를 안정적으로 맞힐 수 있었다. 이러한 성능 차이 덕분에 1850년대 중반 크림전쟁에서 강선 머스킷으로 무장한 영국과 프랑스 병사들은 활강 머스킷을 사용하던 러시아군을 압도할 수 있었다.

1856년 인도에 주둔한 영국군은 이듬해부터 강선 머스킷을 지급받을 예정이었다. 활강식이든 강선식이든 간에 머스킷은 총알과 적정량의 화약을 같이 넣어 종이로 감싼 종이 탄피를 사용했다. 병사들은 종이 탄피를 입으로 물어뜯어 연 다음, 화약과 총알을 총열에 밀어 넣는 식으로 총을 장전했다. 다만 강선 머스킷은 활강 머스킷과 달리 총알과 총열이 더 빡빡하게 맞물리는 구조였기 때문에 윤활을 위해 탄피에 충분히 기름을 칠해야 한다는 차이가 있었다.

그런데 1856년 중반, 인도 병사들 사이에는 새로운 종이 탄피에 쓰이는 윤활유가 돼지기름과 소기름이라는 소문이 퍼지기 시작했다. 이는 힌두교와 이슬람교를 믿는 세포이들에게 중대한 문제였다. 이에 따라 영국 당국은 긴장을 완화하기 위해 두 가지 조치를 취했다. 첫 번째는 윤활유를 바르지 않은 종이 탄피를 지급해 병사들이 각자 원하는 방식으로 기름을 칠하도록 하겠다는 것이며, 두 번째는 탄피를 입으로 물어뜯는 대신에 손으로 찢도록 사격 훈련 방식을 바꾸겠다는 것이었다. 하지만 이러한 조치는 아무런 효과가 없었으며, 오히려 처음에 퍼진 소문이 사실이었다고 인정하는 모양이 되고 말았다.

1857년 5월 메루트에서 일어난 반란은 새로운 총으로 훈련하기를 거부한 수십 명의 병사를 체포하면서부터 시작되었다. 하지만 종이 탄피가 반란에 불을 붙인 결정적인 계기였을지는 몰라도, 그것만으로는 반란이 일어난 원인을 설명할 수 없다. 거시적인 관점에서 보면 세포이항쟁의 배경에는 종교적인 이유뿐만 아니라 경제적인 이유도 깔려 있었다. 따라서 이 사건을 이해하려면 잠시 눈을 돌려 더 넓은 경제적 맥락을 살펴봐야 한다. 인도는 국가가 체계를 갖추고 전쟁 수행 능력을 키우는 과정이 경제 발전과 어떻게 맞물리는지를 보여주는 흥미로운 사례다.

인류 역사에서 전쟁과 안보는 늘 국가의 주된 관심사였으며, 국가의 역량을 키운 각종 발전은 대개 군사적 효율성을 높이려는 목적에서 비롯했다. 많은 연구자가 인정하듯, 제도의 발전은 근대 이후

끊임없는 전쟁 속에서 발전한 각종 제도는
훗날 유럽 경제가 도약하는 발판이 되었다.

인류의 생활 수준을 높이는 데 결정적인 역할을 했으며, 유럽의 발전을 이끈 제도들 역시 군사적 목적으로 탄생한 것이 많았다. 이에 따라 학계에서는 흔히 '대분기Great Divergence'라 불리는 현상을 설명할 때 국가 간의 경쟁을 핵심 요인으로 보는 견해가 널리 받아들여졌다. 대분기란 17~18세기를 전후로 유럽(특히 서유럽)과 신대륙의 유럽 식민지 일부가 이전까지 더 번영했던 이슬람권과 아시아 국가들보다 경제적으로 앞서 나가기 시작한 현상을 가리키는 말이다.

1500년대만 해도 중국과 일본, 오스만 제국, 오늘날의 인도 등지는 영국이나 프랑스, 독일보다 부유했다. 그러나 1800년 무렵에는 상황이 완전히 뒤집혔으며, 1900년경 유럽인들은 한때 자신들보다 더 부강했던 지역의 사람들보다 몇 배는 잘살게 되었다.

11세기 이후 대부분의 시기 동안 유럽은 정치적으로 갈가리 찢어져 있었다. 세는 방식에 따라 차이는 있겠지만, 이 시기 유럽에서는 어느 시점을 기준으로 하든 50~120개의 크고 작은 나라가 경쟁을 벌였다. 그에 반해 유럽 전체와 인구가 비슷했던 중국에는 서로 경쟁하는 국가가 손에 꼽을 만큼 적었고, 그마저도 한 국가가 지배적인 위치를 차지할 때가 많았다. 이러한 차이가 발생한 원인으로는 유럽에는 중국보다 큰 강과 산맥이 많아 자연적인 경계와 국경이 형성되기 쉬웠다는 점을 들 수 있다. 하지만 이유가 무엇이든 유럽은 로마제국이 몰락한 이후 정치적 경쟁이 치열했던 반면, 중국은 그렇지 않았다는 점이 중요하다.

이처럼 국가 간에 경쟁이 치열한 상황에서는 전쟁에 따른 인명 피해는 물론이고 경제적으로도 엄청난 비용이 발생할 수밖에 없다. 가령 정치적으로 분열된 유럽 국가들은 관세를 도입하고 무역 장벽을 쌓으면서 시장의 규모가 커지는 것을 가로막았다. 또, 이들은 어쩔 수 없이 안보에 막대한 비용을 투입하면서 많은 자원을 비효율적으로 낭비했다. 그러나 국가 간 경쟁은 이해득실을 모두 고려할 때 유럽에 이익이 되었으며, 은행을 비롯해 끊임없는 전쟁 속에서 발전한 각종 제도는 훗날 유럽 경제가 도약하는 발판이 되었다.

인도는 이러한 역사적 흐름에서 자주 간과되곤 하는 제3의 지역이다. 인도는 정치적 분열이 심하다는 점은 유럽과 비슷했지만, 경제가 발전한 과정은 다른 아시아 지역들과 더 비슷했다.

유럽과 마찬가지로 식민 지배 이전의 인도에서도 전쟁은 제도의 발전과 그에 따른 경제 성장을 이끄는 원동력이었다. 스페인이 유럽의 패권국으로 발돋움하던 16세기 초, 인도에서는 델리술탄국과 라지푸트계 왕국, 데칸술탄국, 비자야나가라 제국 등이 각축을 벌였다. 이들은 대규모 군대를 동원할 능력이 있었으며, 이를 바탕으로 쉬지 않고 전쟁에 나섰다. 치열한 경쟁 속에서 16~17세기를 거치며 북인도 지역의 패권 국가로 떠오른 것은 무굴제국이었다. 최근에 나온 한 연구의 표현을 빌리자면, 무굴제국은 전쟁에 "끊임없이 몰두"하는 나라였다. 무굴제국이 국가와 재정을 운영하는 방식은 동시대 유럽의 강대국들과 비슷했다. 그들은 재정 수입의 90퍼센트 가까이를 군대와 전쟁에 투입했고, 국가의 자원을 전쟁에 더 쏟아붓기 위해 정교한 과세 및 관료 제도를 갖춰나갔다.

    2022년, 한 선구적인 연구는 1000년에 걸친 전쟁이 인도 경제에 끼친 영향을 분석했다. 이 연구는 접근 방식과 결과 모두 매우 흥미로웠다. 연구자들은 먼저 1000년부터 1757년까지 인도에서 벌어진 무력 충돌 중 기록이 남아 있는 모든 사건을 목록으로 만들고, 각각의 사건이 오늘날을 기준으로 어디에서 벌어졌는지를 찾아 좌표로 표시했다. 예를 들어 이 목록의 첫 번째 사건은 1001년 11월 27일 가즈니왕조의 술탄 마흐무드가 인도 북부를 정복하는 과정에서 펀자브 지역의 통치자 자야팔라를 물리친 전투이며, 연구자들은 이 전투를 오늘날 파키스탄에 속한 페샤와르에서 벌어진 것으로 표시했다.

    연구자들은 이런 식으로 인도아대륙 전역에서 벌어진 모든 지상전과 해전, 공성전을 오늘날의 위치로 표시했고, 그 결과를 현재의 경제 발전 수준과 비교했다. 세부 행정 단위 수준의 통계 자료를 구하기 어려운 상황에서 연구자들이 활용한 것은 지역의 조도를 나타내는 데이터였다. 그들은 1992년부터 2010년까지 현지 시간으로 매일 밤 20시 30분에서 22시 사이에 촬영된 위성 사진을 모아 각 픽셀(픽셀 하나는 대략 1제곱킬로미터에 해당한다)의 밝기를 측정했다. 그런 다음 각 픽셀의 평균 밝기를 계산함으로써 오늘날 인도를 1제곱킬로미터 너비의 구획으로 나누었을 때 각각의 구역이 해당 시간대에 어느 정도 밝았는지를 나타내는 지표를 만들었다. 이러한 자료는 개발도상국의 지역 경제가 어느 정도 발전했는지를 간접적으로 보여주는 지표로서 꽤 유용하다. 밤에도 불빛이 많은 지역일수록 경제가 더 발전했을 가능성이 크기 때문이다.

    20여 년에 걸쳐 밤마다 촬영한 위성 사진을 픽셀 단위로 분석해 1000년 동안 벌어진 전투 목록과 비교하겠다는 발상은 경제사학자들이 아니고서야 떠올리기조차 어려울 것이다. 하지만 우리는 그들의 집요한 노력에서 귀중한 통찰을 얻는다. 연구 결과에 따르면, 식민 지배 이전 인도에서 있었던 군사적 충돌과 오늘날 인도 각지의 경제 수준 사이에는 강한 상관관계가 존재한다. 따라서 앞서 설명했던 유럽의 발전 양상은 인도의 사례에도 들어맞는다. 인도에서도 오래전부터 이어진 격렬한 무력 충돌은 지역 내 경쟁국들의 국력을 강화했으며, 장기적으로 이는 제도의 발전과 안보 강화, 그리고 몇백 년 뒤에는 경제 성장으로까지 이어졌다.

이 시기 인도는 서유럽과 마찬가지로 인구 밀도가 비교적 높은 지역이었으며, 이 또한 국가 간 경쟁에 큰 영향을 미쳤다. 인구는 많은데 상대적으로 땅이 부족한 지역에서는 토지를 차지하기 위한 영토 전쟁이 더 중요한 의미를 가지며 더 자주 벌어질 수밖에 없었다. 반대로 이 시기의 아프리카는 드넓은 땅에 적은 인구만이 살았다. 그러다 보니 아프리카에서는 대개 토지보다 노예를 얻기 위해 전쟁을 벌였고, 부족한 인구는 국가가 형성되는 데 악영향을 끼쳤다. 아프리카인들은 경쟁 집단 간의 갈등이 심해지면 원래 살던 지역을 지키기 위해 힘을 합치기보다 다른 곳으로 이주하는 편이 더 쉬울 때가 많았다.

이렇듯 식민 시대 이전의 인도에서도 전쟁과 경제 발전 간에 뚜렷한 상관관계가 나타나는 것을 보면, 흥미롭지만 영영 답을 알 수 없는 물음이 떠오른다. 영국의 지배가 없었다면 인도 경제는 어떤 식으로 발전했을까? 그러나 영국의 식민 지배는 이전까지 활발히 이루어지던 국가 간의 경쟁을 없애고 말았다.

영국 동인도회사는 1600년 잉글랜드에서 설립되었다. 동인도 회사처럼 국가의 후원을 받으며 무역에 종사하는 동시에 병사를 고용하고 무장 함대를 보유할 권한까지 가진 민간 회사는 14세기 말부터 18세기 말까지 유럽 전역에서 성행했다. 따라서 영국 동인도회사는 결코 이례적인 존재가 아니었으며, 비슷한 회사들보다 늘 앞서 있었던 것도 아니다. 가령 영국 동인도회사가 왕실의 칙허를 받고 설립된 이후 100여 년간은 네덜란드 동인도회사가 이 분야에서 가장 앞서 있었다.

영국 동인도회사는 17세기와 18세기 초중반을 거치며 인도에서 조금씩 정치적 영향력을 키웠지만, 아직은 많은 경쟁 세력 중 하나에 불과했다. 그러나 18세기 들어 강력했던 무굴제국이 쇠퇴하면서 마라타, 마이소르, 트라방코르 등 여러 왕국으로 분열되자 동인도회사는 절호의 기회를 맞았다. 동인도회사는 유럽식 무기 기술을 보유했을 뿐 아니라(다만 이는 당시 인도아대륙에서 그리 특별한 기술은 아니었다), 더 중요하게는 재정군사국가로서 발전하며 프랑스와의 제2차 백년전쟁에 승리한 영국의 지원을 업고 1757년 플라시전투 이후 이 지역의 패권을 차지했다.

영국이 인도를 지배한 과정을 설명할 때 종종 간과되기도 하지만, 영국 해군의 역할도 이에 못지않게 중요했다. 18세기 말에서 19세기 초, 영국 해군은 압도적인 우위를 바탕으로 다른 유럽 열강이 인도에 접근하지 못하게 막았고, 동시에 영국 정부와 동인도회사의 군대가 인도의 토착 세력보다 훨씬 유연하게 움직일 수 있도록 도왔다.

그 결과 프랑스나 포르투갈 같은 유럽의 경쟁국들은 인도에서 쫓겨나거나 영향력을 잃었으며, 토착 세력들은 하나둘씩 전쟁에서 패해 정복당하거나 외교와 압박, 위협에 넘어가 굴복했다.

동인도회사는 무역 회사에서 출발해 사실상 대륙을 통치하는 정부 역할을 하기에 이르렀지만, 어디까지나 주주의 이익을 위해 움직이는 기업이었다. 1780년대 이후, 영국 정부는 동인도회사가 더는 단순한 무역 회사가 아니라는 사실을 인정할 수밖에 없었고, 동인도회사와 공동으로 인도를 다스리는 '이중 통치 체제'를 구축해 회사의 활동에 대한 감시를 강화하는 한편, 육군과 해군이 더 많은 지원을 하도록 했다.

인도를 비롯한 세계 각지에서 영국이 제국 확장의 근거로 삼은 논리는 종종 이상하리만치 순환적이었다. 가령 식민지 총독이나 군 관계자들은 영국이 특정 지역을 통제하지 않으면 기존의 영토에 위협이 된다는 논리를 앞세워 그 지역을 점령해놓고서는, 몇 년이 지나면 이번에는 새로 점령한 영토가 주변 지역으로부터 위협을 받는다며 또다시 정복에 나서곤 했다. 게다가 당시에는 인도와 영국 간에 연락을 주고받으려면 몇 달씩 걸렸기 때문에, 현지의 당국자들이 막강한 권한을 쥐고 있었다. 한 역사학자는 당시의 현실을 이렇게 묘사했다. "런던에 있는 동인도회사의 이사들은 제국을 세울 계획이 전혀 없었지만, 호시탐탐 기회를 노리는 현지의 직원들이 아시아의 제국 체제에 기생하며 이익을 챙기는 것을 막을 수도 없었다." 이러한 상황에서 현지의 영국 세력은 지금 생각하면 황당하기까지 한 논리를 내세워 영토를 확장하려 했다. 예를 들어 그들은 인도를 지키기 위해서는 오늘날의 예멘에 속한 항구 도시 아덴처럼 인도와 한참 떨어진 곳에 있는 거점까지 통제해야 한다고 주장했다.

동인도회사가 이룬 정복은 그 규모만 보더라도 전부 군사력으로 밀어붙인 것이 아니었음을 알 수 있다. 특히 18세기 말에는 인도의 토착 세력들도 유럽식 머스킷과 대포를 보유하면서 군사력의 격차마저 줄어들었다. 그러다 보니 영국과 동인도회사의 군대도 매번 전투에서 승리할 수만은 없었다. 1779년 마라타동맹군은 바드가온에서 영국군에 뼈아픈 패배를 안겼으며, 1780년 영국군은 마이소르왕국과의 전투에서 전멸하다시피 했다. 1790년대에 플랑드르에서 프랑스군과 싸운 경험이 있던 영국의 한 장군은 1803년 인도에서 전투를 치른 뒤, "내 생애 이렇게 처절한 전투는 처음이었다. 두 번 다시 이런 일을 겪지 않기를 하나님께 기도드린다"고 말하기도 했다. 인도군은 결코 영국에 만만한 상대가 아니었다.

　　동인도회사가 인도를 정복할 수 있었던 가장 큰 원동력은 본국의 재정 지원을 등에 업고 인도의 자원을 효과적으로 동원한 데 있었다.

　　동인도회사는 1720년대부터 많은 수의 인도인 병사를 모집해 적당한 임금을 지급하며 유럽식 군사 훈련을 시켰다. 물론 그 임금은 인도 기준으로는 괜찮았지만, 유럽 기준으로는 낮은 수준이었다. 회사는 인도와 유럽 간의 물가 차이를 활용해 저렴한 비용으로 병력을 늘릴 수 있었다.

　　동인도회사는 정치적으로도 영리한 전략을 펼쳤다. 그들은 세포이항쟁이 일어난 1857년까지도 무굴제국의 황제를 꼭두각시로 앉혀둔 채 황제의 이름을 빌려 정복한 영토를 통치했다. 그리고 인근에 있던 작은 나라의 토착 군주들에게는 외교와 치안에 대한 권한을 영국에 넘기면 왕실을 유지할 수 있도록 보조금을 지급하겠다고 제안했다. 시간이 지나면서 이 통치자들은 실질적인 권력을 점차 동인도회사에 내주었다. 동인도회사의 지배가 절정에 달했을 무렵에는 명목상 토착 군주가 다스리는 번왕국princely state이 인도 내 영국 영토의 약 45퍼센트를 차지했다. 늘 비용에 민감했던 동인도회사로서는 이같은 간접 통치를 활용해 재무 상태를 안정적으로 유지할 수 있었다.

이렇듯 비용 절감을 중시하는 통치 방식은 회사의 확장에 큰 도움을 주었지만, 세포이항쟁의 근본 원인과도 밀접한 관련이 있었다. 물론 반란에 마지막으로 불을 붙인 것은 강선 머스킷의 종이 탄피를 둘러싼 논란이었지만, 그에 앞서 불쏘시개 역할을 한 다른 요인들은 더 넓은 경제적 맥락에서 찾아야 한다. 그중 첫 번째 요인은 1850년대에 동인도회사의 영토 확장이 정점에 이르렀다는 점이다. 1810년대부터 1850년대 초까지 수십 년간 집중적으로 이루어진 인도 정복은 이 시기에 마침내 막바지로 접어들었다.

세포이항쟁의 원인을 분석한 경제사학자들은 흔히 영국의 지배로 인도인들의 세금 부담이 커졌다거나 그들이 소유한 토지가 줄어들었다는 점을 지적해왔다. 이 사건을 경제적 관점에서 분석하는 데 앞장선 인물 중 한 사람은 카를 마르크스였다. 그는 영국의 경제 정책으로 농촌 지역의 불만이 커진 것이 반란의 원인이라 보았다. 마르크스의 지적대로 반란군은 반란 초기에 영국 관료와 장교뿐만 아니라 현지의 고리대금업자와 초기 자본가들까지 제거하고 싶어 했다. 또, 최근에 나온 한 연구는 세포이항쟁을 둘러싼 계급적·정치적 이해관계를 되짚어보며 인도의 상인과 도시 주민들은 오히려 영국 측을 지지하는 경우가 많았다는 사실을 밝혀내기도 했다.

그러나 1857~1858년에 있었던 일련의 사건을 어떻게 해석하든 간에 그것이 근본적으로는 군사 반란이었다는 점을 잊어서는 안 된다. 다시 말해, 세포이항쟁은 군인들이 상관의 명령을 거부하고 그들을 살해하면서부터 시작된 물리적 충돌이었다.

인도의 번왕국 일부가 반란을 지지했고, 민간인 중에도 전투에 가담하는 사람들이 있었지만, 반란군은 대부분 영국군에 반기를 든 세포이들이었다. 따라서 이 사건을 이해하려면 농민들보다는 세포이들이 1850년대에 어떤 처지에 놓여 있었는지를 들여다봐야 한다. 특히 주목할 점은 반란이 거의 벵골 지역에서만 일어났다는 사실이다.

동인도회사는 인도아대륙을 벵골, 마드라스, 봄베이 이렇게 세 개의 관구presidency(총독이 관할하는 준자치구역)로 나눠 통치했다. 여기서 중요한 것은 세 관구가 저마다 무장 병력을 보유하고 있었다는 점이다. 그런데도 벵골 관구에서 심각한 군사 반란이 일어나는 동안, 마드라스와 봄베이 관구에서는 비슷한 일이 일어나지 않았으며, 오히려 다른 관구의 병력이 반란 진압에 동원되기도 했다. 따라서 반란의 근본 원인을 이해하기 위해서는 벵골 지역과 다른 지역의 세포이들이 어떤 점에서 달랐는지를 살펴봐야 한다. 그들을 움직인 유인은 다른 관구의 병사들과 어떤 차이가 있었던 것일까?

벵골의 군대는 마드라스나 봄베이의 군대와 전혀 다른 방식으로 구성되어 있었다. 동인도회사는 마드라스와 봄베이 관구에서는 민족이나 종교와 관계없이 병사를 뽑았지만, 당시 회사의 군 관계자들은 전투에 더 적합한 성향을 타고난 부족이나 민족이 따로 있다는 믿음을 가지고 있었다. 이에 따라 벵골 관구에서는 갠지스강 유역에 주로 거주하던 토지 소유 계급 집단인 부미하르와 라지푸트 출신을 중심으로 병력을 모집했다. 동인도회사는 1760년대부터 1840년대까지 이들을 군의 주력으로 삼기에 알맞은 집단으로 여겼다.

벵골군은 이처럼 상위 카스트에 속한 힌두교도 위주로 병력을 구성한 만큼, 군 조직 내에서 이들의 계급적 특권을 인정하고 보장했다. 반란의 시작을 알린 망갈 판데이 역시 브라만 계급이었으며, 1815년까지도 벵골 관구의 보병 연대들은 병력의 80퍼센트가 상위 카스트 힌두교도였다.

군 복무와 그에 따른 혜택은 뱅골 지역에서 카스트 간의 경제적 격차를 유지하는 수단이기도 했다. 동인도회사는 병사들에게 비교적 높은 급여를 지급했으며, 동인도회사의 영토 주변에 있으나 아직 영국의 직접 통치를 받지 않는 지역에서 근무하는 병사에게는 추가 수당을 주기도 했다. 따라서 동인도회사의 군대에 들어가려는 인도인들은 치열한 경쟁을 거쳐야 했다. 한 달에 기본 급여로 7루피를 받고 퇴역 후에는 연금까지 수령할 수 있는 것은 인도의 다른 지역에서는 상상하기도 어려운 일이었다. 동인도회사가 인도 전역으로 군세를 확장할 수 있었던 이유 중 하나는 이처럼 복무에 열의가 있는 병사들을 대규모로 모집해 급여를 지급할 능력이 있었기 때문이다. 여기에 더해 동인도회사는 보수가 후할 뿐만 아니라 사회적 지위까지 높여주는 일자리를 특정 계층에게만 제공함으로써 카스트 간의 위계를 유지하는 역할까지 했다.

하지만 1857년 무렵에는 동인도회사가 병사들에게 제공하던 경제적 보상과 그에 따른 사회적 혜택이 몇 년 사이 서서히 줄어들고 있었다. 동인도회사는 인도에서 엄청난 성과를 이뤘지만, 결국에는 자신들이 거둔 군사적 성공과 이를 뒷받침하던 비용 절감 정책에 오히려 발목이 붙잡힌 꼴이 되었다.

벵골 관구의 군대는 1840년대에 동인도회사가 지역의 경쟁 세력들과 계속 전쟁을 벌이면서 분주한 시기를 보냈다. 이 시기에는 신드, 아프가니스탄 등 인근 국가와의 연이은 격전으로 더 많은 병사가 필요해지면서 벵골군의 병력 구성이 이전보다 다양해졌는데, 이는 오랫동안 벵골군에서 우대를 받아온 기득권층 세포이들에게 달갑지 않은 변화였다. 군에서는 더 많은 병사를 모집해야 했지만, 상위 카스트 힌두교도만으로는 그 자리를 채우기에 충분하지 않았고, 이에 따라 1815년 80퍼센트에 달했던 벵골군의 상위 카스트 힌두교도 비율은 1840년대에 이르러 65퍼센트 수준으로 떨어졌다.

결정적인 변화는 1849년 영국-시크전쟁이 끝난 뒤에 일어났다. 동인도회사는 두 차례의 격렬한 전쟁 끝에 지역의 강국이었던 시크제국을 정복하고 펀자브 지역을 장악하는 데 성공했다. 영국의 장군들은 이 전쟁에서 맞붙었던 시크교도 병사들의 전투력에 깊은 인상을 받았고, 가능한 한 많은 시크교도를 군대에 모집하고자 했다. 이제 펀자브는 벵골 관구에 속했으므로, 이는 곧 벵골군 내에서 시크교도의 비중이 높아진다는 뜻이었다.

동인도회사는 1849년 펀자브를 정복한 뒤, 1856년에는 아와드왕국을 정복해 벵골 관구 소속의 번왕국인 오우드왕국으로 편입했다. 문제는 펀자브와 아와드를 정복한 일이 사실상 벵골 병사들의 급여를 삭감하는 결과를 가져와 그들의 생활 수준과 사기에 심각한 타격을 주었다는 것이다. 벵골 관구의 병사들은 이제 해당 지역에서 근무하더라도 더는 추가 수당을 받을 수 없었기 때문이다. 이 수당은 그전까지 병사들의 급여를 보완하던 중요한 보상이었다. 동인도회

**외부의 안보 위협이 사라지자 역설적으로
영국이 인도를 지배하는 동안 겪은 가장 심각한
내부 위협이 발생한 것이다.**

———

사의 인도인 병사들이 받던 급여는 1810년대부터 1857년까지 7루피로 고정되어 있었다. 하지만 그사이 물가 수준이 2배로 뛰었으므로 병사들의 실질 임금은 구매력을 기준으로 보면 크게 하락한 셈이었다. 영국이 직접 통치하지 않는 지역에서 근무하며 받는 수당은 실질 임금의 하락에 따른 충격을 어느 정도 완화하는 역할을 해왔다. 벵골군은 1850년대 중반까지 세 관구 가운데서도 가장 활발하게 군사 작전에 참여했고, 그 덕분에 병사들은 꾸준히 추가 수당을 받을 수 있었다. 따라서 세 관구의 군대는 모두 1810년대부터 1850년대 중반까지 장기간에 걸쳐 실질 임금이 크게 하락했지만, 벵골군의 경우는 짧은 기간 안에 더 갑작스럽게 소득이 줄어드는 충격을 겪었다.

　이 모든 변화는 1857년 세포이항쟁이 실제로 어떤 맥락에서 일어났는지를 설명한다. 동인도회사는 인도인 병사들에게 높은 급여를 지급해 충성심을 유지함으로써 인도에서 세력을 넓혔다. 그들은 유럽과 인도의 물가와 임금 차이를 이용해 인도 내의 자원을 정복에 효과적으로 동원할 수 있었다. 그러나 정복이 마무리되고 동인도회사의 지배를 뒤흔들 만한 외부의 위협이 줄어들자, 주주가 소유한 회사가 으레 그러하듯 수익을 우선하는 기조가 다시 고개를 들었다. 그리하여 동인도회사는 군사적 우위를 유지하는 것보다는 경제성과 비용 절감을 우선시하기 시작했다. 외부의 안보 위협이 사라지자 역설적으로 영국이 인도를 지배하는 동안 겪은 가장 심각한 내부 위협이 발생한 것이다.

세포이항쟁의 배경에는 영국이 기독교를 전파하기 위해 토착 종교를 뿌리 뽑으려 한다는 두려움과 사회적 지위에 대한 우려, 전통적인 생활 방식과 관습이 흔들린다는 불안 등 수많은 문제가 뒤얽혀 있었다. 어떤 반란이나 혁명도 한 가지 단순한 원인에서 비롯하지는 않는다. 그러나 세포이항쟁은 근본적으로 벵골 관구의 군대가 일으킨 군사 반란이었으며, 그 바탕에는 병사들의 생활 수준 하락이라는 요인이 있었다.

BLOOD & TREASURE

11

미국 남북전쟁

해밀턴 모멘트와 달러의 탄생

1790~1865

유로존에 대해 논평하는 경제학자나 학계 인사, 정책 전문가들은 유럽에 이른바 '해밀턴 모멘트Hamilton moment'가 필요하다고 이야기한다. 이러한 주장은 수년 전부터 나왔지만, 미국의 초대 재무장관 알렉산더 해밀턴Alexander Hamilton의 삶을 다룬 뮤지컬 〈해밀턴〉이 큰 성공을 거둔 이후로 더욱 주목을 받았다.

　이들의 주장은 유럽이 미국의 전례를 따라 각국의 부채를 공동으로 부담해야 한다는 말로 요약할 수 있다. 그에 따르면, 유로존의 경제는 완전한 통합을 이루지 않았기에 위험한 상황에 놓여 있다. 유로존 국가들은 자국 통화와 통화정책(금리를 설정할 권한)을 포기했지만, 조세, 지출, 국가부채와 관련한 재정정책은 통합하지 않았다. 해밀턴 모멘트를 이야기하는 사람들은 이러한 구조가 2012~2015년 그리스, 이탈리아, 스페인, 아일랜드, 포르투갈이 겪은 경제 위기의 근본 원인이라고 주장한다. 따라서 유로존 회원국들이 앞으로도 저마다 다른 재정정책을 펼치며, 공통 통화인 유로화를 쓰면서도 부채는 함께 부담하지 않는다면, 언제든 비슷한 위기가 벌어질 수 있다는 것이다.

이들이 말하는 해밀턴 모멘트는 1790년 미국에서 일어났다. 신생 국가였던 미국은 그해에 자금조달법Funding Act을 통과시켜 이제는 주state가 된 13개의 옛 식민지가 지고 있던 부채를 연방 정부가 떠안기로 했다. 뮤지컬 〈해밀턴〉의 2막에서 중요한 소재로 등장하는 이 법은 13개 주의 이해관계를 더 긴밀히 묶고, 미국의 신용도를 높이려는 의도를 담고 있었다.

그러나 해밀턴 '모멘트'라는 표현은 이후 70년에 걸쳐 일어난 많은 일을 놓치게 만든다. 해밀턴이 추진한 미국의 경제적 통합은 자금조달법이 통과되는 순간에 끝난 것이 아니라 기나긴 과정을 거쳐야 했으며, 그 과정은 1861~1865년 남북전쟁 중에 이뤄진 통화 제도의 개혁으로 오늘날 우리가 아는 달러가 탄생하면서 비로소 마무리되었다. 해밀턴 모멘트라는 표현을 굳이 써야 한다면, 그 말에 어울리는 순간은 알렉산더 해밀턴이 미국의 부통령이었던 애런 버Aaron Burr와의 결투에서 사망한 지 한참이 지난 뒤에야 찾아온 셈이다. 따라서 해밀턴이 추구한 경제개혁은 하나의 순간이 아니라 오랜 시간에 걸쳐 진행된 '해밀턴 프로세스Hamilton process'로 일컫는 편이 타당하다.

그렇다 하더라도 해밀턴의 주도로 자금조달법을 제정한 일이 매우 중요한 사건이었다는 점에는 변함이 없다. 제도상의 중요한 발전들이 흔히 그러하듯, 자금조달법 역시 전쟁과 갈등의 결과로 탄생

경제학적 관점에서 보면,
독립전쟁은 부채로 비용을 충당한 전쟁이었다.

했다. 1775~1783년에 벌어진 미국 독립전쟁은 막대한 비용이 들어간 전쟁이었다. 당시 유럽의 주요 열강은 지구 반대편에서 벌어진 전쟁으로 값비싼 대가를 치러야 했다. 프랑스는 승자인 미국 편에 섰지만, 프랑스의 앙시앵레짐(구체제)은 전쟁에 막대한 재정을 쏟아부은 탓에 돌이킬 수 없는 파국을 맞았다. 그런가 하면 영국은 전쟁이 끝난 뒤 GDP 대비 정부 부채 비율이 150퍼센트를 넘어섰는데, 이는 당시 기준으로 사상 최고치였으며, 이후에도 이 수치를 넘어선 것은 나폴레옹전쟁 직후와 20세기의 총력전 시기뿐이었다.

당연한 이야기겠지만, 미국의 식민지 주민들 역시 독립전쟁에서 승리하기 위해 엄청난 비용을 치러야 했다. 경제학적 관점에서 보면, 독립전쟁은 부채로 비용을 충당한 전쟁이었다. 식민지 대표들이 참석한 대륙회의와 13개 식민지는 국내외에서 대규모로 차입을 했으며, 군수물자를 외상으로 구매하고 병사들의 급여도 신용으로 지불하곤 했다. 또, 이들은 금이나 은으로 교환할 수 없는 불환지폐를 발행했다가 화폐 가치가 급락하는 일까지 겪었다. 일례로 대륙회의가 전쟁 중에 발행한 '대륙달러'는 어느 모로 보나 성공적인 통화라고 보기 어렵다. 오늘날 이 화폐는 미국에서 지금도 가끔 쓰이는 '대륙달러만큼이나 쓸모없는'이라는 관용어로 사람들의 기억에 남아 있을 뿐이다. 대륙회의는 지속적인 지출(대부분은 군비였다)을 감당하기 위해 보유한 금이나 금속 주화보다 많은 지폐를 계속 찍어낼 수밖에 없었다. 그 결과 독립전쟁이 발발한 지 3년, 독립선언이 발표된 지 2년이 지난 1778년에는 1대륙달러의 가치가 10센트 수준으로 떨어졌고, 전쟁이 끝나가던 1780년 무렵에는 2센트까지 떨어졌다. 그에 반해, 스페인에서 발행한 8레알 은화는 미국에서도 널리 유통되었으며, 사람들은 할 수만 있다면 누구나 이 은화로 돈을 받기를 원했다. 오늘날 경제가 불안정한 국가들에서 사람들이 자국 통화보다 미국 달러를 더 신뢰하는 것과 마찬가지였다.

1789년에 출범한 미국 정부는 수많은 문제에 시달리고 있었지만, 그중 가장 시급한 것은 심각한 재정 상황이었다. 국가부채는 어마어마했고, 세수는 거의 없었으며(세금은 여전히 대부분 각 주에서 통제하고 있었다), 통화는 사실상 가치가 없었다. 그러나 초대 재무장관으로 임명된 알렉산더 해밀턴은 어려운 상황에서도 이를 타개할 계획을 준비하고 있었다.

자금조달법은 그 계획의 중심축이었다. "우리는 재정 문제를 해결해야 해"라는 뮤지컬 〈해밀턴〉의 대사처럼 재정 상태의 심각성을 잘 알았던 해밀턴은 경제에 깊은 관심을 가지고 지난 100년간 영국의 경험을 면밀히 분석했다. 그는 1781년에 쓴 한 서신에서 "국가부채는 너무 많지만 않다면 국가에 축복이 될 수 있다"고 말했다. 해밀턴이 1780년대와 1790년대 초에 내세운 주장은 크게 세 가지였다. 첫째, 1690년대 이후 영국의 사례에서 알 수 있듯, 국가부채는 잘 관리하면 국력의 원천이 될 수 있다. 영국은 국가가 채무자로서 신뢰를 쌓고, 부채를 안정적으로 관리할 만큼 탄탄한 제도를 갖추면, 큰 규모의 부채도 어렵지 않게 갚아나갈 수 있다는 것을 입증했다. 그리고 이러한 능력은 군사 용어로 말하면, 국가의 힘을 배가하는 '전력 승

———

수'로 작용했다. 적정한 세수를 거두는 건전한 경제도 좋지만, 전쟁처럼 많은 자금을 동원해야 할 때는 적정한 세수를 거두는 동시에 자금을 선제적으로 조달할 수 있는 건전한 경제가 훨씬 유리한 것이다.

둘째, 마찬가지로 영국이 입증했듯, 국가부채는 잘 관리하면 정부의 기반을 다지고 필요할 때 권력을 행사하는 능력을 강화할 뿐 아니라, 경제 전반에 많은 이점을 가져다준다. 무엇보다 중요한 것은, 1790년 해밀턴이 주장한 대로 "국가부채를 안정적으로 운영해 신뢰를 확립한 나라에서는 국가부채가 화폐의 기능을 대신한다"는 점이다.

이 말은 통화경제학의 핵심을 꿰뚫는 한편, 해밀턴이 일찍부터 부채의 역할을 얼마나 깊이 이해하고 있었는지를 보여준다. 상인, 은행가, 무역업자들이 정부가 채권을 발행해 조달한 돈을 갚을 것이라 확신한다면, 국가부채는 실제 화폐와 비슷한 역할을 할 수 있다. 가령 1790년대 런던의 은행가에게는 금으로 대금을 받든 영국 정부가 발행한 채권으로 대금을 받든 큰 차이가 없었다. 어느 쪽이든 가치를 저장하거나 상품·서비스를 구매하는 데 사용할 수 있었기 때문이다. 이렇듯 안정적인 제도로 자리 잡은 국가부채는 은행가와 대출자 들에게 일종의 담보를 제공하고 거래와 교환을 원활하게 만듦으로써 금융 시스템 전반에 윤활유 역할을 한다. 해밀턴이 이 점을 지적한

지 200년이 더 지난 지금까지도, 정부 부채는 국가 금융 시스템의 중추를 이루고 있다.

마지막으로 세 번째 주장은 경제보다는 정치와 더 관련이 깊다. 해밀턴은 국가부채가 "연방을 하나로 묶는 구심점"이 될 것이라 보았다. 이 또한 그가 남긴 중요한 통찰이었다. 당시 미국의 13개 주는 규모와 문화, 구조에서 큰 차이가 있었다. 남부가 노예를 이용한 농업 중심의 경제였다면, 북부는 도시화 수준이 높은 상업·무역 중심 경제였다. 두 지역은 같은 언어를 사용하고 함께 독립전쟁에서 승리한 경험이 있었지만, 서로 다른 정착민 집단의 영향 아래 확연히 다른 방향으로 발전해왔기에 이들이 이룬 연방이 언제까지고 유지되리라는 보장은 없었다. 따라서 국가부채를 함께 부담하는 것은 13개 주의 결속력을 높이는 공통의 제도로 기능할 수 있었다.

당장 눈앞의 현실만 놓고 보더라도 자금조달법은 정치적으로 큰 효과를 발휘할 가능성이 있었다. 당시 미국에서는 독립전쟁에서 승리한 경험조차도 엄밀히 따지면 모두가 공유하는 경험이라 보기 어려웠다. 뉴욕시를 예로 들어보자. 독립전쟁 시기 뉴욕은 인구가 약 3만 5000명으로 미국에서 가장 많았으며 독보적으로 부유했다. 그러나 1776년 조지 워싱턴이 이끄는 대륙군이 뉴욕을 침공한 영국군에 패하면서 뉴욕은 1781년까지 영국에 점령당했다. 그사이 뉴욕의 인구는 대륙군의 진격을 피해 도망친 왕당파(영국을 지지한 식민지 주민) 난민들이 몰려들며 오히려 더 늘어났다. 뉴욕은 독립전쟁 시기 동안 영국과 교역하고 영국 상품을 수입하고 영국 금융업자들과 거래하면서 경제적으로나 재정적으로 사실상 영국에 속해 있었으며, 뉴욕 내에서는 영국을 지지하는 세력과 미국의 독립을 지지하는 세력이 뒤엉켜 갈등하고 있었다. 따라서 뉴욕은 건국 초기 미국의 수도 역할을 하기도 했지만, 뉴욕 시민들이 정말로 미국의 편인지에 대해서는 의심이 남을 수밖에 없었다.

해밀턴은 뉴욕으로 이주해 그곳에 정착했기에, 이 문제를 잘 알고 있었다. 뉴욕의 부채를 연방 정부의 부채로 통합하는 것은 뉴욕의 부유하고 영향력 있는 엘리트 계층이 미국의 앞날에 관심을 가지도록 유인을 제공한다는 이점이 있었다. 자신의 재산이 미국 정부가 갚아야 할 부채에 묶여 있는 사람이라면, 당연히 미국의 성공을 바랄 수밖에 없기 때문이다.

자금조달법에 담긴 해밀턴의 구상은 이른바 '부채인수정책'으로 구체화되었다. 정책의 요지는 단순했다. 연방 정부가 13개 주 전체의 부채를 하나로 묶어 책임을 떠안겠다는 것이었다. 이에 따라 채권자들은 조지아나 뉴저지 같은 특정 주의 채권 대신에 연방 정부가 새로 발행한 채권을 보유하게 되었다.

이 계획은 분명 논란의 여지가 있었다. 우선 13개 주는 재정 상태가 저마다 달랐으며, 전쟁 부채를 상당 부분 갚은 주도, 그렇지 못한 주도 있었다. 그러다 보니 자금조달법은 단기적으로는 특정 주에 더 이득이 되는 것처럼 보였다. 더 큰 문제는 이 조치가 각 주의 권한을 연방 정부로 이양하는 중앙집권화를 의미한다는 점이었다. 연방주의자로 잘 알려진 해밀턴은 강력한 중앙정부를 지지했지만, 그의 동료 중에서도 특히 남부 출신의 인사들은 각 주에 더 많은 자율성을 부여하는 느슨한 연방을 선호했다.

뮤지컬 〈해밀턴〉의 팬이라면 잘 알겠지만, 자금조달법은 결국 통과되었고, 남부는 메릴랜드와 버지니아주 사이에 새로운 수도 워싱턴DC를 세우는 조건으로 이 법에 동의했다. 어찌 되었든 중요한 것은 이 법이 실제로 효과를 거두었다는 점이다. 1789년까지만 해도 액면가 1달러당 60센트 수준에 거래되던 미국 국채는 1790년 자금 조달법이 통과된 지 몇 달 만에 1달러당 90센트가 넘는 가격으로 거래되었다.

이로써 해밀턴은 미국의 부채를 통합하는 데 성공했지만, 그의 계획은 여기서 끝이 아니었다. 그가 추진한 재정 개혁의 두 번째 단계는 잉글랜드은행을 본뜬 중앙은행을 설립하는 것이었다. 미국의 중앙은행은 이후 60년간 정치권을 뒤흔드는 논쟁의 불씨가 되었다.

해밀턴은 당시의 잉글랜드은행과 비슷하게 민간 기관과 공공 기관의 성격을 동시에 지녔으며 국가부채 시스템은 물론 더 넓은 금융 생태계의 중심축이 되는 은행을 만들고자 했다. 그는 이 은행이 연방 정부를 대신해 주요 재정 업무를 수행하고, 미국과 전 세계의 (더 정확히는 유럽의) 금융 중심지를 연결하는 한편, 주립 은행들이 발행한 유가증권을 보유함으로써 은행 제도 전반을 효과적으로 규제·감독하기를 기대했다.

흔히 '미국 제1은행'('제1'이라는 말만 보더라도 이 은행의 앞날을 짐작할 수 있다)이라 불리는 미국 최초의 중앙은행은 1791년부터 1811년까지 필라델피아에 본부를 두고 운영되었다. 이 시기 동안 미국의 금융 시스템은 대체로 안정적이었기에 이 은행은 어느 정도 성공을 거뒀다고도 볼 수 있지만, 정치적으로는 큰 골칫거리였다. 제1은행은 설립 직후부터 부유층, 특히 필라델피아, 보스턴, 뉴욕 같은 도시의 금융 엘리트 계층을 대변하는 기관으로 여겨졌다. 그들은 자신들이 건전하다고 생각하는 정책을 추진했지만, 반대쪽에서는 그 정책이 지나치게 긴축적이라고 비판했다. 실제로 제1은행은 미국 전역에서 신용과 은행 대출이 늘어나지 않도록 억제했다. 이러한 정책은 근대 이후의 경제사에서 흔히 그래왔듯 채무자와 채권자 간의 갈등을 낳았다. 금리를 높게 유지하고 대출을 제한하는 정책은 서부 개척지와 남부의 가난한 채무자들보다는 금융 자본을 가진 북부 도시의 채권자들에게 더 유리해 보였기 때문이다.

제1은행이 설립 당시에 받았던 20년 기한의 운영 허가는 결국 더 연장되지 않은 채 1811년 만료되었다. 해밀턴은 1804년에 이미 세상을 떠났기에, 그의 계획은 그가 사망한 지 7년 만에 물거품이 되는 듯했다.

여기에 엎친 데 덮친 격으로 1812년에는 미국과 영국 간의 전쟁이 발발했다. 재정을 안정적으로 관리할 중앙은행이 없는 상황에서 미국은 전쟁 자금을 조달하는 데 큰 어려움을 겪었으며, 수도가 점령당해 불에 타는 등 전쟁에서도 고전을 면치 못했다. 그사이 국가의 토대를 이루는 금융 시스템은 심각한 혼란에 빠졌다.

이에 따라 의회는 미영전쟁이 끝난 뒤인 1816년 '미국 제2은행'의 설립을 승인했다.

하지만 미국의 중앙은행 제도는 얼마 지나지 않아 또다시 좌초하고 말았다. 전쟁은 다시 한번 미국에 큰 변화를 가져왔지만, 이번에는 전쟁 자체보다 전쟁이 끝났다는 사실이 더 중요했다. 미국 연방 정부가 공식 출범한 이후 25년간 유럽에서는 프랑스혁명전쟁과 나폴레옹전쟁이 잇따라 벌어졌다. 연이은 전쟁은 국제 무역과 전 세계의 자본 이동을 제한했고, 그 결과 미국은 외부에 의존하지 않고 독자적으로 경제를 키울 수 있었다. 그러나 유럽에 평화가 찾아오면서 미국의 상황도 달라졌다. 영국을 비롯한 유럽의 열강은 더 이상 여러 국가가 얽힌 국제 전쟁에 대규모 군대를 투입하느라 금융 자원을 쏟아부을 필요가 없었고, 더 수익성이 높은 사업에 투자할 수 있었다.

　게다가 이 시기에는 영국을 중심으로 산업혁명이 본격적으로 속도를 내기 시작했다. 1793년에 등장한 조면기는 직물 생산 방식에 혁신을 가져온 중대한 발명이었다. 목화솜에서 씨앗을 손으로 직접 분리하는 작업은 시간도 오래 걸리고 고된 일이었지만, 조면기를 사용하면 훨씬 빠르고 저렴하게 처리할 수 있었다. 이에 따라 면직물 생산에 드는 비용이 낮아지면서 원재료인 목화의 수요가 폭발적으로 증가하기 시작했다. 게다가 조면기가 등장한 이후 수십 년간은 운하 건설이 활발히 이루어지고 철도 기술이 빠르게 발전하면서 운송 기술 분야에서도 큰 혁신이 일어났다.

　미국은 이러한 기술적·경제적 발전에 힘입어 1820년부터 1850년까지 엄청난 변화를 겪었다. 1820년 미국의 인구는 약 700만 명이었는데, 그중 애팔래치아산맥 서쪽에 거주하는 인구는 100만 명에 불과했으며, 그마저도 대부분은 켄터키에 모여 살고 있었다. 그러나 전 세계에서 목화와 북아메리카산 곡물에 대한 수요가 늘고, 이를 운하와 철도를 통해 미국 동부 해안 지역의 항구까지 빠르게 운송할 수 있게 되자, 미국의 영토는 서쪽으로 급격히 팽창하기 시작했다. 이 시기 동안 개척지의 경계는 서쪽으로 매년 30킬로미터씩 이동했으며, 새 영토에는 사람과 자본이 쏟아져 들어왔다. 그리하여 1850년 무렵 미국의 인구는 2300만 명에 이르렀고, 그 절반이 애팔래치아산맥 서쪽에 살았다.

　그러나 채권자와 채무자의 해묵은 정치적 갈등은 이번에도 문제가 되었다. 서부와 남부의 대부분 지역은 농산물 수출이 급증하고 교통 인프라에 대규모 투자가 이루어지면서 호황을 누렸지만, 북부, 특히 북동부의 오래된 도심 지역에는 큰 변화가 일어나지 않았다. 이처럼 각 지역이 누리는 경제적 혜택의 격차가 커지자, 미국 내에서는 제1은행이 논란이 되었을 때와 마찬가지로 중앙은행이 어떤 정책을 펴야 하는지를 두고 격렬한 논쟁이 벌어졌다.

그리하여 1820년대와 1830년대 초 미국의 정치권에서는 채무자 친화적인 통화 완화 정책을 지지한 서부와 남부 출신 인사들과 채권자 친화적인 긴축 정책을 지지한 북부 인사들이 대립하면서 이른바 '은행전쟁'이 일어났다.

매사추세츠의 하원의원이었던 대니얼 웹스터Daniel Webster는 해밀턴과 같은 관점에서 긴축적인(또는 그의 표현대로 '건전한') 정책이 길게 보아 국가에 이익이 된다고 보았다. 웹스터는 이러한 정책들이 "병력을 모으고 해군을 무장시키며, 국가가 지능과 부, 조직적인 산업을 기반으로 단순히 수적인 우세에 있는 강대국에게 우위를 점할 수 있도록 한다"고 주장했다(그의 말투와 논조는 1820년대 미국의 엘리트 정치인이 영국식 억양으로 또박또박 연설하는 장면을 떠올리게 한다). 그러나 웹스터의 주장은 별다른 반향을 일으키지 못했다. 1832년, 서부 테네시주 출신으로 포퓰리스트 성향을 보인 대통령 앤드루 잭슨은 제2은행의 운영 허가 연장을 거부했다. 이로써 해밀턴의 계획은 다시 한번 수포로 돌아갔고, 제2은행은 1837년 문을 닫았다.

유로존에 해밀턴 모멘트가 필요하다고 주장하는 사람들은 미국 역사에서 이 같은 일들이 벌어졌다는 사실을 간과하곤 한다. 1830년대 말부터 1850년대까지 미국의 통화 체계는 오히려 오늘날의 유로존과 비슷했다. 미국 전체가 달러라는 공통의 통화를 사용했지만, 그 이면을 보면 지역 간에는 엄청난 차이가 있었기 때문이다.

은행전쟁에서 채무자 친화적인 세력이 승리하고 중앙은행이 폐쇄되면서 은행 정책은 다시 한번 각 주의 손에 맡겨졌다. 통화 완화와 신용 확대를 선호하는 주에서는 이제 지방 은행을 손쉽게 설립해 중앙은행의 간섭 없이 자유롭게 영업하도록 보장했다. 그 결과 1830년 500여 개였던 미국의 지방 은행은 1860년 1500개를 넘어섰으며, 같은 기간 총대출 규모는 2억 달러에서 7억 달러로 급증했다.

지방 은행들은 주마다 운영 방식과 조건이 달랐다. 조지아, 앨라배마, 미시간 같은 주들은 은행의 설립 요건을 매우 느슨하게 설정했으며, 지급준비금에 대한 규제도 거의 없었다. 게다가 지방 은행들이 보유한 지급준비금은 대개 금이나 연방 정부가 발행한 국채가 아니라 주 정부가 발행한 지방채였다. 여기서 주의해야 할 점은 1790년 자금조달법으로 연방 정부가 모든 주의 부채를 인수했지만, 그 이후로도 각 주는 새롭게 채권을 발행할 수 있었다는 것이다.

따라서 이 시기에는 모든 주가 '달러'라는 명칭의 통화를 사용하고 있었지만, 그 성격과 가치는 지역에 따라 큰 차이가 있었다. 예를 들어, 뉴욕이나 매사추세츠 같은 주는 신중한 재정 정책으로 차입 규모를 비교적 낮게 유지했지만, 앨라배마나 조지아 같은 주는 마음껏 차입을 늘렸다. 그리고 각 주의 은행 제도는 해당 지역 지방채 시장과 밀접하게 연결되어 있었다.

사람들은 곧 뉴욕의 은행들이 발행한 1달러짜리 지폐가 앨라배마의 은행들이 발행한 지폐보다 실제 가치가 더 높다는 사실을 깨달았다. 전자는 대개 더 많은 지급준비금을 보유하고 있었고, 그 준비금은 뉴욕주가 발행한 신용도 높은 채권으로 이루어져 있었기 때문이다. 반면에 후자는 과도하게 대출을 늘렸을 가능성이 컸으며, 완충 역할을 할 자산이 부족한 데다 그 자산마저도 부채가 많은 주 정부의 채권으로 이뤄져 있어 현금으로 상환받지 못할 위험이 있었다. 두 지폐는 연방 정부가 금을 기반으로 발행한 달러 주화만큼의 가치는 없었지만, 양자의 가치에는 큰 차이가 있었다.

당시의 금융 전문지들은 여러 금융기관에서 발행한 지폐의 가치를 정기적으로 독자들에게 알렸다. 가령 1840년대 초, 뉴욕과 매사추세츠주에서 발행한 지폐는 액면가에서 1~2센트 정도 할인된 가격에 거래되었지만, 테네시주의 지폐는 10센트, 앨라배마와 일리노이주의 지폐는 30센트 가까이 할인된 가격으로 거래되었다.

1837년에는 서부의 토지 가격 폭락으로 금융 위기가 발생하면서 8개 주와 1개 준주가 채무를 이행할 수 없는 지경에 이르렀다. 그러자 부채가 지나치게 많은 주들은 채권 가격이 급락하고 차입 비용이 가파르게 치솟았다. 부채에 더 신중했던 주들(대부분 북부에 속했다)의 정치인들은 연방 정부가 빚더미에 앉은 지역들에 구제금융을 지원해서는 안 된다고 주장했다. 2010년대 초, 독일 정치인들이 왜 독일의 납세자들이 낸 세금으로 그리스에 구제금융을 지원해야 하느냐고 반발한 것과 같은 상황이었다. 실제로 뉴욕주의 정치인들은 재정적 위험을 감수하면서까지 조지아주를 도와줄 수는 없다며 구제금융을 거부했다.

해밀턴이 추진한 개혁이 다시 세간의 관심을 받고, 북미 전역에서 제각기 다른 가치를 지녔던 달러가 진정한 의미의 단일 통화가 된 결정적인 계기는 1861년부터 1865년까지 이어진 남북전쟁이었다. 흔히 그래왔듯, 전쟁은 국가의 주요 결정권자들을 움직이는 유인의 구조를 바꿔놓았으며 새로운 제도들을 도입할 수밖에 없는 상황을 만들었다.

정책 결정권자들의 유인 구조에 일어난 변화는 어렵지 않게 이해할 수 있다. 1790년대부터 1860년대까지 미국의 금융 정책은 채무자와 채권자의 이해관계를 둘러싼 대립 속에서 전개되었다. 채권자 편에 선 사람들은 대체로 강력한 연방 정부를 지지했고, 채무자 편에 선 사람들은 주의 권한과 자치의 필요성을 강조했다. 미국의 중앙은행은 두 진영의 대립에 따라 수십 년간 두 차례 설립되었다가 해체되기를 반복했다. 그러나 남북전쟁은 이러한 구도를 뒤엎어놓았다. 북부가 승리함에 따라 채무자와 주의 권리를 중시하던 진영이 사실상 논의에서 배제되었기 때문이다. 연방에서 탈퇴한 남부의 주들은 모두 이쪽 진영에 속해 있었기에, 힘의 균형은 채권자의 권리와 강력한 중앙정부를 중시하는 진영으로 완전히 기울었다.

해밀턴과 같은 연방주의자들은 이제 해묵은 갈등에서 벗어나 원하는 대로 계획을 추진할 수 있게 되었다. 그리고 전쟁 이후 미국의 정치 지형과 수십 년간 움츠러든 남부의 영향력을 고려하면, 이들이 이룬 변화는 제도로서 자리를 잡아 되돌리기 어려울 가능성이 컸다.

하지만 이들이 추진한 정책은 1790년대에 해밀턴이 시작한 개혁을 완성하는 것일 뿐 아니라, 당시의 시급한 군사적 필요에 대응하기 위한 것이기도 했다. 전쟁이 시작된 지 겨우 몇 주가 지난 1861년 7월, 연방 정부는 '요구지폐demand note'라는 새로운 화폐를 5000만 달러어치 발행했다. 요구지폐는 공식적으로 정부의 차입 수단이긴 했

**전쟁은 국가의 주요 결정권자들을 움직이는
유인의 구조를 바꿔놓았으며
새로운 제도들을 도입할 수밖에 없는 상황을 만들었다.**

─────

으나 이자는 붙지 않았다. 이 지폐는 원칙상 요구하는 즉시 금으로 돌려받을 수 있었기 때문에 '요구지폐'라는 이름이 붙었지만, 이름과 달리 금으로 바꾸기가 쉽지 않았다. 새로운 지폐는 뒷면이 녹색이었기에 곧 '그린백greenback'이라는 별칭으로 불리게 되었으며, 이 이름은 지금까지도 미국 달러 지폐를 가리키는 뜻으로 쓰인다. 연방 정부는 요구지폐를 군수품 대금 같은 시급한 비용을 충당하고, 규모가 급격히 확대되고 있던 연방군의 급여를 지급하는 데 사용했다.

　1862년, 연방 정부는 여기서 한발 더 나아갔다. 전쟁이 길어지고 지출이 계속 늘어나자 요구지폐는 지속 가능한 해결책이 아니라는 사실이 분명해졌기 때문이다. 전쟁에서의 승리가 날로 멀어지면서 요구지폐의 가치는 달마다 하락했다. 정부는 군인들에게는 요구지폐로 급여를 지급할 수 있었지만, 다른 공급자들은 점점 이 지폐를 꺼려 하기 시작했다. 그러자 정부는 '법정통화법Legal Tender Act'을 제정해 그린백을 오늘날의 달러처럼 어떤 자산으로도 담보되지 않는 법정 불환지폐로 지정함으로써 문제를 해결하고자 했다. 그린백에는 1908년까지 'In God We Trust(우리는 신을 믿는다)'라는 문구가 쓰여 있었는데, 유머 감각이 있는 인물이었던 에이브러햄 링컨은 이를 두고 "은과 금은 내게 없으나, 내게 있는 것을 그대에게 주니"라는 성경 구절을 새기는 편이 더 적절했으리라 말하기도 했다.

그린백은 법정통화법에 따라 부채를 갚거나 상품·서비스를 구매할 때 쓸 수 있는 법정화폐로 인정받았고, 다른 형태의 화폐를 사용하는 일은 명시적으로 금지되었다. 이듬해인 1863년에 제정된 '국립은행법National Banking Act'은 그린백을 발행하는 재무부와 연방 허가를 받은 은행들만이 지폐를 발행할 수 있도록 규정했다. 이 은행들은 매우 엄격한 규제를 따라야 했으므로, 이들이 발행한 지폐는 사실상 그린백과 다를 것이 없었다. 연방 정부는 전쟁 물자를 신속하게 조달할 수단이 필요했고, 그린백은 바로 그러한 역할을 했다. 이와 동시에 그린백은 지난 30년간의 금융 정책을 송두리째 뒤엎었으며, 미국의 은행 시스템을 근본적으로 바꿔놓았다.

금으로 환산한 그린백의 가치는 이후 몇 년간 계속 변동했다. 1862년과 1863년 초 그린백의 가치는 점차 하락해 금 100달러어치를 사려면 그린백으로는 152달러를 내야 할 정도가 되었지만, 1863년 7월 게티즈버그전투에서 북군이 승리한 이후부터는 가치가 회복되기 시작했고, 이러한 흐름은 1864년 중반까지 이어졌다. 1865년 남북전쟁이 끝난 후, 미국 의회는 그린백 발행량을 축소하고 유통 총량에 상한을 두기로 합의했다. 이후 그린백의 가격은 꾸준히 상승해 전쟁이 끝난 지 13년 만인 1878년에는 마침내 금과의 교환 비율이 1대1로 맞춰졌다. 오랜 시간이 걸렸지만, 이제 달러는 정말로 금과 같은 가치를 지닌 통화가 된 것이다.

한편 남부에서도 북부와 마찬가지로 불환지폐를 발행하려는 시도가 없었던 것은 아니다. 남부연합은 전쟁이 시작되기 직전인 1861년 3월 그레이백greyback을 발행했지만, 이들의 시도는 실패로 끝이 났다. 이는 남북전쟁 내내 두드러졌던 양 진영 간의 전력 격차와도 관계가 있었다.

남북전쟁 당시 미국에서는 제조업의 약 90퍼센트가 북부에 몰려 있었으며, 1861년 북부의 총기 생산량은 남부의 320배에 달했다. 또한 북부는 인구가 2300만 명에 달한 반면, 남부는 인구가 900만 명에 불과한 데다 노예를 병사로 활용하지 않았기 때문에 전력 격차는 더욱 심각했다. 북부는 군 복무 적령기(18~45세)의 남성 인구만 해도 350만 명에 이르렀지만, 남부는 백인 남성을 전부 합해도 100만 명밖에 되지 않았다. 그리하여 남부에서는 군 복무 적령기 남성의 75퍼센트가 징집되었지만, 북부에서는 해당 연령대 남성의 절반만이 군에 복무했다. 북부는 이 정도의 비율만 동원하더라도 병력에서 확실한 우위를 점하면서 경제 활동을 원활히 유지할 수 있었다. 게다가 전쟁이 발발할 당시 남부는 미국 전체 은행의 13퍼센트, 철도의 29퍼센트밖에 보유하지 못했다.

하지만 북부가 남부에 우위를 점한 이유는 더 많은 자원을 가지고 전쟁을 시작했기 때문만은 아니었다. 남부의 정치 문화는 본래부터 주의 권한을 강조하는 성향이 강했으며(이는 그들이 연방에서 탈퇴한 이유이기도 했다), 정치인들은 강력한 중앙정부에 대한 깊은 불신에 사로잡혀 있었다. 따라서 1861~1863년 북부에서 연방 정부의 주도로 단행한 과감하고 전방위적인 개혁 조치들은 남부에서 훨씬 더 시행하기 어려웠을 것이다.

남부연합이 처음 발행한 지폐는 사실 뉴욕에서 인쇄해 남부로 몰래 들여온 것이었다. 남부의 산업 기반은 그 정도로 취약했다. 그레이백은 그린백과 마찬가지로 이자가 붙지 않았으며 귀금속으로 즉시 교환할 수도 없었다. 다만 남부연합은 '북부연방과 남부연합이 평화 조약을 체결한 후 6개월 이내'에는 지폐를 다른 자산으로 교환할 수 있도록 하겠다고 약속했다. 이 약속은 전쟁에서 빠르게 승리한 다음 재정적 합의를 통해 전쟁 비용을 충당하겠다는 희망에서 비롯한 것이었다. 그러나 남부연합은 얼마 지나지 않아 약속한 기한을 종전 후 '2년 이내'로 늘렸다.

이후 몇 년 동안 남부의 주들은 무려 72종에 달하는 달러 지폐를 발행했다. 이 지폐들은 대체로 인쇄 품질이 좋지 않았기에 위조범들이 활개를 치기에는 더할 나위 없는 환경이었다. 버지니아, 앨라배마를 비롯한 몇몇 주는 자체적으로 지폐를 인쇄·발행해 남부 전역의 금융 시스템에 더 큰 혼란을 가져왔다. 전쟁이 끝날 무렵, 남부에서 발행한 화폐 1달러의 가치는 북부 화폐 기준으로 겨우 3센트였다.

북부연방처럼 경제적·재정적 기반이 튼튼한 나라는 불환지폐를 발행하더라도 그 가치에 대한 신뢰를 유지할 수 있다. 하지만 남부연합은 그와 같은 기반이 부족했으며, 전쟁을 빠르게 끝낼 가능성이 사라진 1861년 이후에는 이 문제가 더욱 두드러졌다. 설상가상으로 남부는 정부가 발행한 지폐 외에 다른 지폐의 사용을 금지하는 등 지폐 제도가 작동하는 데 필요한 조치들을 과감하게 추진할 엄두도 내지 못했다.

잉글랜드은행과 파운드스털링은 영국과 프랑스가 벌인 제2차 백년전쟁을 계기로 탄생했다. 마찬가지로 오늘날 우리가 아는 미국 달러는 남북전쟁이라는 긴박한 상황에서 만들어진 것이었다. 유럽에 해밀턴 모멘트가 필요하다고 주장하는 사람들은 두 가지를 명심해야 한다. 우선 해밀턴의 개혁은 한순간에 이뤄진 일이 아니라 수십 년간의 시행착오 끝에 나온 결과였다. 두 번째로 더 중요한 것은 해밀턴의 개혁이 완성되는 데 4년간의 치열한 내전이라는 촉매가 필요했다는 사실이다. 따라서 유럽이 해결해야 할 진짜 과제는 피를 흘리지 않고도 이러한 개혁을 완수할 방안을 찾아내는 것이다.

12

현대 경제전

도저히 반길 수 없는 마르스의 선물

1870~1945

프랑스의 러시아 침공을 바라보는 대중적 인식은 톨스토이의 소설 『전쟁과 평화』와 이를 각색한 드라마나 영화의 영향을 많이 받았다. 나폴레옹의 모스크바 점령과 뒤이은 화재는 이 위대한 소설의 3권에서 서사의 중심축을 이룬다. 이 작품의 에필로그는 1820년까지 이어지지만, 본편은 프랑스와 동맹국의 군대가 1812년 겨울 러시아에서 후퇴하는 장면으로 끝이 난다. 그러나 1812년 6월 프랑스군이 국경을 넘으면서 시작된 전쟁은 실제로 2년 뒤 러시아-오스트리아-프로이센 연합군이 파리를 점령하면서 끝이 났다.

1814년 파리에서 벌어진 전투는 2만여 명의 사상자를 낼 만큼 치열했으며, 러시아군은 몽마르트로 돌격해 고지대를 점령함으로써 결정적인 우위를 점했다. 그러나 당시 파리는 2년 전 모스크바와 다르게 전투에서 비교적 큰 피해를 받지 않았다. 이는 1812년의 모스크바 같은 몇몇 예외를 제외하면, 수백 년간 전쟁에서 흔히 보이던 양상이었다.

그로부터 56년이 지난 1870년, 파리는 또다시 외국 군대의 침공에 맞닥뜨렸으며, 이번에도 나폴레옹이라는 이름을 가진 보나파르트 일가의 인물이 그곳을 통치하고 있었다. 당시 프랑스의 통치자는 역사에 더 큰 족적을 남긴 나폴레옹 1세의 조카 나폴레옹 3세였고, 파리로 진격해온 외국 군대는 프로이센군이었다. 1870~1871년에 벌어진 프로이센-프랑스 전쟁은 독일의 통일을 가져왔고 40여 년 뒤에 일어날 제1차 세계대전의 씨앗을 뿌리는 등 이후 유럽의 역사에 지대한 영향을 미쳤다. 그러나 전쟁의 비용이 어떻게 달라졌는지를 이해하려는 사람에게 특히 흥미로운 것은 바로 이 전쟁에서 있었던 파리포위전이다.

1870년 9월, 프로이센군은 파리를 포위해 고립시킨 뒤, 중세의 포위전에서 흔히 그랬듯 도시를 굶겨 항복을 받아내려 했다. 그리하여 파리에는 암울한 겨울이 찾아왔다. 식량이 금세 바닥을 보이자 시민들은 반려동물을 잡아먹기 시작했고, 이어 동물원의 동물들까지 하나둘씩 사라졌다. 당시 어느 카페의 메뉴에는 고양이와 버섯 스튜, 쥐 살라미와 같은 기상천외한 요리들이 올라와 있었으며, 한 식당에서는 크리스마스 메뉴로 코끼리 스테이크와 낙타 구이를 선보이기도 했다. 프랑스 요리는 늘 이처럼 혁신적이었다.

파리가 12월 중순까지도 항복을 거부하자 프로이센군도 애가 타기 시작했다. 12월 17일에 열린 프로이센군의 작전 회의에는 국왕(그는 머지않아 통일된 독일제국의 초대 황제로 즉위했다)과 왕세자, 수상 오토 폰 비스마르크와 주요 장군들이 참석했는데, 이 자리에서 군 지휘부는 도시를 굶겨 항복시키는 전략은 시간이 너무 오래 걸린다며 대규모 포격을 허락해달라고 요청했다. 비스마르크는 민간인을 포격하면 프로이센이 국제적인 비난을 받을 것이라 우려해 이 제안에 반대했지만, 그의 주장은 받아들여지지 않았다.

1871년 1월 5일, 포격이 시작되었다. 프로이센군은 매일 밤 10시경부터 4~5시간 동안 300~400발의 포탄을 쏘아댔다.

1월 28일, 파리는 마침내 항복을 선언했다. 그러나 포격은 기대와 달리 전투의 분수령을 이루지도, 큰 효과를 발휘하지도 못했다. 1870년대에 쓰이던 대포는 사거리와 폭발력이 부족해 군 지휘부가 기대한 만큼의 피해를 줄 수 없었다. 항복의 집적적인 원인은 포위로 위생이 열악해진 도시에 장티푸스가 발생한 데다가, 좌익 세력의 소요로 프랑스의 정부 당국이 겁에 질렸기 때문이었다. 하지만 이 사건은 유럽 전쟁사에 중대한 전환점이 되었다. 프로이센군 지휘부는 군사적 목표를 달성하기 위해 민간인을 대상으로 한 폭약 사용을 정당한 전쟁 방식이라 간주하는 선례를 남긴 것이다.

73년 뒤 파리에서 북쪽으로 수백 킬로미터 떨어진 함부르크에서는 프로이센군의 결정이 어떤 파국으로까지 이어졌는지를 보여주는 사건이 일어났다. 1943년 7월 24일, 영국 왕립공군RAF과 미국 육군항공군USAAF은 함부르크를 열흘간 폭격하는 '고모라작전'을 개시했고, 미군은 주간에, 영국군은 야간에 폭탄을 퍼붓기 시작했다. 작전은 26일 밤에서 27일 새벽 사이에 최고조에 달했다. 영국 공군의 폭격사령부는 이 폭격을 오랫동안 준비해왔고, 몇 시간 동안 10제곱킬로미터 너비의 직사각형 땅에 2300톤이 넘는 폭탄을 투하했다. 그 결과 함부르크는 아비규환의 생지옥으로 변했다.

오래전부터 폭격사령부는 소이탄을 터뜨렸을 때 발생하는 작은 화재들이 적절한 조건에서 거대한 화염으로 합쳐질 수 있는지에 관심을 보였다. 그런데 때마침 그해 7월 말 함부르크의 날씨는 몇 주째 비가 내리지 않아 건조한 데다 바람도 거의 없어 폭격사령부의 구상을 시험하기에 더할 나위 없는 조건이었다. 이에 따라 영국 공군은 먼저 도시에 직접적인 피해를 주면서 이후 벌어질 화재의 불쏘시개를 만들어내려는 목적으로 고폭탄을 투하했고, 이어서 불길이 더 잘 퍼지도록 백린을 첨가한 1.8킬로그램짜리 소이탄을 1제곱킬로미터당 1만 발씩 퍼부었다.

이 폭격으로 발생한 화재 폭풍은 금속과 유리마저 녹일 정도였다. 불길은 새벽 1시 20분경에 일어나 3시경 절정에 달했으며, 4시 30분 무렵에는 더 이상 탈 것이 남아 있지 않았을 때야 겨우 잦아들었다. 오늘날 추산하기로 그날 밤에만 함부르크에서 1만 8000명의 사상자가 나왔고, 거의 전원이 민간인이었다. 주요 사망 원인은 질식사였는데, 이는 불길이 모든 산소를 빨아들이며 지하실이나 참호에 피신한 사람들의 숨통을 막아버렸기 때문이다. 열흘간의 폭격으로 함부르크에서는 4만여 명이 목숨을 잃었고, 주택의 3분의 2가 파괴되었다.

함부르크 공습은 드레스덴, 도쿄, 히로시마, 나가사키와 더불어 총력전 상황에서 폭격이 가진 파괴력을 적나라하게 보여주는 사례로 꼽힌다.

19세기에서 20세기 중반 사이에는 전쟁의 성격이 바뀌면서 전쟁에 따른 비용도 달라졌다. 19세기 이전까지는 전쟁이 경제 성장과 1인당 소득의 증가를 가져왔다고 볼 증거가 많다. 그러나 이제는 그

한편 전쟁은 역설적이게도
수많은 유럽인의 목숨을 앗아감으로써
유럽의 경제를 성장시켰다.

와 같은 주장을 진지하게 하는 사람은 아무도 없다.

유럽 경제가 다른 지역보다 앞서 나갈 수 있었던 원동력은 전쟁의 영향에서 비롯했다. 전쟁은 크게 두 가지 방식으로 경제에 도움이 됐다. 우선 전쟁은 지금까지 여러 사례에서 살펴본 바와 같이 유럽의 경쟁국들이 새로운 제도를 만들도록 부추겼다. 전쟁이라는 시험을 통과하려면 국가는 날로 더 강해져야 했으며, 이를 위해서는 각종 금융 혁신이 필요했다. 한편 전쟁은 역설적이게도 수많은 유럽인의 목숨을 앗아감으로써 유럽의 경제를 성장시켰다. 앞서 설명했듯, 1800년 이전의 세계는 맬서스의 말대로 자원이 제한된 세계였다. 이 세계에서는 인구가 늘어날수록 개인의 생활 수준은 하락하는 경향을 보였다. 1800년 이전 유럽의 전쟁에서 꼭 짚고 넘어가야 할 점은 전쟁으로 많은 사람이 죽기는 했지만, 자본이나 가축, 건물을 비롯한 경제의 기반은 비교적 온전하게 남아 있었다는 것이다.

물론 당시에도 예외는 있었다. 중세 시대에는 군대가 마을과 곡식을 불태우고 가축을 도살하면서 적국의 농촌 지역을 의도적으로 초토화하는 '해링harrying'이 하나의 전술로 인정받았다. 해링에는 몇 가지 이점이 있었다. 우선 상대를 전투로 끌어들이는 데 효과적이었다. 중세의 군주가 병력을 모아 경쟁국의 영토를 공격하기로 결정했다면, 이는 십중팔구 자신의 군대가 더 강하다는 확신이 있다는 뜻이었다. 상대방 또한 대개는 이 점을 인지하고 있었기에, 승산이 낮은 전투는 되도록 피하려 했다. 특히 12세기 이후부터 침략을 당한 군주는 침략자가 전력상의 이점을 살리지 못하도록 견고한 석벽과 해자로 둘러싸인 성에 틀어박히곤 했다. 하지만 침략자는 상대의 영토를 초토화시킴으로써 이 전략에 대응할 수 있었다. 해링은 군대에 물자를 보급하려는 목적도 있었지만, '자신 있으면 덤벼봐'라는 메시지를 잔혹하면서도 효과적으로 전달하는 수단이기도 했다. 침략당한 군주는 신하와 농민들의 충성을 유지하고 미래의 통치 기반을 보존하려면 해링을 막으러 나설 수밖에 없었다.

한편 해링은 반란이나 침략을 억제하는 수단으로도 쓰였다. 1060년대 말, 잉글랜드 북부에서 반란이 일어나자, 새로 즉위한 정복왕 윌리엄 1세는 1069년부터 1070년 겨울까지 이 지역을 초토화했다. 이 사건은 당시의 기준으로도 유달리 잔혹했는데, 윌리엄 1세가 세운 노르만 왕조를 지지했던 연대기 작가조차 다음과 같이 기록할 정도였다. "왕은 적을 사냥하기 위해 수단과 방법을 가리지 않았다. 그는 수많은 사람을 도륙하고 집과 땅을 파괴했다. 그는 어디서도 이토록 잔혹한 면모를 보인 적이 없었다. 이것은 실로 엄청난 변화를 가져왔다. 부끄럽게도 윌리엄은 자신의 분노를 다스리려는 시도조차 하지 않았으며, 죄가 있든 없든 가리지 않고 사람들을 처벌했다. 그는 곡식과 가축, 도구와 식량을 모조리 불태우라고 명령했다. 10만 명이 넘는 사람이 굶어 죽었다. 나는 이 책에서 윌리엄을 여러 차례 칭찬했지만, 이 야만적인 학살에 대해서는 좋은 말을 할 수 없다. 신께서 그를 벌하실 것이다."

윌리엄 1세가 점령한 지역의 토지를 낱낱이 조사해 문서로 기록한「둠스데이 북Domesday Book」을 보면, 1066년과 1086년에 있었던 두 차례의 토지 조사 사이에 북부 지역 영지의 가치는 50~80퍼센트 가까이 하락한 것으로 나타난다. 이 지역이 어느 정도로 파괴되었는지는 고고학적인 증거를 통해서도 알 수 있다. 잉글랜드 북부의 더럼과 요크셔 지역에서는 오늘날까지도 마을 대다수가 직사각형 형태를 이루고 있는 반면에, 잉글랜드 중부와 남부 지역의 마을들은 훨씬 다양한 형태를 띠고 있다. 이 차이에 대한 가장 그럴듯한 설명은 북부 지역의 마을들이 그 길고 혹독했던 겨울 동안 전부 불타버렸고, 이후 수백 년간 느리고 무질서하게 발전한 것이 아니라 체계적인 방식으로 다시 세워졌다는 것이다.

　이보다 한참 시간이 지난 뒤에도 유럽의 군주들은 조상들이 사용하던 구식 해링 전술을 답습하곤 했다. 1680~1690년대, 태양왕 루이 14세의 프랑스군은 독일 남부의 팔츠 지역을 초토화하면서 하이델베르크, 보름스, 만하임을 비롯한 많은 도시와 마을을 파괴했다. 1693년, 루이 14세는 하이델베르크를 두 번째로 불태운 다음, 이 작전에 참여한 병사들에게 '하이델베르크는 파괴되었다'라는 라틴어 문구를 새긴 메달을 수여하기까지 했다. 메달과는 별개로 프랑스가 이 지역에서 벌인 파괴 행위는 당시 유럽 사회에 큰 분노를 불러일으켰다. 16~17세기를 거치며 재산과 가축을 파괴하려는 목적으로 해링을 벌이는 일은 전보다 크게 줄어들었다. 물론 당시에도 군대는 시골 지역을 지나면서 필요한 물자를 갈취했고, 포위전에서 점령당한 도시는 무차별적인 폭력과 약탈에 시달리곤 했지만, 그 피해가 오랜 기간 이어지는 경우는 드물었다.

　피해 기간이 길지 않았던 이유를 꼽자면 우선 전쟁 중에 파괴된 건물 대부분이 쉽게 다시 지을 수 있는 목조 건물이었다. 간혹 있던 석조 건물은 약탈자들이 작정하고 부수는 경우가 아니고서야 대부분 무너지지 않고 남아 있었다(물론 이는 고성능 폭약이 등장하기 전의 이야기다). 가령 로마는 약탈 사건을 정리한 위키피디아 문서가 따로 있을 만큼 자주 약탈당했지만, 지금도 로마 시내를 거닐다 보면 고대에 지어진 건물들의 흔적을 볼 수 있다.

게다가 유럽은 비가 자주 내리다 보니 다른 지역들에서 흔히 보이던 복잡한 관개 시설이 필요하지 않았다는 것도 피해 기간을 줄일 수 있는 요소 중 하나였다. 따라서 유럽에서는 해링 같은 의도적인 파괴 행위로 가축이 죽거나 농장 건물이 불에 탔다고 해도, 관개 시설이 중요한 중동 지역처럼 농업 생산력이 오랫동안 피해를 볼 가능성은 크지 않았다. 오히려 한두 해 동안 경작지를 놀리면 이후의 수확량이 더 늘어날 수도 있었다. 맬서스 또한 1798년에 쓴 글에서 이 점을 언급했다.

> 수차례 파괴적인 전쟁의 무대가 되었던 비옥한 플랑드르 지방은 몇 년간 휴식기를 거치고 나면 늘 이전처럼 사람과 자원이 풍부한 곳으로 되돌아왔다. 팔츠 지방 역시 루이 14세의 저주받아 마땅한 초토화 이후에도 다시 회복되었다.

따라서 19세기 이전까지 유럽의 전쟁에서는 수많은 사람이 희생당했지만, 지역의 자연 자원이나 기반 시설은 대부분 그대로 남아 있었다고 보는 것이 타당하다. 그렇다면 전쟁은 맬서스적 세계에서 생존자들의 1인당 소득이 눈에 띄게 늘어날 만큼 많은 사람의 목숨을 앗아갔을까?

대답은 '그렇다'이다.

그 이유를 이해하려면 당시 유럽에서 전쟁이 얼마나 빈번했는지부터 알아야 한다. 유럽의 주요 강대국이었던 잉글랜드(이후 영국), 스페인, 프랑스, 오스트리아, 러시아, 오스만제국 중 한 나라라도 참여한 전쟁만 놓고 보더라도, 16세기에는 100년 중 95년 동안 전쟁이 벌어졌다. 100년간 강대국이 전쟁을 벌인 햇수는 17세기에는 94년, 18세기에는 78년으로 조금씩 줄어들기는 했지만, 여전히 엄청나게 높은 수준이었다. 이 시기에는 전쟁이 말 그대로 일상이었던 셈이다. 그에 비해 20세기에는 이 비율이 100년 중 53년으로 줄어들었다.

게다가 19세기 이전의 전쟁은 현대의 전쟁보다 인명 피해가 적다고 보기도 어려웠다. 이 점은 숫자만 보더라도 명확히 알 수 있다. 제2차 세계대전은 극도로 잔혹하고 때로는 파멸적이기까지 했던 전쟁으로서 유럽 역사에 한 획을 그었다. 소련은 인구 1억 6800만 명 중 약 2400만 명이 전쟁으로 목숨을 잃어 사망률이 15퍼센트에 달했다. 독일의 사망률은 이보다 낮은 10퍼센트 수준이었으며, 폴란드의 사망률은 17퍼센트로 소련보다도 높았다. 반면에 본토에서 전면전이 벌어지지 않았고 다른 나라에 점령당하는 일도 없었던 영국과 미국은 사망률이 1퍼센트에 그쳤다.

그에 반해 1618년부터 1648년까지 이어진 30년전쟁에서 주요 전쟁터였던 독일의 사망률은 무려 33퍼센트에 달한 것으로 추정된다. 16세기 후반 프랑스에서 벌어진 종교전쟁의 사망률 또한 20퍼센트에 육박했다. 16~17세기 유럽에서는 20세기보다 전쟁이 더 잦았을 뿐 아니라, 제2차 세계대전에서 가장 큰 피해를 입은 국가들보다도 높은 사망률을 기록한 전쟁도 많았던 것이다.

이 시기의 전쟁 사망률이 왜 이렇게 높은지 의아하게 여길 수도 있다. 일반적으로 머스킷, 기병, 대포를 가지고 싸우는 전쟁이 기관총, 전차, 고폭탄이 등장한 이후의 전쟁보다 인명 피해가 적었으리라 보는 것이 자연스럽다. 전장에서 전사한 사람의 숫자만 보면 분명 그렇다. 하지만 이 시기에는 20세기와 달리 전쟁의 여파로 질병이 널리 퍼졌으며, 이 질병이야말로 무엇보다 치명적인 사망 원인이었다.

앞에서도 언급했듯, 유럽은 강과 산맥 같은 자연적인 경계가 정치적 분열로 이어지는 경우가 많았다. 유럽 대륙에서 전쟁이 유달리 잦았던 이유 중 하나는 자연적인 경계를 따라 수많은 경쟁국이 탄생했기 때문이다. 그런데 이러한 경계는 전쟁에 따른 인명 피해가 더욱 커지는 데도 영향을 미쳤다. 알프스나 피레네산맥을 넘어 진군하는 군대는 지리적·정치적 경계만이 아니라 생물학적 경계까지 넘어 다른 지역의 주민들에게 새로운 병균을 옮겼기 때문이다. 이에 따라 유럽에서는 군대의 이동으로 인해 전염병이 널리 유행하는 일이 자주 일어났다.

그러나 중요한 것은 1700년 이전의 맬서스적 세계에서는 자원을 심각하게 파괴하지 않으면서도 인구에 치명적인 영향을 끼친 전쟁이 경제적으로는 이득을 가져왔다는 사실이다. 그 당시 인구가 줄어든다는 것은 곧 1인당 소득이 늘어난다는 뜻이나 다름없었다.

이를 교차 검증할 수 있는 유용한 지표는 이 시기 유럽의 도시화율이다. 토지에 얽매이지 않고 도시나 마을에 거주하는 인구의 비율을 나타낸 도시화율은 경제 발전을 측정하기에 좋은 척도다. 도시에서 더 많은 사람이 살 수 있으려면, 농업의 생산성이 직접 농사를 짓지 않는 사람들까지 부양할 만큼 높아야 하기 때문이다. 유럽에서는 보통 전쟁을 더 자주 벌이는 지역일수록 도시화율도 빠르게 상승했다. 가장 많은 전쟁을 치른 영국, 네덜란드, 프랑스는 도시화 속도도 더 빨랐으며, 노르웨이, 아일랜드, 스위스처럼 비교적 평화로웠던 나라들은 도시화에서 뒤처졌다.

동시대의 중국과 비교하면 유럽이 가진 특징이 더욱 뚜렷하게 드러난다. 중국은 이 시기에 수백 년간 1인당 소득이 정체되어 있었다. 1500년에서 1800년 사이 유럽에서는 총 443건의 전쟁(연평균 약 1.5건)과 1071건의 대규모 전투가 벌어졌다. 그에 반해 중국에서는 1350년부터 1800년까지 전쟁은 91건(연평균 약 0.2건), 대규모 전투는 23건밖에 벌어지지 않았다. 대규모 전투의 수가 많지 않았다는 사실에서 짐작할 수 있듯, 중국의 전쟁은 대부분 경쟁국 간의 분쟁이 아니라 농민이 일으킨 반란이었다. 게다가 중국은 유럽보다 전쟁 사망자 수도 훨씬 적었다. 당시 중국의 인구는 주로 해안의 평야 지대에 밀집해 있었는데, 최신 역학 연구에 따르면, 중국 인구의 대부분은 1000년경에 이미 같은 전염병에 노출되어 면역 체계를 공유하는 집단을 형성한 것으로 보인다. 유럽에서는 중국과 비교해 1000년 가까이 지난 20세기 중반에 이르러서야 이뤄진 일이었다. 그러다 보니 중국에서는 군대가 이동하더라도 유럽만큼 질병과 감염병이 널리 퍼지지 않았다.

만약 선택의 기회가 있었다면 16세기 유럽의 농민은 중국으로 이주하고 싶어 했을 것이다. 중국에서는 유럽보다 평화로운 삶을

**20세기에 이르자 전쟁은 전투에 나선
사람들의 목숨만 빼앗는 것이 아니라
살아남은 사람들까지 더욱 가난하게 만들었다.**

———

살 확률이 훨씬 높았으며, 마을을 지나가는 군대 탓에 바이러스에 걸려 죽을 위험도 훨씬 적었다. 하지만 장기적으로 보면, 그 모든 희생은 유럽의 1인당 소득을 오랜 시간에 걸쳐 끌어올리는 원동력이 되었다. 1700년 무렵이 되면, 유럽의 농민은 여전히 전쟁이나 전쟁으로 발생한 팬데믹에 시달릴 가능성이 컸지만, 생활 수준은 중국의 농민보다 50퍼센트 이상 높았다. 이러한 의미에서 전쟁은 유럽 경제에 진정한 '마르스의 선물'이었다.

그러나 19세기와 20세기에 이르자 마르스의 선물은 축복이 아닌 저주가 되었다. 1870년 파리에서 시작된 새로운 형태의 전쟁은 1939~1945년 절정에 이르렀다. 이러한 전쟁은 수많은 생명을 앗아가는 데서 그치지 않고, 자본과 기계, 건물 등 각종 자원까지 파괴해 버렸다. 이제 전쟁은 전투에 나선 사람들의 목숨만 빼앗는 것이 아니라 살아남은 사람들까지 더욱 가난하게 만들었다.

일례로 제1차 세계대전 이후의 프랑스를 살펴보자. 프랑스는 분명 전쟁에서 승리한 강대국이었지만, 전쟁이 시작된 지 10년, 종전된 지 6~7년이 지난 1924~1925년에도 프랑스의 경제는 1914년 수준을 회복하지 못했다. 전투는 대부분 프랑스 북부에서 벌어졌는데, 전쟁이 끝날 무렵 프랑스에서는 전체 건물의 7.5퍼센트에 해당하는 71만 2000채가 무너졌고, 농지 250만 헥타르가 황폐해졌으며, 운하

2000킬로미터, 철도 5000킬로미터, 다리 2000여 개가 파괴되었다. 이는 유럽이 일찍이 겪어보지 못한 규모의 파괴였다. 그리고 이후에 벌어진 제2차 세계대전은 이보다 더 참혹한 피해를 가져왔다.

따라서 이제는 전쟁의 피해를 복구하는 것도 결코 쉬운 일이 아니었다. 흔히 1945년 이후 서유럽과 동유럽의 운명이 엇갈린 이유를 자본주의와 공산주의라는 경제 체제의 차이에서 찾곤 하지만, 이 문제를 정확히 이해하려면 1939년부터 1945년까지 벌어진 총력전이 어떤 결과를 가져왔는지를 알아야 한다. 물론 1945년 이후 동유럽의 경제가 더 더디게 회복한 데에는 공산주의 체제가 큰 영향을 미쳤으며, 이 주제에 관해서는 뒤에서 자세히 다룰 것이다. 하지만 공산주의는 서유럽과 동유럽의 차이를 만든 유일한 요인이 아니었고, 특히나 전쟁 직후의 시기에는 그리 중요하지도 않았다.

제2차 세계대전 중 서유럽과 동유럽에서 벌어진 전투의 성격과 강도, 기간에는 큰 차이가 있었다. 서유럽에서는 1940년에 벌어진 전투들이 비교적 짧게 끝났고, 이탈리아를 제외한 다른 지역에서는 1944년 중반에야 다시 본격적인 전투가 일어난 데다가 그마저도 11개월 만에 끝이 났다. 이에 반해 유럽의 중부와 동부, 그리고 소련의 서부 지역은 1941년 중반부터 1945년 중반까지 4년간 전투가 끊이지 않았다. 게다가 이 지역에서는 전쟁이 더 오랜 기간 이어졌을 뿐만 아니라 전투의 규모도 훨씬 컸다. 1945년 초, 독일군은 서방 연합군과 싸우는 데 100여 개 사단을 배치한 데 반해, 소련과의 전투에는 200여 개 사단을 동원했다. 그리고 소련군은 서부 국경에서 출발해 유럽의 동부와 중부를 가로지르는 넓은 전선을 따라 베를린까지 진격했다. 반면에 서유럽의 많은 지역은 1944~1945년에도 전투를 겪지 않은 채 종전을 맞았다.

그 결과, 동유럽과 중부 유럽은 인구 구조가 말 그대로 붕괴했다. 폴란드, 체코슬로바키아, 헝가리, 유고슬라비아, 독일, 소련은 전체 인구의 10~20퍼센트를 잃었고, 그 피해는 산업을 떠받치는 주축이었던 젊은 남성층에 집중되었다. 이 나라들은 1960년대 초에 이르러서야 이러한 충격에서 가까스로 회복할 수 있었다. 일례로 1945년 독일 서부 지역은 남녀 성비(여성 1명당 남성의 수)가 0.82로 떨어졌으며, 동부 지역은 0.74로 더 낮았다. 독일 내에서조차 서부보다는 동부의 인구 구조가 더 큰 피해를 받은 것이다. 이에 따라 동유럽과 중부 유럽에서는 어디를 가나 노동력과 숙련된 인력이 부족했다. 또한 이 지역에서는 홀로코스트로 인한 피해가 심각했고(홀로코스트로 사망한 600만 유대인 중 500만 명이 이 지역 출신이었다), 1945년에는 오랫동안 정착해 살던 독일계 주민들마저 추방당했으며, 공산 정권이 새롭게 들어서자 많은 중산층이 서유럽으로 떠나면서 중소기업의 소유주와 경영 전문 인력도 대거 빠져나갔다.

더군다나 이 지역은 노동력과 인적 자본뿐 아니라 물적 자본의 손실도 막심했다. 가령 1948년 독일 서부에서는 자본 스톡(건물, 설비, 기계 등 생산에 쓰이는 물적 자산의 총가치)이 1936년보다도 증가한 반면, 동부에서는 1936년의 69퍼센트 수준까지밖에 회복하지 못했다. 인적 자본과 물적 자본의 피해를 나눠서 살펴보면, 독일은 제2차 세계대전으로 인구의 10퍼센트를 잃었고, 산업 자산의 17퍼센트, 전체 주택의 20퍼센트, 대도시 주택의 40퍼센트가 파괴되었다. 소련은 인구의 15퍼센트를 잃었지만, 국가 자산은 25퍼센트가 사라졌다. 한편 일본은 인구의 6퍼센트가 사망했지만, 국가 자산의 25퍼센트, 산업 시설의 3분의 1 이상을 잃으면서 물적 자본의 손실이 더욱 두드러졌다.

이렇듯 20세기의 전쟁은 이전 시대의 전쟁과 다른 양상을 보였다. 20세기에는 전장에서의 사망자 수가 늘었지만, 전체 인구 대비 전쟁 사망률은 오히려 전보다 줄어들었다(물론 일부 국가에서는 이전 시대에 못지않게 인명 피해가 극심했다). 그러나 인류는 고폭탄과 공중 폭격, 1945년 일본에서 사용된 원자폭탄의 등장으로 일찍이 본 적 없는 무시무시한 물리적 파괴를 경험했다.

1864년 12월 24일, 미국의 남북전쟁에서 큰 공을 세운 북군의 장군 윌리엄 셔먼은 새로 점령한 조지아주의 서배너시에서 총사령관 율리시스 그랜트에게 편지를 썼다. 편지에서 그는 자신이 "군대뿐만 아니라 적대적인 민중"과도 싸우는 중이라 말했다. 그랜트 장군이 버지니아에서 남군의 로버트 리 장군과 대치하는 사이, 셔먼은 한 달 동안 조지아주의 애틀랜타에서 서배너까지 480킬로미터를 가로지르는 '바다로의 행군'을 실시했고, 이후 사우스캐롤라이나와 노스캐롤라이나까지 진격하면서 그 지역들을 초토화했다. 셔먼의 말을 빌리자면, 이는 "철저히 파괴를 위한" 작전이었다. 셔먼의 군대는 진격하는 동안 방앗간과 조면기를 부수고, 말 5000마리를 징발했으며, 철도와 전신망까지 모조리 파괴했다. 1901년, 미국 전쟁부는 이 작전을 두고 "나라를 내전으로 몰아넣은 남부인들의 국가적 범죄를 응징한 일"이라 평가했다.

셔먼의 초토화 작전은 20세기 전쟁의 핵심 특징인 경제전economic warfare을 일찌감치 예고한 사례라 할 수 있다. 20세기에는 적의 경제적 기반과 생산 능력을 의도적으로 파괴하는 전략이 전쟁에서 주를 이뤘으며, 이후에 등장한 공중 폭격은 이를 극단으로 밀어붙인 전술이었다.

셔먼은 현대전에서 쓰이는 파괴적인 무기 없이 한 달 만에 480킬로미터를 진격했지만, 해당 지역에 엄청난 영향을 끼쳤다. 경제사학자들은 셔먼이 행군한 경로를 추적해 조지아, 사우스캐롤라이나, 노스캐롤라이나주에서 19세기판 해링을 경험한 지역과 그렇지 않은 지역의 경제를 비교했다. 전쟁이 끝난 지 5년이 지난 1870년, 셔먼의 군대가 지나간 카운티들은 그렇지 않은 곳보다 산업과 농업 생산량이 20퍼센트 가까이 낮았다. 산업 생산량은 1880년에 이르러 격차가 사라졌지만, 농업 부문은 남북전쟁 이후 55년이 지난 1920년까지도 행군의 영향이 남아 있었다.

20세기의 경제전과 달리, 셔먼의 군대는 민간인을 많이 죽이지는 않았다. 하지만 그는 고작 한 달 사이 1860년대의 군사 기술만으로도 군대가 지나간 지역의 경제에 60여 년간 회복되지 않을 피해를 남겼다. 그리고 1914~1918년의 유럽과 중일전쟁이 발발한 1937년부터 제2차 세계대전이 끝난 1945년까지 유럽, 아시아, 북아프리카의 많은 지역은 '바다로의 행군'과 비교할 수 없을 만큼 극심한 파괴를 경험했다.

19세기 이전에는 전쟁을 통해 나라가 부유해지고 사람들의 소득이 오르기도 했지만, 20세기에 들어서자 상황은 완전히 달라졌다. 이제 이성적으로 사고할 줄 아는 사람이라면 누구도 마르스의 선물을 반길 수 없게 되었다.

BLOOD & TREASURE

13

세계대전

승패는 더 이상 무력이 결정하지 않는다

1914~1945

제2차 세계대전은 승전국을 비롯한 많은 나라에서 지금도 큰 관심을 불러일으키는 주제다. 러시아에서는 이른바 대조국전쟁의 승전을 기념하는 퍼레이드가 매년 국가적 행사로 열리고 있다. 전쟁을 향한 관심은 이러한 공식 행사 외에도 다양한 방식으로 드러난다. 미국에서는 남자가 35세가 되면 남북전쟁, 제2차 세계대전, 바비큐 중 하나에 집착을 보인다는 인터넷 밈이 있을 정도다. 영국인들은 자국에서 벌어진 내전에 그리 관심을 보이지 않지만, 제2차 세계대전에 관한 서적은 특히 남성들 사이에서 인기가 많다. 보통은 군사 작전이나 대담한 특수 임무를 다룬 역사서가 많이 읽히며, 윈스턴 처칠, 버나드 몽고메리 같은 전시의 지도자와 장군들의 전기도 그에 못지않게 인기를 끈다. 그러나 제2차 세계대전과 관계가 있다면 어떤 주제든 화젯거리가 되는 영국에서도 올리버 프랭크스Oliver Franks에게 특별히 관심을 가지는 사람은 드물다. 프랭크스가 여느 장군들 못지않게 영국이 전쟁을 수행하는 데 많은 공헌을 했다는 사실을 고려하면 안타까운 일이다.

올리버 프랭크스의 이름을 들어본 적 있는 사람은 대부분 그가 전후 주미 영국 대사로 일하던 때의 일화를 떠올린다. 전하는 이야기에 따르면, 1948년 크리스마스를 앞두고 워싱턴DC의 한 라디오 방송국이 시내에 있는 각국 대사관에 연락해 대사들이 크리스마스에 어떤 선물을 받고 싶은지 물었다고 한다. 소련 대사는 세계 각지에서 제국주의의 억압에 시달리는 사람들의 자유를 원한다고 답했고, 프랑스 대사는 세계 평화를 기원한다고 전했다. 다른 대사들의 대답도 대체로 비슷했다. 하지만 프랭크스는 질문의 의도를 잘못 이해했는지 이렇게 답했다. "이렇게 물어봐주시니 고맙습니다. 저는 설탕에 절인 과일 한 상자를 받고 싶군요."

1905년에 태어난 프랭크스는 제1차 세계대전에 참전하기에는 너무 어렸고, 제2차 세계대전에서 군인으로 복무하기에는 아슬아슬하게 나이가 많은 세대에 속했다. 그는 옥스퍼드대학에서 도덕철학을 전공했지만, 강의나 연구보다는 대학의 행정 업무 쪽으로 경력을 쌓았다. 그러던 중 1939년 전쟁이 발발하자 그는 자원해서 조달부의 공무원으로 들어갔다.

프랭크스가 맡은 첫 임무는 독일의 폭격에 유달리 취약해 보였던 영국 남동부 지역의 숙련된 기계공들을 중부의 미들랜즈 지역에 재배치하는 일이었다. 그리고 1940년 그는 군수물자 수요와 군에 입대하는 남성이 날로 증가하는 가운데 끊임없이 인력난에 시달리는 공장들에 노동력을 할당하는 일을 담당했다. 이어 1943년에는 전시

**한정된 자원을 배분하는 일은
20세기의 전쟁에서 승리를 쟁취하는 데
결정적인 역할을 했다.**

———

경제 전반의 원자재 조달을 관리하는 책임을 맡았으며, 1945년에는 조달부의 사무차관직에 올라 6만 5000명의 공무원과 25만 명에 달하는 직원을 지휘하게 되었다.

　프랭크스는 행정이나 경제 이론에 빠삭하지도 경제학을 전공하지도 않았지만, 뛰어난 관리자이자 세세한 부분 하나까지도 놓치지 않는 탁월한 실무가였다. 그러나 그의 진정한 능력은 훗날 워싱턴에서 드러났듯 외교와 조정에서 빛을 발했다. 일례로 조달부에서 근무하던 시절, 프랭크스는 강경한 성향의 노조 지도자 출신 노동부 장관 어니스트 베빈과 우파 포퓰리스트이자 신문사 사장이었던 생산부 장관 맥스웰 에이트킨 사이에서 협력이 원활히 이뤄지도록 조율했다. 또한 그는 문제 해결에 탁월한 능력을 보였으며, 조직이 잘 작동하도록 체계를 마련하고 요직에 적절한 인물을 앉히는 일을 중시했다. 프랭크스는 영국 육군이 프랑스 북부의 됭케르크에서 많은 중장비를 잃는 참사를 겪은 뒤에도 눈 깜짝할 사이에 전력을 회복하는 데 큰 공헌을 했으며, 독일의 잠수함 공격으로 많은 수송선이 침몰하면서 영국이 전쟁 수행에 어려움을 겪던 시기에 그 피해를 수습하는 데도 중요한 역할을 했다고 평가받는다.

　이처럼 생산을 관리·계획하고, 군인과 민간인들에게 장비와 식량을 공급하며, 직접 전투를 수행하는 군대와 전쟁 물자를 생산하는 산업 사이에서 한정된 자원을 배분하는 일은 20세기의 전쟁에서 승리를 쟁취하는 데 결정적인 역할을 했다. 길게 보면 이러한 일들을 제대로 해내는 것이 전장의 승패보다 전쟁의 결과에 더 큰 영향을 미쳤다.

제1, 2차 세계대전은 총력전이라는 새로운 형태의 전쟁이었다. 이 시기에는 군 조직만이 아니라 사회와 경제구조 전체가 군사적 목적에 따라 재편되었다. 한 나라에서 생산한 자원 중 전쟁에 쏟아부은 자원의 비율을 보면, 양차 세계대전은 사상 유례가 없는 전쟁이었다. 1914년 이전에도 오랫동안 국제전을 벌여온 영국을 예로 들어보자. 1700년대 초, 존 처칠이 스페인 왕위계승전쟁에서 유럽 연합군을 이끌던 당시, 영국은 연간 GDP의 4~8퍼센트를 군비로 지출했다. 이어 1760년대 초 7년전쟁 시기에는 이 비율이 10~12퍼센트까지 상승했다. 영국은 프랑스혁명전쟁과 나폴레옹전쟁을 벌이던 1790년대와 1800년대 초에도 GDP의 10~12퍼센트를 군비나 동맹국에 대한 지원금으로 사용했다. 그러나 제1차 세계대전이 한창이던 1916년, 영국은 GDP의 41퍼센트를 전쟁에 쏟아부었으며, 1917~1918년에는 이 비율이 거의 50퍼센트에 달했다. 이러한 양상은 제2차 세계대전에서도 고스란히 되풀이되었다. 이제 GDP의 50퍼센트가량을 전쟁에 투입하는 건 예사였고, 1945년에는 이 비율이 50퍼센트를 넘어서기까지 했다. 당시에는 영국인들이 2파운드의 재화를 생산하면 그중 절반을 전쟁에 쓴 것이다.

영국이 제2차 세계대전 중 전쟁에 투입한 GDP의 비율은 미국보다 높았지만, 그럼에도 다른 주요 강대국들보다는 낮은 편이었다. 소련은 GDP의 60퍼센트 이상을 군비로 사용했으며, 1943년 독일은 이 비율이 무려 70퍼센트를 넘어섰다.

　이는 그야말로 상상을 초월하는 수치다. 그나마 제2차 세계대전에서 프랭크스와 동시대 사람들은 앞선 세대가 비슷한 일을 겪었다는 이점이 있었다(물론 더러는 두 전쟁을 모두 겪은 사람들도 있었다). 가령 프랭크스는 원자재를 관리하는 책임자로 임명되자 학문적인 훈련을 받은 학자 출신답게 맨 먼저 제1차 세계대전 당시 군수부의 활동을 담은 6권짜리 기록물을 검토했다.

　그에 반해 제1차 세계대전을 치러야 했던 지도자들에게는 참고할 만한 사례가 존재하지 않았다. 사람들은 이 전쟁이 그리 오래가지 않으리라 예상했다. 남북전쟁 막바지에 버지니아 북부에서 벌어진 전투나 1904년에 일어난 러일전쟁의 사례는 참호를 파고 진을 친 보병부대를 뚫어내기가 얼마나 어려운지를 보여줬다. 하지만 당시 사람들은 70여 년 전에 있었던 유럽 강대국 간의 전쟁을 기준으로 1914년에 시작된 전쟁이 어떻게 전개될지를 예상했다. 1859년 프랑스-오스트리아 전쟁, 1866년 프로이센-오스트리아 전쟁, 1870~1871년 프로이센-프랑스 전쟁에서는 전투가 대체로 몇 주에서 길어야 몇 달 안에 끝이 났다.

　당시에는 아직 1890년대 이후 20여 년간 군사 기술이 얼마만큼 빠르게 변화했으며 그 변화가 방어 측에 어떤 이점을 가져다줬는지를 미처 깨닫지 못한 사람이 많았다. 가령 제1차 세계대전에서 영국군을 이끈 장군들은 대부분 1890년대에 육군 참모대학의 교육 과정을 이수했는데, 이 과정은 당시로선 꽤 최근에 있었던 전쟁 사례들(1861~1865년 미국의 남북전쟁, 프로이센-프랑스 전쟁, 1877~1878년 러시아-튀르크 전쟁 등)을 다뤘다. 학생들은 총알을 총구에 밀어 넣는 구식 전장총 대신에 총열의 뒤쪽에서 총알을 장전하는 후장총을 사용하면서 보병의 화력이 어느 정도로 강해졌으며, 강선포와 고폭탄의 도입으로 포병의 화력이 얼마만큼 향상되었는지를 배웠다. 하지만 수업에서는 1880년대 말 처음 실전에서 사용된 탄창식(여러 발의 총알을 연속으로 쏜 뒤 탄창을 갈아 끼우는 방식) 소총과 신형 기관총의 위력이나 1890년대부터 고폭탄에 리다이트$_{lyddite}$˙를 쓰기 시작하면서 폭탄의 파괴력이 완전히 달라졌다는 사실을 다루지 않았다.

전쟁에 나선 이들은 누구 할 것 없이 방어선을 구축한 보병이 얼마나 위력적인지, 그 방어선을 뚫어내기가 얼마나 어려운지를 깨닫고 충격에 빠졌다. 오늘날에는 용감한 사자들을 도살장으로 이끄는 당나귀로 제1차 세계대전 당시의 군 지휘관들을 비유하지만, 지난 수십 년간 학자들과 군사 이론가들은 이러한 생각에 반박해왔다. 참호선이 스위스 국경에서부터 영국해협까지 이어져 있어 달리 측면으로 우회할 길이 없었던 서부전선의 상황을 고려하면, 지금도 참호를 향해 돌격하는 것 외에 다른 공격 방식을 떠올리기란 어렵다. 이 전쟁에 나선 모든 나라는 전술과 작전 측면에서 많은 것을 배워야 했으며, 병사와 장교들은 새로운 현실에 적응해야 했다. 그리하여 보병 전술은 화력과 기동을 중시하는 방향으로 빠르게 바뀌었고, 전쟁이 진행되는 동안 포병을 운영하는 방식도 눈에 띄게 발전했다. 또, 이 전쟁에서 처음으로 전차가 전장에 투입되었으며, 가끔 정찰용으로 쓰이던 항공기는 현대식 전투기와 폭격기의 전신으로 발전했다.

따라서 제1차 세계대전의 지휘관들을 단순히 얼간이로 취급하

● 피크르산을 주성분으로 한 고폭탄용 폭약.

는 것보다는 그들이 새로운 형태의 전쟁을 몸소 겪으며 배우는 중이었다고 인정하는 편이 더 공정한 평가라 할 수 있다. 하지만 당시의 참상을 보면 그들이 좀 더 빨리 배우고 적응했더라면 어땠을까 하는 아쉬움이 남긴 한다. 1916년 솜전투에서 협상국 진영의 영국과 프랑스는 각각 42만 명, 20만 명의 사상자를 냈고, 이들에 맞선 동맹국 진영의 독일은 최소 45만 명의 사상자를 냈다.** 또, 같은 해에 벌어진 베르됭전투에서는 프랑스군이 35만 명, 독일군은 37만 5000명에서 40만 명에 이르는 병력을 잃었다. 그사이 동부 전선에서는 또 다른 협상국 러시아가 공세 작전을 감행해 전쟁 중 가장 큰 성과를 올렸다. 브루실로프공세라 불리는 이 작전에서 러시아는 오스트리아 치하에 있던 갈리치아(오늘날 폴란드와 우크라이나의 일부)를 대부분 점령했지만 약 150만 명의 사상자를 냈으며, 반대 진영의 독일과 오스트리아-헝가리 제국은 100만 명에 달하는 병력을 잃었다. 이 모든 전투가 고작 1년 만에 벌어진 것이다.

　　이렇듯 막대한 희생자를 내며 몇 년간 이어질지도 모르는 전쟁을 치르는 상황에서 각국은 그에 대응하기 위해 경제 구조를 송두리째 뜯어고쳐야 했다. 이 전쟁에서 참전국들은 전장에 투입할 병력도 부족했지만, 탄약은 훨씬 더 부족했다. 전쟁의 양상이 바뀔 때 그에 필요한 물자의 양이 얼마만큼 늘어났는지를 가장 잘 보여주는 사례는 포탄이다. 1870~1871년 프로이센-프랑스 전쟁은 당시에도 더 파괴적인 포격전의 시작을 알린 사건으로 평가받았는데, 이 전쟁에서 프로이센과 독일 연방의 군대는 한 달에 약 8만 발의 포탄을 발사

●●　협상국과 동맹국은 제1차 세계대전에서 대립한 두 진영을 가리키는 말이다.

**경제학이 결국 자원의 배분을 다루는 학문이라면,
총력전은 본질상 경제학적인 문제라 할 수 있다.**

———

했다. 그러나 1914년 독일군은 한 달에 포탄 90만 발을 사용했으며, 1918년에는 매달 800만 발씩을 쏴댔다. 제1차 세계대전이 발발하기 전에는 어떤 정부나 군대, 보급 조직도 이처럼 어마어마한 포탄 수요에 대비하지 않았다. 일례로 프랑스군은 전쟁 직전 500만 발의 포탄을 보유하고 있었으며, 매달 10만 발씩 생산할 계획을 세웠지만, 포탄 재고는 1914년 크리스마스 무렵에 이미 바닥을 보였다.

이제 정책 결정권자들은 승리에 필요한 다른 요소들을 해치지 않는 선에서 이러한 수요를 감당할 방법을 찾아야 했다. 이 문제를 풀어가는 과정은 고통스러운 딜레마의 연속이었다. 참전국들은 전선에서 싸울 병력을 유지하는 동시에 갈수록 더 많은 군수품을 생산하기 위해 노동력을 충원해야 했다. 그들은 전투에 충분한 자원을 투입해야 했지만, 민간 경제에 자원이 부족해져 경제가 무너지거나 혁명이 일어나는 일은 무슨 수를 써서라도 막아야 했다. 경제학이 결국 자원의 배분을 다루는 학문이라면, 총력전은 본질상 경제학적인 문제라 할 수 있다.

참전국들은 저마다 다른 방식으로 이 문제에 대처했지만, 여기에는 언제나 공통점이 있었다. GDP 대비 군비 지출 같은 지표를 보면 알 수 있듯, 각국의 경제에서 정부가 차지하는 비중은 전례 없는 수준으로 커졌으며, 거의 모든 국가에 정부가 주도하는 일종의 통제 경제 체제가 들어섰다.

영국은 제1차 세계대전이 시작될 당시만 해도 이것이 늘 해오던 전쟁 중 하나일 뿐이라 믿었다. 그들은 전쟁이 빠르게 끝날 것이며, 자신들은 예전처럼 유럽 대륙의 동맹국들에 자금을 지원하고, 지상전에는 소규모 병력만 파견한 채 해군의 역할에 집중하면 된다고 생각했다. 그러나 이 모든 가정은 전쟁이 시작된 지 18개월 만에 산산이 부서지고 말았다.

처음에 영국은 정말로 평소와 다름없이 전쟁을 치르려 했다. 영국의 육군과 해군은 한정된 포탄을 두고 서로 경쟁을 벌이며 포탄 가격을 끌어올렸다. 그러나 4년 뒤인 1918년 영국 경제는 전쟁 초기와 완전히 다른 모습으로 변해 있었다. 여기에는 특히 새로 설립된 군수부가 큰 공헌을 했는데, 수십 년 뒤 프랭크스는 바로 이들의 활동을 열심히 참고했다. 그사이 영국의 연간 포탄 생산량은 1913년 50만 개에서 1918년 9000만 개로 늘어났고, 기관총 생산량도 300정에서 8만 정으로 늘어났다. 정부는 1915년부터 직접 무기 공장을 짓는 한편, 민간이 소유한 공장의 활동까지 지휘하기 시작했으며, 1916년에는 철도, 화학 산업, 탄광, 해운업의 통제권을 장악했다.

총력전 상황에서 특히 중요한 것은 인력을 계획적으로 배치하고 운용하는 일이었다. 1914~1915년에는 자원 입대자의 수가 급증하면서 제조업과 광업 분야 인력의 25퍼센트가 빠져나갔고, 1916년 영국 근현대 역사상 최초로 징병제를 도입한 뒤 2년이 지난 1918년에는 그 비율이 45퍼센트까지 늘어났다. 그러자 정부는 1915년부터 숙련 노동자들을 산업 현장으로 돌려보내기 시작했고, 그들이 사회로 복귀했을 때 비겁하다거나 책임을 회피한다고 오해받지 않도록 국가의 명에 따라 임무를 수행하고 있음을 나타내는 배지를 지급했다. 여기에 더해 전쟁이 진행되는 동안 영국 정부는 총 250만 명의 신규 노동자(그중 3분의 1은 여성이었다)를 제조업 부문에 투입했다.

전쟁은 영국 경제를 위기로 몰고 갔다. 전쟁 전까지만 해도 세계 최대의 채권국으로서 각국에 돈을 빌려주던 영국은 미국으로부터 막대한 자금을 차입하며 채무국으로 전락했다. 핵심 산업들은 전시 상황에 맞게 재편되었으며, 중요한 수출 시장들도 사라졌다. 그러나 영국은 전쟁으로 인명 피해뿐 아니라 막대한 경제적·재정적 비용을 치르기는 했어도, 전반적으로 경제를 잘 운영한 편이었다. 시민들은 물가 상승과 높은 세금, 생활 수준 저하로 불만이 많았지만, 국가 안에서 위기가 발생한 적은 없었다. 전장에서 쓸 포탄이 부족하다는 이야기가 언론에서까지 주목을 받고, 군에서는 걸핏하면 병력이 부족하다고 불평했지만, 영국은 마지막까지 전쟁을 지속한 끝에 승리할 수 있었다. 요컨대, 영국은 어렵고 고통스러운 딜레마에서 어떻게든 절충점을 찾는 데 성공했다.

물론 모든 나라가 이런 결과를 얻은 것은 아니었다. 총력전을 치른 끝에 국가와 체제가 무너진 대표적인 사례는 영국과 같은 진영에 속한 러시아였다. 러시아는 전쟁 초기 영국이 지녔던 여러 이점을 거의 누리지 못했다. 러시아의 산업은 영국과 비교도 안 될 만큼 규모가 작았고, 운송 체계도 훨씬 뒤떨어져 있었다. 게다가 당시 러시아의 정치 체제는 엘리트 계층과의 협의가 늘어난 듯한 모습을 보였지만, 본질은 여전히 전제군주제를 벗어나지 못했기에, 총력전에 따른 딜레마와 마주할 준비가 되어 있지 않았으며, 그러한 딜레마를 인식조차 하지 못할 때도 많았다.

이에 따른 영향은 전시 상황에 가장 중요한 식량 시장에서 두

드러지게 나타났다. 1914년 러시아군은 농민 중심의 농촌 사회에서 1500만 명의 병력을 소집했고, 농업에 쓰이던 말 수백만 마리를 징발했다. 전쟁 전 곡물 생산량의 약 10퍼센트를 수출했던 러시아는 농민과 말을 전쟁에 투입해 농업 생산이 타격을 입더라도 수출을 중단하면 국내의 식량 수요를 감당할 수 있으리라 생각했다. 하지만 현실은 그들의 기대와 달랐다.

이후 3년간 러시아는 총체적 난국에 빠졌다. 농민과 말이 한꺼번에 농촌에서 빠져나가면서 농업 생산량이 줄어든 데 이어, 1914~1915년 독일이 현재의 폴란드와 발트해 지역까지 진격하면서 농지의 6퍼센트를 빼앗겼다. 하지만 식량 공급망이 받은 타격은 숫자로 보이는 것보다도 훨씬 심각했다. 러시아인 250만 명이 독일군의 진격을 피해 차르가 다스리는 영토로 도망쳐 오면서 경작지와 농민, 쟁기를 끌 말이 줄어든 상황에서도 먹여 살려야 할 인구는 오히려 늘어났기 때문이다.

그러는 사이 러시아군은 병력과 군수물자를 수송하기 위해 철도를 점차 독점적으로 사용했고, 시골에서 도시로 곡물을 운송하던 열악한 철도망마저 제대로 작동하지 못하게 만들었다. 이에 따라 러시아에서는 식량을 생산하더라도 정작 필요한 곳으로 보내지 못하는 일이 많아졌다.

그러나 러시아에는 더 근본적인 경제구조상의 문제가 있었다. 당시 러시아에서는 전쟁 이전에 수출용으로 재배하던 작물들을 도시로 보내는 것이 아니라 생산 자체를 중단하는 상황이 벌어졌다.

전쟁이 발생하기 전 러시아의 도시와 농촌 간의 관계는 다른 유럽 지역과 비슷했다. 도시는 산업재와 소비재를 생산해 농촌에 판매한 후, 그 수익으로 농촌에서 생산한 식량을 구매했다. 바꿔 말해, 농민들은 농촌에서 소비하는 것보다 많은 식량, 즉 잉여 농산물을 생산하고 이를 판매한 돈으로 원하는 상품을 구매하는 식이었다. 국가의 경제는 보통 이런 식으로 돌아가기 마련이다.

하지만 전쟁이 길어지면서 러시아의 산업은 갈수록 전쟁 물자 생산에 치중하게 되었다. 경제학 용어로 말하면 이는 도시와 농촌 간의 교역 조건에 변화가 생겼다는 뜻이었다. 이제 민간에서는 공산품을 구하기가 훨씬 어려워졌고, 민간의 몫으로 남은 공산품마저도 대부분 도시 인근에 사는 소비자들 손에 들어갔다. 농촌에서는 이제 예전처럼 농사를 지어도 살 수 있는 물건이 거의 없다 보니 농민들이 잉여 농산물 생산을 그만두는 경우가 허다했다. 이로써 농촌과 도시 사이의 일상적인 교환 구조가 무너지자 도시에서는 식량이 부족해지기 시작했다.

독일과 오스트리아-헝가리 제국을 비롯한 유럽의 다른 농업 국가들도 전쟁 중에 같은 문제를 겪었지만, 러시아만큼 심각하지는 않았다. 제정 러시아와 그 뒤를 이은 러시아 공화국의 임시 정부는 농촌에서 식량을 이송하도록 강제할 수단 자체가 없었다. 이는 권위주의 체제를 표방한 나라들이 실제로는 자신의 뜻을 강요할 역량이 부족했음을 보여주는 또 하나의 사례다. 이후 러시아에서는 볼셰비키가 '평화와 빵'이라는 구호를 외치며 권력을 잡았다. 뒤에서 다시 살펴보겠지만, 그들은 집권 초기에 도시와 농촌 간의 교환 구조를 복원하기 위해 때로는 국가 권력을 강압적으로 휘두르며 많은 정책을 시행했다.

제1차 세계대전에서 각국이 총력전에 얼마나 잘 대처했는지를 기준으로 볼 때, 영국과 러시아가 양극단에 있었다면, 독일은 그 중간쯤에 있는 나라였다. 독일은 영국과 마찬가지로 군수물자 생산에 집중하는 계획·통제 경제 체제로 서서히 전환했지만, 그 과정에서 영국과 몇 가지 중요한 차이를 보였다.

1914년 8월, 독일은 전시법을 제정해 국가가 운송망과 몇몇 핵심 원자재에 대해 더 큰 통제권을 갖도록 했으며, 일부 품목이나 활동에는 가격 상한선을 설정할 수 있게 했다. 독일이 이렇게 영국보다 한발 앞서 경제에 개입한 것을 보면, 그들이 평소와 다른 자세로 전쟁에 임했음을 알 수 있다. 그러나 1914년 가을이 되자 전쟁을 단숨에 끝내려던 독일의 계획은 실패로 끝났고, 전쟁이 예상보다 길어질 것이 분명해지면서 추가적인 조치가 필요해졌다. 독일은 민간 기업들이 군수물자 생산에 참여하도록 재정 지원을 늘림으로써 더 많은 자원을 전쟁에 투입했다. 그리고 1916년 '힌덴부르크 계획'을 시행한 독일은 그야말로 모든 자원을 전쟁에 총동원하기 시작했다.

동부 전선의 총사령관이었던 파울 폰 힌덴부르크와 그의 측근 에리히 루덴도르프 장군은 1916년 중반까지 러시아군을 상대로 큰 전과를 올리며 우세를 점했고, 그해 8월 힌덴부르크는 참모총장으로 진급해 독일의 전쟁을 총괄하게 되었다. 같은 해 9월 그는 루덴도르프와 함께 프랑스 북부 점령지의 전선 인근에 있는 캉브레로 가서 서부 전선의 지휘관들과 회의를 열었다. 앞서 언급했듯, 서부 전선의 독일군은 솜과 베르됭에서 벌어진 전투로 많은 병력을 소모하고 있었다.

현장의 지휘관들에 따르면, 문제는 협상국 측이 포병 전력에서 우위에 있다는 점이었다. 서부 전선의 독일군은 7월부터 8월까지 솜강 유역에서 싸우는 동안 열차 470편 분량의 포탄을 보급받았지만, 실제로는 비축분을 포함해 열차 587편 분량의 포탄을 사용했다고 보고했다. 힌덴부르크 계획에 따라 설립된 독일 전쟁국은 포탄 생산량이 턱없이 부족한 상황을 타개하기 위해 경제 전반에 걸쳐 강력한 권한을 행사하기 시작했다. 이후 독일에서는 전쟁 관련 산업을 중심으로 인력을 재배치해 해당 부문의 고용이 44퍼센트 증가했고, 그 밖의 부문에서는 고용이 40퍼센트 줄어들었다. 여기에 더해 독일은 국제법을 어기고 전쟁 포로들을 강제 노동에 동원하기까지 했다.

독일군의 최고사령부가 주도한 경제 계획은 반대 진영에 있던 영국이나 프랑스와 크게 다르지 않아 보인다. 그러나 독일과 두 나라 사이에는 세 가지 결정적인 차이가 있었다. 첫째, 독일은 영국의 해상 봉쇄 탓에 주요 수입품을 들여오지 못하면서 갈수록 큰 피해를 입고 있었다. 둘째, 영국이나 프랑스와 달리 독일은 러시아만큼은 아니더라도 농촌과 도시 간의 교환 구조가 무너지는 문제를 겪었다. 마지막으로 가장 중요한 차이는 독일의 전시 경제가 전적으로 군의 주도 아래 운영되었다는 점이다.

영국과 프랑스에서도 정부가 경제 전반에 새로운 권한을 행사했다는 점은 같았지만, 두 나라는 민간이 주도하는 민주 국가의 틀을 간신히 유지하고 있었다. 그에 반해 독일에서는 군의 요구를 무엇보다 우선했으며, 민간의 요구는 뒷전으로 밀려났다. 그러나 군이 주도한 경제체제는 전쟁에 필요한 자원을 제대로 확보하지도 못했으며, 1918년에는 독일군이 서부 전선에서 패배해 후퇴함에 따라 전쟁을 뒷받침하던 국내의 사회적·경제적 기반마저 무너지는 데 일조했다.

이렇듯 총력전은 단순히 군수물자 생산을 극대화한다고 해서 이길 수 있는 싸움이 아니었다. 총력전의 핵심은 더 많은 군사 자원을 확보하면서도 민간 경제가 무너지지 않도록 균형을 잡는 것이었다.

경제학적 관점에서 보면, 제2차 세계대전은 제1차 세계대전과 비슷한 점이 많았다. 그러나 이번에는 어떤 나라도 평소와 같은 자세로 전쟁에 임하지 않았다. 참전국들은 전쟁이 선포되자마자 약속이라도 한 듯 경제를 통제·지휘·계획하기 시작했다.

제2차 세계대전의 군수물자 생산량은 앞선 전쟁을 압도하는 수준이었으며, 인명 피해 역시 훨씬 심각했다. 전차 생산량을 예로 들어보자. 1939년 영국은 전차 300대를 생산했지만, 전쟁이 끝날 때까지의 총생산량은 2만 9000여 대에 이르렀다. 그리고 같은 기간 나치 독일은 그보다 훨씬 많은 4만 6300대의 전차(자주포 포함)를 생산했다.

하지만 20세기에 있었던 두 차례의 총력전은 생산 규모뿐만 아니라 생산의 핵심 주체에도 차이가 있었다. 제1차 세계대전의 주요 산업 강국이 영국과 독일이었다면, 제2차 세계대전에서는 미국과 소련이 그 자리를 차지했다. 일례로 미국은 1941년부터 1945년까지 전차와 자주포 9만 9500대를 생산했고, 소련은 같은 기간 10만 2800대를 생산했다.

이 전쟁에서 미국은 자국 군대는 물론 동맹국인 영국과 소련 군대에도 필수 장비를 공급하면서 그야말로 '민주주의의 병기창' 역할을 맡았다. 그 일환으로 미국은 1941년 무기대여법을 제정해 GDP의 7퍼센트를 동맹국 지원에 투입했다. 1943~1944년 영국이 무기대여법에 따라 지원받은 물자는 연간 GDP의 20퍼센트에 달했다. 한편 소련은 영국만큼 많은 지원을 받지는 않았지만, 미국이 제공한 물자는 소련의 전쟁 수행에도 결정적인 역할을 했다. 가령 1944~1945년 소련이 베를린까지 긴 거리를 진격하는 동안 소련군의 보급과 이동을 책임진 트럭과 지프 60만 대 중 약 3분의 2는 미국에서 지원받은 것이었다.

20세기의 두 총력전을 종합해서 살펴보면 몇 가지 경제적 교훈을 얻을 수 있다. 첫째, 제1차 세계대전에서 영국과 독일이 맞이한 결과를 보면 알 수 있듯, 총력전의 승패는 단순히 누가 더 무기를 많이 생산하느냐에 달려 있지 않다. 두 번째로 그보다 더 중요한 교훈은 결국 경제력이 총력전의 승패를 좌우한다는 것이다. 단기적으로는 운이나 우연, 돌발적인 변수가 전황에 큰 영향을 미친다. 전장에서는 무슨 일이든 벌어질 수 있으며, 객관적인 전력만 따지면 이길 가능성이 적어 보이는 군대가 예기치 못한 승리를 거둘 때도 있다. 제2차 세계대전 당시 독일을 포함한 대다수 국가의 지도자들은 1940년 5월까지만 해도 독일이 고작 3개월 사이에 덴마크와 노르웨이, 저지대 국가들을 점령하고 프랑스까지 항복시킬 거라고는 예상하지 못했다. 그런가 하면 때로는 스포츠 경기에서처럼 승리가 유력해 보이는 쪽이 전투에 패하기도 한다. 그러나 중요한 것은 장기적으로 보면 운보다 잠재적인 생산 능력이 전쟁의 결과에 훨씬 큰 영향을 미친다는 점이다. 총력전에서는 전투나 작전에서 패하더라도 손실을 보충하고 다시 일어설 수 있는 쪽이 최후의 승자가 되는 것이다.

영국은 제1차 세계대전을 겪으며 이를 뼈저리게 실감했다. 영국 재무부는 금융, 경제, 산업의 역량과 잠재력을 해군, 공군, 육군에 이은 '제4의 방위 수단'이라 일컬었다. 이에 따라 1930년대 영국은

결국 경제력이 총력전의 승패를 좌우한다.

장기전에서의 승패를 좌우할 경제적 기반을 유지하면서도 단기전에서 빠르게 무너지지 않을 만큼의 전력을 갖추는 것을 전제로 전쟁 계획을 세웠다.

두 차례의 세계대전에서 독일과 그 우방국들은 전쟁이 진행되는 동안 점차 경제력 면에서 불리해졌다. 1914년 협상국 전체(식민지와 제국 포함)의 GDP는 동맹국 진영의 3배에 달했으며, 1917년 미국이 참전한 이후에는 그 격차가 5배까지 벌어졌다. 한편 제2차 세계대전 시기의 관련 통계를 보면, 독일과 일본이 각각 유럽과 아시아에서 얼마나 큰 성과를 거뒀는지, 그리고 연합국의 미래가 가장 불확실했던 시점은 언제였는지와 같은 흥미로운 사실들을 알 수 있다.

1939년 연합국은 경제력에서 우위에 있었지만, 그 격차는 승패를 결정지을 만큼 크지는 않았다. 영국과 프랑스, 그리고 개전 당시 이들의 동맹국과 식민지의 GDP를 합치면 약 1조 250억 달러(1990년 달러 기준)였으며, 추축국의 총 GDP는 7510억 달러였다. 그러나 1940~1942년 독일과 일본이 유럽과 아시아에서 광대한 영토를 차지하면서 추축국의 GDP는 1조 5520억 달러로 증가한 반면, 연합국의 GDP는 소련과 미국이 참전한 이후에도 1조 4440억 달러에 그쳤다. 따라서 전쟁이 절반쯤 진행된 1942년은 전세가 어느 쪽으로든 기울 수 있었던 중대한 분기점이었다.

하지만 이후 미국이 생산력을 급격히 늘리고 소련 역시 이에 맞먹는 속도로 생산력을 끌어올리는 동안, 추축국은 점령했던 영토와 자원에 대한 통제권을 잃기 시작했다. 일례로 미국은 1930년대 대공황 이후 제대로 활용하지 못했던 자원을 총력전의 수요에 맞춰 재가동하면서 GDP가 1941년 1조 940억 달러에서 1945년 1조 4740억 달러로 증가했다. 그 결과 1944년 연합국의 GDP는 추축국의 3배에 달했고, 1945년에는 5배까지 늘어났다. 경제력의 차이는 이번에도 전쟁의 향방을 결정한 것이다.

한편 연합국 진영의 서방 국가들은 동맹인 소련이나 추축국들보다 1인당 소득 수준이 높았으므로, 1944년 무렵부터는 병력에 의존하는 구식 전쟁이 아니라 고폭탄, 항공기, 대포, 전차를 중심으로 하는 이른바 '부자의 전쟁'을 수행할 수 있었다.

두 차례의 총력전에서 대립한 두 진영은 자국의 경제를 전시 상황에 맞춰 재편하는 한편, 경제전을 통해 적의 경제적 기반을 흔들고자 했다. 경제전이란 쉽게 말해 적군에 물자를 보급하는 공급망을 공격함으로써 적의 전투력을 간접적으로 무너뜨리려는 시도로 정의할 수 있다. 경제전은 20세기에 처음 등장한 개념이 아니다. 미국의 남북전쟁에서 셔먼 장군이 주도한 바다로의 행군이나 나폴레옹의 대륙봉쇄령, 나아가서는 중세의 해링까지도 일종의 경제전에 해당한다. 그러나 20세기에 들어서면서 경제전은 범위와 규모가 커졌을 뿐만 아니라 훨씬 더 잔혹해졌다. 고모라작전과 도쿄대공습, 그리고 일본에 떨어진 원자폭탄은 모두 근본적으로 경제전을 위한 수단이었다.

양차 세계대전에서 경제전의 핵심 무기는 잠수함과 폭격기였다.

20세기 초 사람들은 순진하게도 잠수함이 상선을 상대로 그다지 쓸모가 없는 무기라 생각했다. 잠수함이 수면으로 올라와 상선에 경고를 보낸 다음, 필요한 경우 선원들을 포로로 잡다 보면 구조 병력이 도착할 가능성이 컸기 때문이다. 이 모든 과정을 하나하나 거치려면 시간이 오래 걸릴 수밖에 없었다. 당시까지만 해도 정규군에 소속된 해군 함정이 민간 선박을 경고 없이 격침해 선원들을 살해하는 것은 상상조차 하기 어려운 일이었다.

그러나 총력전이라는 긴박한 위기 속에서 적국이나 중립국의 민간인 선원을 함부로 살해하는 일을 금지하는 규범은 빠르게 설 자리를 잃었다. 이후 폭격기의 활용 방식에 관한 규범 역시 이와 비슷한 변화를 겪었다.

제1차 세계대전이 시작된 뒤 6개월여 동안 독일의 잠수함 승조원들은 많은 어려움을 겪었다. 그들은 기존의 해전 규칙에 따라 먼저 수면으로 올라간 다음 항복을 요구해 영국의 상선을 나포하려 했다. 문제가 있다면 수면 위에서는 무장이 가벼운 상선조차 잠수함보다 강한 화력을 낼 때가 많다는 점이었다. 당연한 이야기지만, 나포 대상의 화력이 나포하려는 쪽보다 강하다면, 나포가 쉽게 이루어질 리가 없었다.

1915년 2월 독일은 이러한 상황을 타개하고자 '무제한 잠수함 작전'을 개시했다. 독일 정부는 영국 주변 해역을 전쟁 지역으로 선포하고, 잠수함 부대에 이 해역 내의 적국 선박은 경고 없이 격침해도 좋다는 명령을 내렸다. 나아가 독일은 바다에서는 선박을 식별하기가 어려우므로 이 해역에 들어오는 모든 선박은 격침당할 위험이 있다고 중립국들에 경고했다. 오늘날 잘 알려진 것처럼 잠수함을 활용해 적의 상선을 적극적으로 공격하는 전략은 바로 이때부터 시작된 것이다.

　작전의 결과 영국과 다른 협상국들의 선박 손실은 1914년 8월에는 월 6만 톤 수준에서 1915년 봄에는 월 10만 톤으로 급증했다. 그러나 독일은 이 작전 탓에 외교적으로 큰 대가를 치러야 했다. 1915년 5월, 영국 여객선 루시타니아호가 독일 잠수함이 쏜 어뢰에 맞아 침몰하면서 민간인 탑승자 2000명 중 1200명이 사망했으며, 이 중에는 미국인 128명도 포함되어 있었다. 이 사건 이후 외교적 압력과 무역을 단절하겠다는 위협에 시달리던 독일은 작전을 시작한 지 8개월여 만인 1915년 9월 작전을 중지했다.

　1916년 말 독일 경제는 전쟁이 길어지면서 심각한 위기에 빠질 조짐을 보였다. 하지만 그사이 전쟁 초기 12척이었던 독일 해군의 잠수함 숫자는 100척으로 늘어났으며, 잠수함의 작전 반경과 속도, 무장도 향상되었다. 1916년 12월, 독일 해군참모총장 헤닝 폰 홀첸도르프는 전쟁의 향방을 바꿀 중요한 문서를 작성했다. 그는 양과 질 모두 우수한 잠수함 함대야말로 전쟁을 승리로 이끌 무기라고 주장했다. 무제한 잠수함 작전을 다시 한번 시행하면, 협상국의 선박을 매달 60만 톤씩 침몰시킬 수 있으며, 영국의 식량 수입에 치명타를 가해 영국을 6개월 안에 협상 테이블로 끌어낼 수 있다는 것이 그의 논리였다. 1917년 1월 독일의 황제는 이 계획에 동의했고, 독일은 그해 2월부터 다시 무제한 잠수함 작전을 개시했다.

　이 작전은 어느 정도 성과를 거뒀다. 같은 해 2월, 협상국 진영은 52만 톤에 달하는 선박을 잃었고, 4월에는 선박 손실이 80만 톤을 넘어섰다. 영국과 다른 협상국들은 물자의 운송 속도가 느려지는 한이 있더라도 상선을 지키기 위해 군함으로 호위하는 수밖에 없었다.

　　　　　　　　　　　　　　　　　　　　　　　　　　　　　세계대전

**전함이 아닌 회계사들이 감독한 간접 봉쇄는
독일의 잠수함 함대만큼이나 큰 효과를 발휘했다.**

———

하지만 그들은 1917년 말까지도 매달 30만 톤이 넘는 선박을 잃었다. 독일 해군은 1917년 한 해 동안 약 600만 톤의 선박을 침몰시켰는데, 이는 홀첸도르프조차 예상하지 못한 성과였다.

그러나 결과적으로 이 작전은 처참한 실패로 끝이 났다. 영국은 막대한 손실에도 굴하지 않고 전쟁을 계속해나갔으며, 독일의 무차별적인 상선 공격은 오히려 미국이 참전하는 계기를 만들었다.

한편 영국은 독일을 상대로 한 경제전에서 독일만큼 잠수함을 활용하지 않았는데, 가장 큰 이유는 침몰시킬 독일 상선 자체가 많지 않다는 데 있었다. 영국은 1914년부터 독일의 해상을 봉쇄했으며, 1915년부터는 무역 제재를 더욱 강화해 독일을 압박했다.

독일은 네덜란드, 스위스, 스칸디나비아 국가들 같은 중립국들과 무역을 계속할 법적 권리가 있었으며, 이 나라들을 통해 영국이나 다른 협상국들이 생산한 물자를 구매할 수도 있었다. 가령 네덜란드의 회사가 영국에서 전쟁 물자를 수입한 다음 독일에 재판매하더라도 이를 막을 만한 근거는 없었다. 그러나 전시 상황에서 법적인 원칙 따위는 금세 무력화되었다. 영국에서는 해군이 북해를 거쳐 독일로 향하는 해상 무역을 차단하는 사이, 회계사들도 그에 못지않게 해상 봉쇄에 중요한 역할을 했다. 영국 정부는 1915년부터 네덜란드와 같은 중립국들이 국내에서 소비하는 수입 물자의 양을 계산해 딱 그만큼의 양만 수출하도록 제한을 두었다. 이처럼 전함이 아닌 회계사들이 감독한 간접 봉쇄는 독일의 잠수함 함대만큼이나 큰 효과를 발휘했다.

영국의 제재가 거둔 효과는 통계에서도 확연히 드러난다. 영국은 식량 자급률이 40퍼센트에 불과했지만, 1914년부터 1918년까지 기근으로 사망한 사람이 한 명도 없었다. 반면 식량 자급률이 75퍼센트를 넘었던 독일에서는 75만여 명이 굶어 죽었다. 또, 1914년 영국의 육류 소비량은 지난해보다 20퍼센트가량 감소한 데반해, 독일은 무려 80퍼센트 가까이 줄어들었다.

영국의 해상 봉쇄와 군사적 요구만을 우선한 독일의 무질서한 경제 운영이 독일의 패배에 각각 어떤 영향을 끼쳤는지를 명확히 구분하기는 쉽지 않다. 영국의 직접적인 봉쇄가 거둔 효과와 독일이 1914년 주요 무역 상대국들에 선전포고하면서 자초한 피해를 구분하는 것도 마찬가지로 어려운 일이다. 그러나 이러한 요인들 가운데 무엇을 더 중요하게 평가하든 간에, 1914~1918년의 경제전에서 어떤 전략이 성공했고 어떤 전략이 실패했는지는 자명하다.

한편 제2차 세계대전의 경제전은 제1차 세계대전보다 훨씬 치열했다. 제1차 세계대전의 경제전을 상징하는 무기가 잠수함이었다면, 제2차 세계대전에서는 폭격기가 그 자리를 대신했다.

1930년대의 정책 결정권자와 전략가들은 폭격기에 집착하다시피 했다. 1937년 4월 26일, 독일의 콘도르군단(스페인내전에서 파시스트 편에 섰던 독일의 공군 의용부대)은 이탈리아 동맹군과 함께 바스크 지방의 도시 게르니카에 공습을 가했다. 민간인 150~300명을 살해한 이 공습은 피카소의 대표작 〈게르니카〉에 영감을 줬으며, 전 세계 언론의 이목을 끌었다. 사람들은 앞으로 전장의 병사나 바다를 오가는 상선의 선원들뿐만 아니라 전선에서 멀리 떨어진 민간인들까지 폭격의 대상이 될 수 있다고 우려했다. 가령 1938년 영국 정부는 영국이 두 달 동안 폭격을 받으면 민간인 60만 명이 사망하고 100만 명이 넘는 부상자가 나올 것으로 예측했다. 당시에는 이처럼 폭격기가 언제든 방공망을 뚫고 목표를 공격할 수 있다는 믿음이 널리 퍼져 있었다.

제2차 세계대전 초기에 일어난 폭격은 많은 사람이 두려워하던 만큼 파괴적이지 않았다. 독일과 영국은 보복을 우려해 선제공격에 나서기를 꺼렸지만, 결국 1940~1941년 서로의 도시에 폭격을 가했다. 이 시기 독일이 영국에 가한 '대공습'은 지금도 영국인들의 기억에 생생히 남아 있다. 하지만 양측이 주고받은 폭격은 제2차 세계대전 막바지인 1944~1945년과 비교하면 그리 치명적이지 않았다. 전쟁 초기 두 나라의 공군은 전쟁 전에 퍼진 과장된 공포를 현실로 만들 만큼 강한 전력을 갖추지 못했기 때문이다. 양국의 폭격기는 숫자도 적었고, 이후에 등장한 폭격기와 달리 무거운 폭탄을 실어 나르기에 적합하지 않았다.

그러나 흥미롭게도 영국과 독일은 이러한 경험에서 전혀 다른 교훈을 얻었다. 독일 공군은 '전략 폭격'에 큰 효과가 없다고 보고 사실상 이를 포기한 반면, 영국 공군과 이후에 참전한 미국 육군항공군은 폭격에 훨씬 더 많은 자원을 투입했다. 1941년 말, 연합군 항공대는 유럽의 독일 점령지에 매달 1000톤의 폭탄을 투하했는데, 이 숫자는 1944년 중반에 이르러 월 10만 톤을 넘어섰다. 미국 육군항공군과 영국 공군은 1943년부터 1945년까지 주간과 야간에 번갈아 가며 독일 점령지를 폭격했다. 많은 사람이 당시 연합군의 폭격 방식을 설명하면서 미국은 '정밀' 폭격을 선호했고 영국은 '지역' 폭격을 선호했다는 차이를 지적하곤 한다. 그러나 1940년대 중반의 '정밀' 폭격은 '목표 지점 근처 어딘가'에 폭탄을 떨어뜨린다는 의미에 가까웠다.

영국이 '탈주거화dehousing'라는 완곡한 표현을 써가며 독일 노동자들이 살던 주택 지역을 파괴하려 했다면, 미국은 경제적으로 중요한 시설을 타격하는 데 주력했다. 그러나 목표물을 정확히 식별해서 폭격을 가하더라도, 그 결과는 계획에 비해 실망스러울 때가 많았다. 홀첸도르프가 주도한 무제한 잠수함 작전이 6개월 안에 전쟁을 끝내지 못했듯, 연합군의 폭격기가 독일 경제의 주요 기반 시설을 파괴해도 독일이 전쟁을 멈추게 만들 수는 없었다.

이를 잘 보여주는 사례로는 1943년 미국 육군항공군이 독일 슈바인푸르트 지역의 볼베어링 공장 지대를 폭격한 일을 들 수 있다. 볼베어링은 폭격의 목표로 삼기에 사소해 보일지 몰라도, 전쟁 물자를 생산하는 각종 기계와 거의 모든 차량에 들어가는 핵심 부품이었다. 미국은 슈바인푸르트 공습으로 독일의 볼베어링 생산 능력을 절반 이하로 줄이는 데 성공했으나, 전후 미국의 전략폭격조사단은 이 공격이 독일의 전쟁 수행 능력에 별다른 영향을 미치지 못했다는 실망스러운 보고를 내놓았다. 당시 독일은 볼베어링 생산량이 절반 수준으로 줄어들자, 비축해둔 볼베어링을 아껴 쓰면서 최대한 다른 부품으로 대체했다.

1944년, 미국 육군항공군은 독일의 인공 석유 생산 시설을 파괴해 연료 공급을 차단하려는 계획에 다시 한번 큰 기대를 걸었다. 그해 중반부터 연합군은 폭격의 10퍼센트 이상을 이 계획에 집중했다. 연합군은 이번에도 많은 생산 시설을 파괴하는 데 성공했지만, 실제로 경제에 미친 영향은 크지 않았다. 볼베어링의 사례와 마찬가지로, 독일은 인공 석유 생산량이 급격히 줄어들어 일시적으로 물자가 부족해지자, 비축분과 대체품을 활용하고 자원을 아껴 쓰면서 어떻게든 버텨냈다.

위의 두 가지 사례나 제1차 세계대전 당시 독일이 무제한 잠수함 작전으로 영국의 식량 수입을 막으려 했던 일에서 얻을 수 있는 진짜 교훈은 현대 경제가 수많은 부품이 맞물려 돌아가는 복잡한 기계 장치와 같다는 것이다. 또한 현대 경제는 특정 자원이 부족한 상황에서도 그에 적응하고 변화할 수 있다는 사실 역시 기억해야 한다.

1960년대에 경제학자 맨슈어 올슨Mancur Olson이 강조했듯, 전략 물자란 따로 존재하는 것이 아니며, 어떤 자원의 전략적 가치는 그 자원을 어디에 어떻게 사용하느냐에 달려 있다. 예를 들어 사람은 음식을 먹어야 하지만, 배고픔을 해결하는 수단은 한두 가지가 아니다. 경제는 일종의 공급망에 비유하면 더 쉽게 와닿기에 이 책에서도 같은 비유를 여러 번 사용했지만, 이는 자칫 오해를 불러일으킬 수 있다. 사슬처럼 여러 고리로 이루어진 공급망은 고리가 하나만 끊어져도 작동을 멈추기 쉽다. 하지만 현대 경제는 그보다 훨씬 견고해서 하나, 혹은 여러 개의 고리가 끊어지더라도 전체가 무너지는 일은 좀처럼 일어나지 않는다. 특정 자원이 부족하면 다른 물품으로 대체하거나, 쌓아두었던 재고를 사용하거나, 생산 공정 자체를 바꿀 수 있기 때문이다. 따라서 오늘날에는 어떤 나라가 전쟁에 꼭 필요하다고 여기던 요소를 이용하지 못한다고 해서 아예 전쟁을 치르지 못하게 되는 경우는 거의 없다.

이는 경제전이 두 차례의 세계대전에서 큰 역할을 하지 못했다는 이야기가 아니다. 다만 경제전은 벼락같은 일격으로 6개월 안에 전쟁을 끝내는 것이 아니라 서서히 피해를 누적하는 방식으로 경제에 영향을 끼쳤다. 제2차 세계대전 당시 독일에서는 자원의 재고가 느리지만 확실하게 소진되고 있었으며, 철도의 기점과 교차점이 거듭 폭격을 당하면서 운송망이 불안해지기 시작했다. 그리고 이에 못지않게 중요한 것은 경제전이 상대의 대응을 유도했다는 점이다. 1944년 독일은 공군 전투기의 80퍼센트 이상을 전선의 지상군 지원이 아닌 본토를 방어하는 데 투입했다. 그 결과 서부 전선의 서방 연합군과 동부 전선의 소련군은 제공권에서 우위를 점할 수 있었으며, 이는 1943년 이후 지상군의 진격에 큰 도움을 주었다. 그리고 독일은 전쟁 말기에 이르러 전기기계산업 생산량의 절반을 본토 방어용 대공포 생산에 투입하면서 다른 곳에 더 효과적으로 쓸 수 있었던 자원을 낭비했다.

정리하면 20세기에 있었던 두 차례의 총력전은 겉보기에는 상충하는 듯한 두 가지 교훈을 준다. 첫째, 총력전의 승패는 길게 보아 산업의 잠재적 역량과 전반적인 경제 여건에 달려 있다. 둘째, 적국의 경제를 공격하는 경제전은 시간이 갈수록 피해를 누적하는 효과가 있지만, 흔히 생각하는 것처럼 전쟁을 단숨에 끝내기는 어렵다.

BLOOD & TREASURE

14

독일 공군의 자멸

명예로 주는 보상의 문제점

1939~1944

헬무트 뷔크Helmut Wick가 전투기 조종사로서 쌓은 경력은 짧지만 눈부셨다. 1939년 11월 22일, 여섯 번째로 전투 임무에 나선 그는 최신형 전투기 메서슈미트 Bf 109를 몰고 프랑스 공군의 커티스 P-36 호크 한 대를 격추하며 첫 번째 공식 전과를 올렸다. 1940년 6월 프랑스침공이 끝날 무렵 그는 14대의 적기를 격추해 독일 공군에서 세 번째로 많은 전과를 기록했다. 하지만 이는 아직 시작에 불과했다. 이후 몇 달간 영국해협과 잉글랜드 남부 상공에서 벌어진 영국본토항공전에 참전한 뷔크는 격추 기록을 빠르게 늘려나갔다. 1940년 8월 25일, 그는 20번째 전투기를 격추했고, 다음 날에는 2대를 더 추가했다. 같은 해 10월 초에는 이 기록을 41대로 늘리며 아돌프 갈란트Adolf Galland, 베르너 묄더스Werner Mölders 같은 경쟁자들의 기록에 바짝 다가섰다. 이러한 활약 덕분에 일약 국민적 영웅이 된 뷔크는 참나무잎 장식이 들어간 기사철십자훈장을 받았고, 소령으로 진급해 항공단장의 자리에 올랐다. 당시 그의 나이 스물다섯이었다.

하지만 뷔크의 휘하에 들어간 700여 명의 부하(대부분은 지상 근무 요원이었다)는 그가 지휘관 자리에 걸맞은 인물이 아니라고 생각했다. 뷔크는 허영심과 경쟁의식이 강했으며, 갈란트와 묄더스의 기록을 앞지르는 데 눈에 띄게 집착했다. 조종 실력은 분명 뛰어났지만, 지휘관으로서는 형편없었던 셈이다. 뷔크는 전투에서도 매우 독단적으로 행동했다. 그는 늘 이륙하자마자 최고 속도로 날아오른 다음 편대 비행이나 부하들의 위치는 고려하지 않은 채 유리한 위치를 선점하려 움직였다. 뷔크의 윙맨*이었던 프란츠 피비는 그를 '매우 저돌적인 사람'으로 평가했으며, 눈이 굉장히 밝아서 보통은 적기를 맨 먼저 발견한 다음 "곧장 스로틀을 열고 돌진했다"고 회상했다. 첫 전과를 올린 지 1년이 조금 지난 1940년 11월 28일의 늦은 오후, 뷔크는 마침내 원하던 것을 손에 넣었다. 그는 잉글랜드 남부의 와이트섬 상공에서 영국군의 스핏파이어 전투기 한 대를 떨어뜨리며 56기째를 격추해 독일 공군 내 최다 격추 기록을 가진 조종사가 되었다.

그리고 이 기록을 세운 지 2시간 뒤, 뷔크는 짧은 생애를 마감했다. 그는 와이트섬 상공에서 전과를 올린 다음, 프랑스 북부 셰르부르 인근의 기지로 복귀하자마자 전투기에 연료를 채우도록 지시했고, 다시 한번 자유 전투 비행에 나섰다. 두 번째 출격의 목적은 오직 하나 전투를 벌이는 것이었다. 이륙한 지 50분이 지난 오후 5시경, 뷔크는 다시 와이트섬 근처까지 날아갔다. 그는 윙맨인 피비, 같

● 편대 비행에서 편대장을 호위하는 조종사.

독일 공군의 자멸

은 비행단의 두 조종사와 함께 출격했고, 곧 영국 공군 609비행대대 소속 스핏파이어 편대와 맞닥뜨렸다. 독일군 전투기 4대와 영국군 전투기 12대가 맞붙는 상황에서도 뷔크는 늘 그랬듯 주저 없이 공격에 나섰다. 하지만 전투는 순식간에 끝이 났고, 뷔크는 전투기가 심각하게 파손된 탓에 영국해협 상공에서 비상 탈출해야 했다.

뷔크와 함께 출격한 루디 플란츠(그 역시 1942년 전사할 때까지 52기를 격추하는 전과를 올렸다)는 한동안 사고 해역을 돌며 영어로 '스핏파이어 한 대가 격추당했다'는 무전을 날렸다. 영국의 구조대를 그리로 유인해 뷔크를 구하려 한 것이다. 플란츠는 그곳에 한참을 머무르다가 연료가 바닥나는 바람에 프랑스 해안에 불시착했다. 하지만 그의 노력은 허사로 돌아갔다. 독일군은 구조정을 급파해 수색 구조 작업을 벌였지만, 날은 이미 어두워진 데다 뷔크는 영국 해안 쪽에 추락한 상태였다. 그가 아직 살아 있을 가능성은 희박해 보였다. 그날 저녁, 뷔크는 실종된 것으로 보고되었고, 몇 주 후에는 전사자 명단에 이름을 올렸다.

뷔크가 세운 56대의 공식 격추 기록은 역사적으로 봐도 훌륭한 성과다. 그러나 제2차 세계대전 당시의 독일 공군을 기준으로 보면 평범한 축에 속한다. 제2차 세계대전의 참전국 전체에서 적의 항공기를 40기 이상 격추한 조종사는 총 409명이었는데, 그중 93퍼센트에 해당하는 379명이 독일 공군 소속이었다. 독일 공군의 최고 기록 보유자 에리히 하르트만은 무려 352기를 격추하는 전과를 올렸지만, 연합군 소속 조종사가 세운 최고 기록은 66기였다.

독일 공군이 유난히 많은 에이스*를 배출한 이유는 전과를 부풀려서가 아니었다. 오히려 독일 공군은 당대의 다른 공군들보다 격추의 기준을 엄격히 따졌다. 조종사가 격추 전과를 인정받기 위해서는 자세한 문서를 제출하고 가능하면 목격자의 진술도 덧붙여야 했으며, 요건을 갖추더라도 신청이 기각되는 경우가 많았다. 독일 조종사들의 전과를 그들과 맞상대한 연합군 비행대대의 전투 일지와 비교해보면, 그 수치가 대체로 정확하다는 것을 알 수 있다. 실제 전투 기록을 기준으로 비교하면 뷔크의 전과는 공식 기록인 56기보다 훨씬 많은 80기에 달했다.

하지만 독일 조종사들의 격추 기록이 대부분 사실이었다 하더라도, 그 의미를 해석할 때는 신중할 필요가 있다. 히틀러 치하의 독일에서 뛰어난 전투기 조종사들이 많이 나온 것은 우연이나 특별한 환경적 요인 때문이 아니었다. 전쟁 초기 독일 공군은 적국보다 기술 면에서 앞서 있었고, 최근에 실전 경험을 쌓은 조종사도 더 많았다. 독일 공군 조종사들은 나치 독일이 스페인내전에서 파시스트 세력을 돕기 위해 파견한 콘도르군단에 복무하며 공중전 경험을 쌓았기 때문이다. 1941년 여름, 독일이 소련을 침공한 직후 몇 달 동안에는 이러한 차이가 두드러졌다. 숙련된 독일 조종사들은 최신형 전투기를 몰고 훈련과 준비가 부족한 데다 장비까지 열악한 소련의 공군을 상대했다. 독일 공군 장교 하인츠 크노케는 독일이 소련을 침공한 지 3일째 되는 날 일기에 "그들의 전술 지식은 항공기만큼이나 수준이 낮다"고 썼다. 러시아는 전쟁이 시작된 후 9시간 만에 항공기

●   적의 항공기를 5기 이상 격추한 전투기 조종사.

독일 공군은 훨씬 단순한 규칙을 따랐다.
'죽을 때까지 비행하라.'

———

1200대를 잃었으며, 그중 3분의 2는 지상에 있던 채로 파괴되었기에 독일 공군 조종사들의 격추 전과로 잡히지도 않았을 것이다.

그러나 독일 공군이 제2차 세계대전의 에이스 조종사 순위표를 독점하다시피 한 것은 타고난 능력이나 전쟁 초기의 기술적 우위 때문이 아니었다. 진짜 이유는 제2차 세계대전 동안 대다수 공군이 일정 횟수 이상 출격한 조종사를 전선에서 물러나게 한 것과 달리, 독일 공군은 훨씬 단순한 규칙을 따랐다는 데 있었다. 그 규칙이란 바로 '죽을 때까지 비행하라'는 것이었다. 요컨대 독일 조종사들은 다른 나라의 조종사들보다 훨씬 자주 출격했기 때문에 더 많은 전과를 올릴 수 있었다. 에리히 하르트만은 350기가 넘는 적기를 격추했지만(98퍼센트는 소련의 항공기였다), 정작 본인도 8번이나 격추를 당했다.

모든 공군은 자국의 에이스 조종사를 영웅시했지만, 독일 공군은 전과에 따라 보상을 지급하며 그들을 훨씬 체계적으로 대우했다. 독일 공군의 조종사는 처음 전과를 올리면 2급 철십자훈장을 받았고, 5기를 격추하면 1급 철십자훈장을 받았다. 그리고 20기를 격추하면 기사철십자훈장을 받았는데, 전쟁 초기에는 그만한 전과를 올리는 일이 매우 드물었기에 보통은 공군 총사령관 헤르만 괴링이 직접 훈장을 수여했다. 하지만 상위권의 에이스들이 계속해서 전과를 쌓자 그들의 성취를 보상할 새로운 수단이 필요해졌다. 이에 따라

**기사철십자훈장을 수여하는 일은
패스트푸드 식당에서 이달의 직원을 선정하는 일과
그리 다르지 않다.**

독일 공군은 조종사가 40기를 격추하면 참나무잎 장식을, 70기는 검 장식을, 100기는 다이아몬드 장식을 추가한 기사철십자훈장을 수여 했다. 독일에서는 마치 학교에서 성적 인플레이션이 일어나듯 조종 사들의 전과와 보상의 종류가 계속해서 늘어나는 기이한 현상이 벌 어진 것이다. 여기에 더해 독일 공군에서는 총사령관의 재량에 따라 일정 횟수 이상 전투 임무에 나선 조종사는 금·은·동으로 만든 전선 비행휘장을, 특별한 공적을 세운 병사는 '명예의 잔'이라는 은제 포 도주잔 모양의 트로피를 받았다. 독일군은 1939년부터 1945년까지 약 330만 개의 2급 철십자훈장을 수여했지만, 기사철십자훈장을 받 은 사람은 7300명에 불과했으며, 그중에서도 참나무잎과 검, 다이아 몬드 장식이 들어간 훈장을 받은 사람은 1000명도 되지 않았다. 공 군 조종사들은 훈장 외에도 독일군의 선전 수단이었던 국방군보고 Wehrmachtbericht에 소개되어 이름을 널리 알리는 방식으로 보상을 받기 도 했다. 군에서 매일 발간하던 이 보고서는 독일이 점령한 영토 전 역에 배포되었고, 신문이나 라디오 뉴스를 통해 보도되었다. 보통은 그날의 전황을 요약하는 것이 주목적이었지만, 1940년 4월부터는 특출난 전과를 올린 병사를 칭송하는 내용도 간간이 보고서에 들어 갔다.

독일 공군이 이처럼 성과에 따라 훈장을 수여하거나 공식 보도에서 이름을 언급하는 등의 방식으로 정교한 보상 체계를 마련한 것은 전투기 조종사들이 더 나은 성과를 내도록 유인을 제공하기 위해서였다. 그렇다면 이러한 보상 체계는 과연 독일 공군의 의도대로 잘 작동했을까? 헬무트 뷔크가 몇 개월 만에 수십 기를 격추하는 전과를 올린 것은 분명 보상에 자극을 받았기 때문이었다. 하지만 그 대가로 뷔크는 목숨을 잃었다.

　　어떻게 보면 참나무잎 장식이 들어간 기사철십자훈장을 수여하는 일은 패스트푸드 식당에서 이달의 직원을 선정하는 일과 그리 다르지 않다. 사람들이 지위를 중요하게 여긴다는 사실은 여러 연구를 통해 입증되었으며, 고용주가 직원들에게 지위를 부여하는 것은 적은 비용으로 동기를 불어넣는 합리적인 방법이다. 성과에 따라 현금을 지급하려면 큰 비용이 들지만, 지위를 활용한 유인책은 그렇지 않다. 공식 보도에서 이름을 언급하거나 직함을 한 단계 높이는 등 인위적으로 희소한 자원을 만들어내어 이를 보상으로 제공하면 노동자가 더 열심히 일하도록 유도해 생산성을 높일 수 있다. 요컨대 영리한 고용주는 금전적 보상 대신 지위에 대한 사람들의 욕구를 교묘히 활용할 수 있는 것이다. 군대는 오래전부터 이러한 원리를 활용해왔다. 마찬가지로 학계는 한 경제학 연구의 표현을 빌리면 "상징적인 가치밖에 없지만 받는 사람에게 지위를 부여하는 각종 직함과 회원 자격, 상으로 넘쳐나는" 곳이다. 여러 실증 연구에 따르면, 지위를 활용한 보상은 금전적 비용은 거의 들지 않으면서도 직원들의 결근을 줄이고, 업무에 더 집중해 실수를 줄이도록 유도하는 효과가 있다.

　　하지만 이 같은 형식적 보상이 언제나 효과를 발휘하는 것은 아니다. 지위에 대한 사람들의 욕망을 이용해 더 큰 성과를 이끌어내는 방식은 조직 입장에서 그럴듯해 보이겠지만, 바람직하지 않은 행동을 부추길 가능성도 있다. 지위 경쟁은 때로 심각한 부작용을 낳기도 한다. 최근 한 연구는 캐나다에서 복권 당첨자의 이웃들을 조사했다. 일확천금을 얻은 당첨자들이 집을 리모델링하거나 새 차를 사느라 그 돈을 펑펑 쓰는 것은 그리 이상한 일이 아니다. 문제는 그 이웃들까지 당첨자를 따라 돈을 헤프게 쓰는 일이 꽤 많았다는 것이다. 어떤 이웃들은 당첨자에게 뒤처지지 않으려 대출을 받기까지 했다. 그 결과 놀랍게도, 복권 당첨자가 나온 지역에서는 파산이 늘어나며, 당첨금이 많을수록 파산 건수도 더 큰 폭으로 늘어나는 경향을 보였다. 이렇듯 지위를 둘러싼 경쟁은 아무런 대가 없이 이뤄지지 않는다. 식당에서 이달의 직원을 뽑으면 직원들이 상을 받으려 더 열심히 일할 수도 있지만, 반대로 상을 받지 못한 사람들이 의욕을 잃을 위험도 있는 것이다. 현실은 늘 우리의 생각보다 훨씬 복잡한 법이다.

독일 공군의 정교한 보상 체계는 더 많은 에이스 조종사를 배출하는 데 도움이 되었다는 증거가 많지만, 전반적인 작전 수행 능력에는 오히려 악영향을 끼쳤다. 우선 독일 공군에서는 보상을 둘러싼 경쟁 탓에 상식적으로 이해하기 어려운 일이 벌어지곤 했다. 1940년 9월 뷔크가 에이스 순위에서 치고 올라갈 무렵, 그보다 앞서 있던 베르너 묄더스는 40번째 격추 기록을 달성했다. 며칠 뒤, 묄더스는 괴링에게서 직접 참나무잎이 새겨진 기사철십자훈장을 받기 위해 베를린 외곽에 있던 괴링의 사냥터 별장 카린할로 향했다. 괴링은 묄더스에게 며칠 더 머물면서 사슴 사냥을 하자고 권했다. 그런데 묄더스는 경쟁자였던 아돌프 갈란트도 40번째 전과를 올렸고, 며칠 후 별장에 도착할 예정이라는 사실을 알고 있었다. 묄더스는 갈란트가 에이스 경쟁에서 부당한 이점을 누리는 일이 없도록 그 또한 같은 기간 별장에 머무르게 한다는 조건으로 괴링의 제안을 받아들이기로 했고, 제1차 세계대전에서 에이스 조종사로 활약한 경험이 있던 괴링은 그의 요구를 수락했다. 그리하여 독일 공군이 전쟁 중 가장 치열한 공중전을 벌이던 중대한 시기에 에이스 조종사 두 사람이 며칠씩이나 전선에서 이탈한 것이다. 이는 도무지 합리적이라고 보기 어려운 결정이었다.

하지만 문제는 단순히 에이스 조종사 몇 명이 공정한 경쟁에 집착한 데서 그치지 않았다. 독일의 전투기 조종사들은 인구통계적·성격적 특성으로 보건대, 인위적으로 희소한 지위를 부여하는 보상 방식이 긍정적인 결과를 가져오기 어려운 집단에 속해 있었다. 전투기 조종사들은 대부분 젊은 남성이었으며, 이들의 평균 연령은 1939년에는 26세, 1945년에는 23세에 불과했다. 게다가 이들은 매우 독특한 유형의 인물들이었다.

당시 독일 공군은 까다로운 과정을 거쳐 전투기 조종사를 선발했다. 지원자들은 우선 예비 시험을 치렀고, 그중 5퍼센트만이 3일간의 선발 과정에 도전할 수 있었다. 선발 과정에서는 시험이나 과제로 운동 능력과 리더십을 평가했지만, 가장 중요한 것은 면접이었다. 훗날 에이스 조종사가 된 율리우스 마임베르크는 만약 자신이 전투기 조종에 적합하지 않은 것으로 판명된다면 어떻게 할 생각이냐는 질문을 여러 차례 받았다. 그는 매번 자신에게는 적성이 있다고 단언했으며, 다른 대안을 생각하도록 유도하는 질문에도 흔들리지 않았다. 이것이 바로 면접관들이 기대하던 태도였다. 그들은 이렇게 완고하고 경쟁심이 강하며 끝없는 자기 확신을 가진 사람을 찾았다. 독일 공군 소속의 심리학자 파울 스카우란은 전쟁 중 전투기 조종사들을 대상으로 연구를 진행했다. 그는 조종사들이 대부분 군중과 타인에 대한 책임을 싫어하며, 혼자서나 소규모로 일하는 편을 선호한다는 사실을 발견했다. 또, 이들은 쉬는 시간에는 주로 승마, 현수하강*, 사냥, 고속 운전 등을 즐겼으며, 스키는 거의 모든 조종사가 즐기는 활동이었다. 그에 반해 조종사들은 팀 스포츠에 별로 관심이 없었으며, 비행대대 전체가 체육 활동을 할 때도 수영, 육상, 사격처럼 개인의 성과가 중요하며 기록을 잴 수 있는 종목에만 집중하는 모습을 보였다. 그리고 이들 중 축구를 좋아한다고 답한 사람은 단 한 명도 없었다.

전투기 조종사들은 자신의 역할에 대한 자부심이 높았지만, 독일 공군에서 가장 조종 실력이 뛰어난 것은 아니었다. 훈련 초기에 가장 유망하고 기술적으로 우수하다고 평가받은 병사들은 전투기가 아니라 중폭격기 조종사로 배치되었다. 폭격기 조종사가 야간 비행, 계기 비행, 편대 유지 같은 핵심 임무를 잘 해내려면 조종 실력 자체가 뛰어나야 했다. 반면에 전투기 부대에서는 조종 실력보다 사고방식을 더 중요하게 생각했다.

전투기 부대 특유의 사고방식은 조종사들끼리 함께 복무하는 경험을 통해 형성되고 강화되었다. 폭격기 조종사들은 보통 수년간 같은 기지에 근무했지만, 전투기 조종사들은 전황의 흐름과 작전상의 필요에 따라 주기적으로 기지를 옮겨 다녀야 했다. 이들은 매일

---

* 밧줄을 써서 급한 비탈을 내려가는 일.

함께 아침 식사를 했고, 하루에 최대 5번 출격했다. 공군의 의사와 심리학자들은 하루를 마무리하며 긴장을 푸는 방법으로 승마, 독서, 탁구 등을 권장했지만, 실제로는 음주, 카드 도박, 매춘으로 시간을 보내는 경우가 훨씬 많았다. 전투기 조종사들은 개인주의적인 성향과 경쟁심이 매우 강한 집단이었지만, 그들 사이에는 외부인이 쉽게 끼어들 수 없는 끈끈한 전우애가 있었다. 따라서 폭격기나 수송기 조종사들이 전투기 부대로 전입하면 대개 적응에 어려움을 겪었다. 그들은 개인의 역량보다 팀워크를 중시하도록 훈련받았고, 전입하자마자 부대의 최근 전투 손실률 같은 것을 묻곤 했는데, 이는 전투기 조종사들이 보기에 도저히 용납할 수 없는 행동이었다.

전투기 부대는 계급이나 사회적 신분에 크게 신경을 쓰지 않는다는 점에서도 독일군의 다른 조직과 확실한 차이가 있었다. 육군에서는 장교들이 사병이나 부사관들과 따로 생활한 반면, 전투기 조종사들은 계급에 관계없이 함께 막사를 쓰고 밥을 먹었다. 1941년, 영국 공군의 에이스 더글러스 베이더가 프랑스에서 공중전을 벌이던 중 격추되어 독일군의 포로가 되자, 아돌프 갈란트는 라이벌 조종사를 만나기 위해 직접 병원으로 찾아갔다. 이후 갈란트는 베이더가 귓속말로 "설마 나를 격추시킨 사람이 부사관은 아니겠지요?"라고 묻는 것에 충격을 받았다고 동료들에게 말하곤 했다. 갈란트와 동료 조종사들에게는 자신을 격추한 사람의 계급이 전혀 중요하지 않았다. 갈란트는 동료들의 사기를 북돋우고 영국 조종사들의 거만한 태도를 조롱하기 위해 이 일화를 자주 이야기하고 다녔다.

독일 공군에서 훈련을 마친 신병 전투기 조종사는 조종사 자격증과 비행휘장, 실크 스카프를 받았다. 조종사들은 대부분 비행에 나서지 않을 때도 이 스카프를 착용했으며, 군복 상의나 평상복 셔츠 아래로 살짝 드러난 스카프는 그가 특별한 집단의 일원임을 보여주는 징표 역할을 했다.

요약하자면, 독일의 전투기 조종사들은 경쟁심과 위험 감수 성향이 강하며, 서로 간의 사이는 원만한 편이지만 외부인과는 잘 어울리지 못하는 청년들이었다. 그들은 개인의 성과를 인정하고 보상하지만, 집단적인 노력은 그리 중요하게 여기지 않는 환경에서 활동했다. 독일이 폴란드와 프랑스를 침공하던 전쟁 초기에 아직 훈련을 받고 있던 예비 조종사들의 일기를 보면, 자신이 전쟁에 나서기도 전에 전쟁이 끝날까봐 두려워하는 모습을 어렵지 않게 찾아볼 수 있다. 지위를 활용한 독일 공군의 보상 체계가 젊은 조종사들이 가진 성향을 극단으로 몰고 간 것이다.

하지만 경제학적 관점에서 볼 때, 더 심각한 문제는 조종사들의 조종 실력이 지나치게 양극화되어 있었다는 점이다. 독일의 전투기 조종사는 한 달에 평균 0.55기의 격추 전과를 올렸고, 같은 기간 전사, 나포 등의 이유로 영영 비행에 나서지 못하게 될 확률은 3.4퍼센트였다. 그러나 현실에서는 평균적인 조종사란 존재하지 않았다. 독일에는 제2차 세계대전에 참전한 전투기 조종사 5100명에 관한 기록이 그대로 남아 있다. 이 기록에 따르면, 조종사의 80퍼센트 이상은 월평균 한 건의 전과도 올리지 못한 반면, 소수의 에이스 조종사는 엄청난 전과를 쌓았다. 예를 들어 에밀 랑이라는 조종사는 1943년 10월 한 달 동안 68기를 격추했고, 한스 요아힘 마르세유라는 조종사는 1942년 9월 1일 하루에만 17기를 격추하는 기록을 세웠다.

　　　　　　　　　　　　　　　　　　　　독일 공군의 자멸

독일 공군의 기록에는 전체 전쟁 기간 중 있었던 5만 3008건의 격추 전과도 나와 있다. 그중 상위 110명의 조종사가 기록한 격추 건수는 하위 4900명의 기록을 합친 것과 맞먹는다. 최고 에이스들과 나머지 조종사들 사이의 격차는 시간이 갈수록 점점 더 벌어졌다. 독일 공군은 6년간 이어진 공중전으로 엄청난 피해를 입었다. 그들은 1942년 초에 이미 전쟁 이전의 2배에 달하는 전력을 잃었는데, 전투기보다는 숙련된 조종사가 부족한 것이 더 심각한 문제였다. 전쟁 초기에 독일 공군은 매달 조종사의 1.8퍼센트를 잃었지만, 1944년 5월에는 그 수치가 무려 25퍼센트까지 치솟았다. 그리하여 독일 공군은 자격을 갖춘 조종사를 빠르게 양성하기 위해 계속해서 훈련 시간을 줄였으며, 특히 전쟁 말기에는 주로 독일 본토에서 공중전이 벌어지면서 훈련에 시간을 들일 여력이 더욱 줄어들었다. 1942년 여름까지만 해도 독일 공군의 신병 조종사들은 영국 공군과 비슷한 시간 동안 비행 훈련을 받았지만, 1943년 하반기에는 훈련 시간이 절반으로 줄었다. 구형 훈련기가 아니라 실전용 전투기를 이용한 훈련을 기준으로 보면, 그 격차는 더욱 컸다. 독일의 예비 조종사들은 영국 조종사의 3분의 1, 미국 조종사의 5분의 1밖에 되지 않는 시간 동안만 실전용 전투기를 탈 수 있었다. 1939년 독일 공군의 신병 전투기 조종사는 실전용 전투기로 약 80시간 동안 비행 훈련을 한 뒤에야 부대로 배속받았지만, 1943년에는 훈련 시간이 45시간으로 줄어들었다. 게다가 독일 공군은 공중전에서 매우 중요한 사격 훈련마저 거의 폐지하기에 이르렀다. 1943년 말 독일 공군의 비행 훈련은 2~4회의 짧은 비행으로 이뤄졌고, 총 훈련 시간은 2시간이 채 되지 않았다. 이 훈련에서는 전투기의 무기를 사용하는 연습도 해야 했지만, 이제는 그마저도 공중이 아니라 지상에 있는 표적을 쏘는 방식으로만 진행되었다. 1944년 중반, 미군의 포로가 된 독일의 한 베테랑 조종사를 심문한 기록은 당시의 상황을 적나라하게 보여준다. 그의 증언에 따르면, 이 시기 독일 공군의 조종사 훈련은 그야말로 '한심한' 수준이었다. 그는 신병 조종사들이 계기 비행이나 구름 속에서 항로를 파악하는 법도 배우지 않은 데다 부대 내에는 전투기 4기로 이루어진 편대를 이끌 만한 조종사조차 없다며 예전과는 상황이 너무나 달라졌다고 한탄했다.

1944년 초 독일 공군의 전투기 조종사는 사실상 두 부류로 나뉘었다. 하나는 전쟁 초기부터 지금까지 살아남아 경험이 부족한 연합군 조종사들을 쉽게 제압할 수 있는 베테랑들이었고, 다른 하나는 갈수록 형편없는 훈련만 받은 채 실전에 나서서 적의 표적이 되는 신병 조종사들이었다. 100건 이상의 격추 전과를 올린 독일의 에이스 조종사 107명 중 1942년 중반 이후에 군에 입대한 사람은 8명뿐이었다. 하지만 이렇게 실력이 부족한 조종사가 늘어나는 와중에도 독일 공군은 보상 체계를 그대로 유지했다.

혈기 왕성하고 경쟁심이 넘치지만 제대로 된 훈련을 받지 못한 젊은 조종사 집단이 지위에 기반한 보상에 어떻게 반응했는지를 밝혀내기란 좀처럼 쉬운 일이 아닐 것이다. 하지만 독일 공군이 격추 전과에 대한 방대한 기록과 문서를 남겨둔 덕분에 경제학자들은 이를 연구에 활용할 수 있었다. 2016년, 경제학자 필리프 아거와 레오나르도 부르스틴, 한스 요아힘 포트는 실제로 이 자료를 가지고 연구를 진행했다.

연구자들은 한 건 이상의 전과를 기록한 전투기 조종사 5000여 명의 기록을 분석해 독일 공군이 제공한 유인이 본래 의도대로 작동했는지 밝혀내고자 했다. 이들이 기준으로 삼은 보상은 국방군보고에 이름을 올리는 일이었다. 이는 지위를 활용한 보상의 전형적인 사례에 해당한다. 국방군보고는 훈장처럼 군복에 달 수 있는 증표를 받지도 않았고, 단지 공개적으로 전과를 인정받았다는 데서 잠깐의 우월감을 얻는 것이 전부였다. 하지만 훈장이 전과를 계속 쌓아야만 받을 수 있는 보상이었다면, 국방군보고에 이름을 올리는 일은 원칙상 누구에게나 언제든지 일어날 수 있었다. 따라서 막 훈련을 마친 신병 조종사들은 당장 참나무잎이 새겨진 기사철십자훈장을 받으리라 기대할 수는 없었지만, 국방군보고에서 전과를 인정받는 것은 불가능한 일이 아니었다. 국방군보고는 예를 들어 1942년 6월 한스 요아힘 마르세유가 두 번째로 이름을 올렸을 때 다음과 같이 그의 전과를 보도했다. "마르세유 중위는 북아프리카에서 24시간 동안 적기 10대를 격추해 총 101건의 전과를 기록했다."

전투기 조종사의 성과는 매우 다양한 요인의 영향을 받는다. 1941년 6월 소련의 공군과 싸우는 것은 1944년 중반 영국이나 미군의 공군을 상대하는 것과 전혀 다른 일이었다. 여름에 지중해 상공을 비행하는 일과 겨울에 소련 상공을 비행하는 일도 마찬가지로 큰 차이가 있었다. 세 연구자는 이러한 변수들을 통제하기 위해 과거에 함께 복무한 동료가 국방군보고에 이름을 올리면 조종사들에게 어떤 영향이 있는지를 살펴보는 식으로 연구를 진행했다. 마르세유 중위가 보고에 언급된 1942년 6월, 그가 소속되어 있던 비행대대의 동료들은 좋은 성과를 거두었지만, 이는 마르세유와의 경쟁 때문이라기보다 북아프리카 사막의 전황이나 그곳에서 벌어진 공중전의 양상에 영향을 받았을 가능성이 크다. 따라서 그보다 더 주목해야 할 문제는 마르세유가 공개적으로 전과를 인정받은 이후 수백 킬로미터 떨어진 다른 전선에서 복무하던 그의 옛 동료들의 성과에 어떤 변화가 있었는가 하는 점이다. 연구자들은 독일 공군이 남긴 상세한 기록 덕분에 이러한 의문에 답을 찾을 수 있었다.

언뜻 보기에 지위를 둘러싼 경쟁은 독일 공군의 의도대로 작동한 듯했다. 국방군보고에 옛 동료의 이름이 언급되는 경우, 조종사들의 격추 기록은 곧장 증가하는 경향을 보였기 때문이다. 그러나 기록이 증가한 폭은 조종사의 기량에 따라 큰 차이가 있었다.

연구자들은 이전까지의 전과를 기준으로 전투기 조종사를 상위 20퍼센트에 속하는 우수한 조종사들과 나머지로 나눴다. 옛 동료가 국방군보고에 이름을 올린 이후 한 달 동안, 우수한 조종사들의 전과는 월평균 2건 미만에서 3건 이상으로 눈에 띄게 늘어났으며, 이는 통계적으로도 유의미한 변화였다. 그러나 하위 80퍼센트의 조종사들 역시 격추 전과가 늘어나기는 했지만, 월평균 0.3건에 불과했던 것이 0.4건으로 증가하는 데 그쳤다.

연구자들이 완곡하게 '월간 이탈률'이라 부른 수치에서는 더 큰 차이가 나타났다. 전시 상황에서 이탈이란 보통 죽음을 의미했다. 우수한 조종사는 실력이 부족한 조종사보다 어떤 달에든 사망할 확률이 더 높았다. 이들은 주저 없이 적에게 돌진할 만큼 위험을 감수하는 성향이 강했기 때문이다. 전투기 조종사가 전과를 올리기 위해서는 이처럼 목숨을 걸고 위험에 뛰어들 수 있어야 했다. 그러나 옛 동료의 이름이 국방군보고에 실린 다음 달, 우수한 조종사들은 더 많은 전과를 올렸어도 이탈률은 증가하지 않았다. 그에 반해 하위

독일 공군의 자멸

독일 공군과 전투기 조종사들 사이에서는
이른바 '주인–대리인 문제'가 발생했다고 볼 수 있다.

80퍼센트에 속한 조종사들은 이탈률이 50퍼센트 가까이 높아졌다.

이러한 차이는 연구자들이 전투기 기종, 조종사들의 경험 수준, 복무 중인 전선, 옛 동료가 국방군보고에 이름을 올린 시기 등 여러 변수를 통제했을 때도 변함이 없었다.

다시 말해 옛 동료가 더 높은 지위를 인정받은 직후 실력이 뛰어난 조종사들은 전과가 눈에 띄게 늘어났지만, 대다수 조종사는 오히려 무리하게 싸우다 전사할 확률이 더 높아졌다. 독일 공군 전체를 놓고 보면, 조종사들이 전과를 올릴 확률은 약간 상승하는 데 그친 반면, 이탈률은 훨씬 큰 폭으로 증가하는 결과가 나온 것이다. 이렇듯 독일 공군에서는 한 조종사가 전과를 올려 이름을 알린 다음 달에는 그의 옛 동료들 사이에서 격추 전과 대비 사망률이 상승했으며, 이는 조직 전체에 악영향을 미쳤다.

제2차 세계대전에서 전투기 조종사들은 결정적인 순간에 혼자서 싸워야 했다. 1인승 전투기에 탄 조종사는 일단 전투가 시작되면 상관의 통제를 벗어나는 것이나 다름없었다. 따라서 적을 격추하기 위해 끝까지 싸울지, 아니면 교전을 멈추고 물러설지는 어디까지나 조종사 개인의 판단에 달려 있었다.

경제학 용어로 말하면, 독일 공군과 전투기 조종사들 사이에서는 이른바 '주인–대리인 문제'가 발생했다고 볼 수 있다. 이 사례에서 전투기 조종사들은 대리인에 해당하며, 이들은 주인인 독일 공군을 대신해 의사결정을 내리고 행동에 나섰다. 문제는 조종사(대리인)와 독일 공군(주인)을 움직이는 유인이 반드시 일치하지는 않았다는 것이다.

주인-대리인 문제는 삶의 모든 영역에서 흔히 벌어지지만, 목숨까지 걸어야 하는 경우는 극히 드물다. 주인-대리인 문제를 보여주는 전형적인 사례는 법조계에서 쉽게 찾아볼 수 있다. 변호사(대리인)를 고용한 의뢰인(주인)은 변호사가 제안한 고액의 소송 절차가 정말로 자신의 이익에 부합하는지, 아니면 변호사가 단순히 수임료를 노리는 것인지 의심하기 쉽다. 경제학에서는 이러한 문제가 근본적으로 '정보의 비대칭성' 때문에 발생한다고 본다. 쉽게 말해 이는 대리인이 주인보다 문제가 되는 상황을 더 정확히 이해하고 있다는 뜻이다. 고액의 소송을 권유하는 변호사는 소송에서 이길 가능성이 얼마나 되는지를 의뢰인보다 잘 알고 있다. 마찬가지로 제2차 세계대전 당시의 공중전에서는 전투기에 탑승한 조종사만이 자신이 적과 얼마나 치열하게 싸웠는지를 알 수 있었으며, 기지에 있는 지휘관은 그의 말을 믿을 수밖에 없었다.

주인-대리인 문제를 해결하는 한 가지 방법은 양자의 유인을 일치시키는 것이다. 변호사들이 의뢰인에게 성공 보수를 제안하는 이유가 여기에 있다. 소송에서 지는 경우 수임료를 내지 않아도 되는 구조라면, 의뢰인은 변호사가 그만큼 자신이 있으리라 생각하고 어느 정도 마음을 놓을 수 있다. 이런 식으로 양자의 유인이 일치하면 주인-대리인 문제를 해결할 수 있다.

독일 공군의 보상 체계는 바로 이 점을 염두에 두고 설계된 것이었다. 지휘관들은 조종사들이 최선을 다해 싸우지 않을까 걱정했다. 적을 만나면 살기 위해 교전을 피하고 싶은 마음이 들기 마련이며, 죽음에 대한 공포는 매우 강력한 유인이기 때문이다. 각종 훈장과 국방군보고에 이름을 올릴 기회, 진급할 가능성 등은 모두 실제로 전투가 벌어졌을 때 조종사들이 전과를 올리기 위해 위험을 감수하도록 유도하는 장치였다. 이에 따라 경쟁심이 강한 독일 공군의 조종사들은 전과를 올리면 공개적으로 지위를 인정받을 기회를 얻었다. 하지만 연구자들은 지위에 기반한 보상이 오히려 역효과를 냈음을 밝혀냈다. 지위를 둘러싼 경쟁은 조직 전체의 성과를 끌어올리지 못한 채 조종사들의 위험 감수 성향만 높이는 결과를 가져온 것이다. 대부분의 전투기 조종사는 옛 동료가 공개적으로 전과를 인정받는 모습에 자극을 받았으며, 적과의 교전을 피하지 않고 더 적극적으로 전투에 임했다. 문제는 실력이 뛰어난 소수의 조종사는 위험이 늘어난 상황에도 능숙하게 대처할 수 있었지만, 다른 조종사들은 그렇지 못했다는 것이었다. 그리하여 독일에서는 지위에 기반한 보상이 조종사들의 평균 격추 건수 대비 사망률을 높이는 결과를 가져왔다. 이는 독일 공군의 의도와는 정반대되는 결과였다.

15

소련의 몰락

스탈린 공포정치의 놀라운 성과

1920 ~ 1980

1956년 11월, 모스크바 주재 폴란드 대사관에서 열린 외교 행사는 그리 순조롭게 진행되지 않았다. 이 자리에서 소련의 최고 지도자 니키타 흐루쇼프는 행사에 참석한 서방의 대사들에게 "우리는 당신들을 묻어버릴 것"이라 선언했다. 북대서양조약기구NATO 회원국의 외교관 12명은 그의 발언에 그대로 자리를 박차고 나갔다. 서방 일부 언론은 이에 대해 핵전쟁을 불사하겠다는 위협으로 해석했다. 지나친 해석이었지만, 국제적으로 긴장이 높아진 상황에서 흐루쇼프의 발언은 안심하고 넘길 만한 것이 아니었다. 이후 몇몇 역사학자는 널리알려진 번역이 정확하지 않으며, 실제로 흐루쇼프가 한 말은 "우리는 당신들이 땅에 묻히는 모습을 지켜볼 것이다"였다고 주장했다. 물론 이 말도 위협적으로 들리기는 매한가지이며, 어느 쪽이든 외교 행사에서 오갈 법한 유쾌한 잡담은 아니었다. 흐루쇼프 본인도 5년 뒤 유고슬라비아에서 연설 도중 "예전에 우리는 당신들을 묻어버릴 것이라는 말을 했다가 곤란해진 적이 있습니다"라고 언급했다. 하지만 그는 이어서 이렇게 덧붙였다. "물론 우리가 당신들을 삽으로 묻는 일은 없을 겁니다. 당신들의 노동계급이 그 일을 할 테니 말입니다."

언변이 뛰어난 인물은 아니었던 흐루쇼프가 전하고자 한 것은 역사가 소련의 편이라는 믿음이었다.

1950년대는 종종 냉전의 긴장이 고조되었지만, 동시에 경제가 급속도로 성장한 시기였다. 1930년대의 대공황과 1940년대의 총력전 이후 1950년대에 이르러 세계 경제는 다시 제 궤도에 올라선 듯했다. 미국과 서유럽에서는 GDP가 매년 3~4퍼센트씩 성장했는데, 전쟁이 없는 상태에서 경제가 이렇게 안정적으로 성장한 것은 수십 년 만의 일이었다. 이를 시작으로 서방 국가들은 이후 30여 년간 경제 호황을 누렸으며, 이 시기는 훗날 프랑스에서 '영광의 30년', 서독에서 '경제 기적'이라 불리며 자본주의의 황금기로 평가받는다. 무엇이든 무미건조한 이름을 붙이곤 하는 경제사학자들은 이 시기를 '제2차 세계대전 이후의 경제 팽창기'로 부르기도 한다. 하지만 서방 국가들이 탄탄한 경제 성장을 이루며 그 결실을 누리는 사이, 흐루쇼프가 이끄는 소련의 경제는 그보다 더 빠른 속도로 팽창하며 연간 5~6퍼센트에 이르는 성장률을 보였다.

1957년 10월, 폴란드 대사관에서 문제가 된 행사가 있은 지 11개월 만에 소련은 세계 최초의 인공위성 스푸트니크 1호를 발사하는 데 성공했다. 자본주의가 황금기를 맞이한 상황에서도 소비에트 사회주의 체제는 최첨단 기술을 선보이며 자본주의 세계를 앞지르는 듯했다. 흐루쇼프는 당연히 이러한 흐름이 앞으로도 이어지리라

소련의 몰락

생각했고, 그의 참모들이 예상하던 대로 소련의 경제 규모가 수십 년 안에 미국을 앞지를 것이라 기대했다. 하지만 더 흥미로운 사실은 소련 내에서만 이러한 전망을 제시한 것이 아니었다는 점이다.

폴 새뮤얼슨Paul Samuelson은 노벨경제학상을 수상했을 뿐 아니라 20세기에 가장 많이 팔린 경제학 교과서 『경제학Economics』을 쓴 유명한 경제학자다. 그는 이 책의 1960년판부터 미국과 소련의 성장률을 비교하는 도표를 제시하면서 소련의 경제가 25년 안에 미국을 추월하리라 예측했다. 이 도표는 1980년판까지도 실려 있었지만, 두 나라의 경제 규모가 역전되는 시기는 늘 20~25년 뒤로 미뤄졌다. 그러다 1981년판부터는 도표가 슬그머니 자취를 감췄다. 이 시기에는 소련의 경제가 미국을 따라잡을 것이라 믿는 사람이 아무도 없었다. 놀라운 점은 새뮤얼슨이 이 도표를 20년 동안 책에서 빼지 않았다는 것이다. 전 세계 경제가 1970년대에 어려움을 겪었지만, 소련은 유난히 더 힘든 시기를 보냈다. 이제 와 돌이켜보면, 1950~1960년대 소련 경제의 급격한 성장은 일시적인 현상에 지나지 않았지만 당시로선 이 사실을 알 길이 없었다.

이오시프 스탈린이 구축한 소련 경제는 1920년대 말부터 1930년대까지 빠르게 산업화를 이뤘고, 나치 독일과의 총력전을 견뎌냈으며, 전쟁이 끝난 뒤부터 급격한 성장세를 보였다. 그러다 보니 스탈린을 수백만 명의 목숨을 앗아간 무자비한 폭군으로 비판하는 사람들도 그가 세운 경제체제에 대해서는 어느 정도 긍정적인 평가를 내리는 경우가 많았다.

소련의 경제는 1920년대 말부터 1930년대 말까지 변혁을 겪었다. 20세기 초중반 산업의 핵심 자원이었던 철강 생산량은 1928년

330만 톤에서 1937년 1450만 톤으로 늘어났고, 같은 기간 석탄 생산량은 3550만 톤에서 1억 8100만 톤으로 늘어났다. 그리고 이러한 산업 생산량의 증가는 경제 구조의 전환을 동반했다. 1920년대 중반 소련에서는 노동 인구의 약 85퍼센트가 농업에 종사했는데, 이는 19세기 중후반의 러시아와 큰 차이가 없는 수준이었다. 그러나 1930년대 중반에 이르자 농업 인구의 비율은 당시의 서유럽과 비슷한 60퍼센트 수준으로 떨어졌다. 단 10년 만에 노동 인구의 4분의 1이 농장에서 공장으로 이동한 것이다.

그러나 이 과정에서 소련의 민중은 말로 표현할 수 없는 고통을 감내해야 했다. 1930년대 소련에서는 사회 전반에 걸쳐 억압이 심해지는 한편 급격한 산업화를 강압적으로 추진하면서 500만에서 1000만 명에 이르는 사람이 목숨을 잃었으며, 1930년대 말까지 100~150만 명이 노동수용소에 수감되었다.

이후 연구자들은 이 모든 비극이 실제로 소련 경제에 어떤 효과를 가져왔는지를 두고 논쟁을 벌여왔다. 한쪽에서는 소련 경제가 1920년대 말부터 제2차 세계대전이 발발할 때까지 엄청난 속도로 팽창하며 산업화를 이루었다는 점에 주목해 스탈린의 정책이 극심한 고통을 유발하긴 했지만 어느 정도 눈에 보이는 성과를 냈다고 주장한다. 한편 다른 연구자들은 더 장기적인 관점에서 이 문제를 바라보며 제1차 세계대전 직전 10년 동안 제정 러시아가 산업 기반이 더 열악한 상황에서도 빠른 속도로 산업화를 이루었다는 점을 지적한다. 그중에서도 몇몇 연구자는 이러한 추세가 계속 이어졌다면 1939년 러시아 경제는 스탈린의 정책이 이룬 것과 비슷한 수준에 도달했으리라 주장한다. 이러한 시각에 따르면, 러시아 경제는 1910년

소련의 몰락

대와 1920년대에 성장을 이룰 기회를 잃어버렸고, 1930년대에 들어서야 급속도로 성장함으로써 그 공백을 만회한 셈이다.

이러한 논쟁은 생각해볼 만한 구석이 있지만 정작 큰 그림을 놓칠 때가 많다. 우선 일어나지 않은 일을 가정하는 것은 흥미롭기는 해도 어디까지나 추측일 뿐이다. 스탈린이 없었다면 소련 경제는 어떻게 변화했을지, 혹은 1917년 러시아혁명이 일어나지 않았다면 러시아의 경제 성장률은 어느 정도였을지와 같은 물음은 단정적으로 답할 수 없는 문제들이다. 더 중요한 것은 이러한 논쟁에서 연구자들이 대체로 제1차 세계대전과 러시아내전이 가져온 혼란을 과소평가하며, 스탈린이 구축한 체제는 무엇보다 20세기에 벌어진 총력전의 맥락 속에서 바라봐야만 제대로 이해할 수 있다는 사실을 놓친다는 점이다.

앞에서도 살펴보았듯, 제1차 세계대전 동안 러시아의 경제와 정치체제는 깡그리 무너져 내렸다. 군비 부담이 날로 증가하는 가운데, 농촌과 도시 사이의 교환 구조마저 작동을 멈추자 도시는 굶주리기 시작했다. 설상가상으로 전장에 나선 군대가 연이어 패배하면서 제정 러시아는 얼마 남지 않은 정치적 기반마저 잃어버렸고, 결국 혁명으로 무너졌다.

1917년 10월 혁명을 통해 볼셰비키가 권력을 장악하면서 러시아는 전쟁에서 발을 뺐지만, 그 직후에 일어난 내전은 1922년까지 이어졌다. 이 시기 러시아에서는 내전과 극심한 혼란에 따른 기근으로 700만에서 1200만 명에 달하는 사망자가 나왔다.

10년간의 전쟁과 이에 따른 경제의 붕괴는 사회 전반에 지대한 영향을 끼쳤다. 1923년 제1차 세계대전과 내전에서 살아남은 사

가장 눈여겨봐야 할 점은
경제가 전쟁으로 완전히 무너진 상황에서
스탈린이 무엇을 얼마나 배웠느냐 하는 것이다.

———

람들의 1인당 소득은 1913년의 40~45퍼센트 수준에 불과했다. 산업 생산은 어느 분야에서건 심각하게 위축되었다. 벽돌, 유리 등 기본적인 건축 자재의 연간 생산량은 10년 전의 20~40퍼센트 수준으로 줄어들었으며, 철강 등 중공업 분야의 생산량은 80퍼센트 가까이 감소했다. 당시 소련은 경제가 곧 전쟁 이전 수준으로 회복하리라고는 상상조차 하기 힘들 만큼 심각한 혼란에 빠져 있었다. 그러나 여기서 가장 눈여겨봐야 할 점은 경제가 전쟁으로 완전히 무너진 상황에서 스탈린이 무엇을 얼마나 배웠느냐 하는 것이다.

1920년대 후반과 1930년대에 스탈린이 구축하려 한 경제체제는 총력전에 대응하면서도 제1차 세계대전 당시 제정 러시아를 괴롭힌 문제들을 피하기 위한 체제였다고 해도 과언이 아니다.

잘 알려져 있듯, 스탈린은 한 연설에서 이렇게 선언했다. "우리는 선진국들보다 50년, 아니 100년쯤 뒤처져 있습니다. 이 격차를 10년 안에 따라잡아야 합니다. 그러지 않으면 우리는 짓밟히고 말 것입니다." 하지만 굳이 따지자면 그는 소련이 직면한 과제를 과소평가하고 있었다. 최근에 나온 추정에 따르면, 1930년 소련의 1인당 GDP는 약 2300달러(1990년 달러 기준)였다. 이는 그보다 200년 전인 1700년대 초의 영국과 비슷한 수준이었다. 스탈린이 연설에서 염두에 두었을 독일과 비교하면 그의 계산은 꽤 정확했는데, 1930년대

290   소련의 몰락

소련의 1인당 GDP는 실제로 1850년대 독일과 비슷했다.

1인당 GDP를 기준으로 보면 스탈린은 그가 세운 목표대로 선진국과의 경제 격차를 어느 정도 좁히는 데 성공했다. 1920년대 중반 독일의 1인당 GDP는 소련의 3배에 달했으나, 양국이 전쟁을 앞두고 있던 1941년 무렵에는 그 격차가 1.8배 수준으로 줄어들었다. 물론 총력전이 주는 압박을 견디려는 목적으로 설계한 경제체제를 제대로 평가하려면 1인당 GDP가 아니라 그 체제가 실제로 총력전에 잘 대응했는지를 살펴봐야 한다. 스탈린의 정책은 이 점에서도 성공을 거둔 것으로 보인다.

소련의 경제를 연구하는 사람들은 흔히 중공업 분야에 관심을 기울이곤 하는데, 이는 충분히 일리가 있는 일이다. 철강과 석탄 생산은 스탈린이 세운 5개년 계획의 핵심이었으며, 소련 경제에서 가장 눈에 띄는 변화는 이 같은 자본 집약적 산업에서 나타났기 때문이다. 중공업 분야의 생산력은 20세기 중반의 기계화된 전쟁에서도 결정적인 역할을 했다.

하지만 제1차 세계대전에서 제정 러시아의 경제체제는 공업이 아닌 농업 분야에서 치명적인 약점을 드러냈다. 전쟁으로 농촌과 도시 간의 교환 구조가 무너지자 도시에서는 식량 가격이 치솟았고, 수많은 사람이 굶주림에 시달린 끝에 혁명이 일어났다. 스탈린과 그의 측근들은 이 사실을 누구보다 잘 알고 있었다. 따라서 총력전에 대비한 경제체제를 구축하려면, 농촌의 구조를 대대적으로 개편해야 했다. 스탈린은 바로 이 부분에서 어느 때보다 잔혹한 면모를 보였다.

다시 한번 정리하자면, 제1차 세계대전 당시 러시아를 비롯한 농업 국가에서 도시로 식량을 공급하는 데 어려움을 겪은 근본 원인은 농민과 말들이 전장으로 끌려갔기 때문이 아니라(물론 이는 상황을 더욱 어렵게 만든 요인이었다) 농촌과 도시 간의 교환 구조가 무너졌기 때문이었다. 전쟁이 터지자 도시에서는 전쟁 물자를 생산하는 데 산업의 역량을 집중하느라 농촌에 판매하던 물건을 생산할 여력이 없었다. 그러자 농민들은 실소득으로 살 수 있는 물건이 얼마 없었기 때문에 직접 소비하는 것보다 많은 잉여 농산물을 생산할 이유가 사라졌고, 그 결과 농업 생산량이 줄어들었다. 러시아를 비롯한 여러 농업 국가의 정권은 산업의 역량을 대부분 전쟁에 쏟아붓는 상황에서 농촌-도시 간 교환 구조가 유지되도록 보장할 능력이 없었다.

하지만 스탈린은 이러한 구조를 단번에 갈아엎었다. 소련에서 농민들이 저마다 땅을 소유하고 경작하는 농업 방식을 국가가 땅을 소유하는 방식으로 전환해 농업 집단화를 추진한 것은 공산주의로 이행하는 데 불가피한 일이었다고 생각하기 쉽다. 생산 수단의 사회화를 추구하는 정당이 경제에서 가장 큰 비중을 차지하던 농업 부문에 집단 소유를 도입한 것은 어찌 보면 당연한 일이었다. 하지만 스탈린 정권은 농업 집단화를 공산주의 이념에 부합할 뿐만 아니라 신생 국가 소련이 전쟁을 치르는 데 결정적인 역할을 할 정책으로 여겼다.

경제학적으로 말하면, 1920년대 소련은 시장을 통한 교환이 아니라 강제력을 동원해 농촌-도시 간 교환 구조를 재구축했다. 그리고 1930년대에는 농업 집단화를 통해 이 구조를 제도화함으로써 농민들을 식량 배분에서 맨 뒷순위로 밀어냈다. 이제 소련의 농업은 우선 도시와 군대, 수출 시장을 위해 식량을 생산하며, 농사를 짓는 농민들은 남은 몫만을 가져가게 된 것이다.

여기서는 다소 건조하고 기계적인 언어로 설명하고 있지만, 실제로 일어난 일은 잔혹하기 이를 데 없었다. 스탈린 정권은 분명 농촌에서 수백만 톤에 달하는 농산물을 징발하는 데 성공했으며, 이는 시장에서의 교환을 통해 공급할 수 있는 양을 훨씬 넘어서는 수준이었다. 결과적으로 스탈린은 폭력과 죽음의 위협으로 그만한 성과를 낼 수 있음을 입증한 것이다.

그러나 소련 정부는 곧 농촌이 실제로 생산할 수 있는 것보다 많은 양을 가져가기 시작했다. 농민들은 사료용 곡물마저 징발당하면서 말을 포함한 가축을 도축해야 할 지경에 이르렀고, 이는 장기적으로 농업 생산량이 줄어드는 결과로 이어졌다. 그리하여 농촌 지역에는 얼마 지나지 않아 기근이 닥쳤다. 소련에서는 1930년부터 1933년까지 이어진 대기근으로 570만에서 870만 명에 이르는 사람이 목숨을 잃었는데, 정확한 사망자 수는 앞으로도 영영 알 길이 없다. 대기근은 1년에 걸쳐 서서히 확산되었으며, 악천후 같은 불운도 일부 영향을 끼쳤지만, 대부분의 인명 피해는 인간이 저지른 잘못으로 발생했다.

이와 동시에 스탈린 정권은 쿨라크кулáк, 즉 부농 계급을 탄압하는 운동을 벌여 약 100만 명의 부농을 '청산'했다. 이 운동은 1920년대 초부터 시작해 1928년 이후 더욱 가속화되었으며, 수십만 명이 체포되어 노동수용소로 보내지거나 처형당했고, 몰수한 토지는 국영 농장에 편입되었다. 이어 소련 정부는 1930년부터 곡물을 수출한다는 명목으로 징발 제도를 도입했다. 그러나 정부는 징발 요구량을 지역에 따라 공평하게 부과하지 않았다. 일례로 우크라이나는 소련의 곡물 생산에서 차지하는 비중이 30퍼센트가 안 되었지만, 1932년에는 전체 징발량의 40퍼센트 이상을 부담해야 했다.

여기에 더해 1933년부터는 사실상 신분증과 다름없는 국내여권 제도가 도입되었다. 그해 스탈린은 '기근에 시달리는 농민들의 대규모 이탈 방지'라는 제목의 비밀 명령에 서명했다. 국내여권 제도가 어떤 섬뜩한 의도를 담고 있었는지, 훗날 스탈린의 옹호자들이 그가 농촌의 참혹한 현실을 몰랐다고 주장한 것이 얼마나 터무니없는 거짓말인지 알 수 있는 대목이다.

오늘날 역사학자들은 당시의 대기근이 정권에 반대하는 세력을 겨냥한 의도적인 집단학살이었는지, 아니면 체제 강화를 위한 집단화 정책이 우연히 초래한 결과였는지를 두고 논쟁을 벌인다. 하지만 설령 처음부터 의도한 결과는 아니었다 하더라도 대기근이 근본적으로 인재였다는 주장에 진지하게 반박하는 사람은 아무도 없다.

스탈린의 입장에서 보자면, 농업 집단화는 성공적인 정책이었다. 시장의 메커니즘과 교환이 아니라 중앙정부의 목표와 강제력이 농촌-도시 간의 식량 이동을 좌우하면서 소련의 식량 공급 체계는 전시에도 무너질 위험이 크게 줄어들었다. 그리하여 제2차 세계대전 당시 소련의 도시들은 독일과 핀란드군에 포위당한 레닌그라드를 제외하면 대규모 기근을 겪지 않았다. 이제 제정 러시아를 무너뜨렸던 농업 분야의 약점이 사라진 것이다. 다만 그에 따른 대가는 수백만에 달하는 사람의 목숨이었다.

스탈린이 총력전에 대비하려는 목적으로 추진한 경제 정책의 두 번째 단계는 두 차례의 5개년 계획을 중심으로 삼은 급격한 산업화였다. 소련의 산업화는 규모와 속도 면에서 그야말로 압도적이었다. 15년도 채 안 되는 사이에 노동 인구의 약 4분의 1이 농장에서 공장으로 옮겨간 것은 전 세계적으로도 유례를 찾기 어려운 일이었다.

1928~1932년과 1933~1937년의 5개년 계획은 전쟁에 대비하기 위한 계획이라는 점에서(전쟁 계획은 스탈린의 최대 관심사였다) 유기적으로 연결되어 있었다. 첫 번째 계획이 기초적인 산업 역량을 키우는 데 집중했다면, 두 번째 계획은 이를 기반으로 전쟁 준비에 더 초점을 맞췄다. 경제학적 관점에서 보면, 두 계획의 핵심은 중공업 장비에 대한 투자를 확대하는 것이었다. 그리고 정부가 투자에 쓸 자원을 마련하기 위해서는 가계 소비를 억제하고 GDP에서 더 많은 부분을 중공업 투자에 할당해야 했다. 한 가지 유념해야 할 점은 1930년대 소련의 1인당 국민소득은 빠르게 증가했지만, 소련 국민 대다수는 경제 성장을 피부로 느끼지 못했으리라는 것이다. 앞서 살펴보았듯, 1930년대 농촌 지역의 상황은 처참하기 그지없었으며, 철강 생산량이 급증했다고 해서 도시에서의 삶이 반드시 나아지는 것은 아니었다. 가령 늘어난 철강으로 전차와 항공기를 더 많이 만들면 경제의 산출량은 증가하지만, 이것이 곧장 생활 수준의 개선으로까지 이어지지는 않았다.

한편 이 시기 소련의 산업 부문에서는 생산량이 빠르게 늘어나는 동시에 표준화가 이뤄졌다. 1930년대 이전까지만 해도 러시아와 소련의 공장들은 여전히 숙련된 장인의 기술에 크게 의존했다. 하지만 1930년대에는 하나의 목적에 특화된 공장들이 새로 지어졌으며, 이 공장들은 장인의 기술 대신에 대량생산에 적합한 공정을 채택했다. 표준화된 생산 공정은 전쟁 시기에 소련 전역에서 생산된 부품의 호환성을 높였다는 점에서도 중요한 의미가 있었다,

1940년 소련에서는 무기 생산이 GDP의 약 17퍼센트를 차지했다. 이는 아직 전쟁에 뛰어들지 않은 산업 국가로서는 전례를 찾기 힘든 수치였다. 소련은 1930년대에도 이미 3만여 대의 전차를 생산해냈다. 하지만 더욱 놀라운 것은 항공 산업에 일어난 변화였다. 1930년대 초만 해도 소련의 항공 산업은 보잘것없는 수준이었지만, 1940년에 이르러 연간 1만 대의 군용기를 생산할 만큼 발전했다. 1941년 발발한 독일과의 전쟁에서 소련은 이 같은 산업 역량을 바탕으로 위기에 맞섰다. 1942년 소련의 생산 규모는 미국 외에 견줄 만한 상대가 없는 수준이었다. 일례로 소련은 1942년 한 해에만 장갑차 2만 4000대를 생산한 반면, 독일의 장갑차 생산량은 7000대도 되지 않았고, 미국은 2만 7000대로 소련과 큰 차이가 없었다. 더욱 놀라운 점은 이 시기 소련이 많은 영토를 추축국에 점령당한 상태였다는 것이다.

　　1941년 6월 전쟁이 시작되자 소련은 곧장 수세에 몰렸고, 그해 말까지 전쟁 전 인구의 40퍼센트가 살던 지역이 독일에 점령당했다. 더 심각한 문제는 독일 점령 지역에 있던 7500개의 공장이 전체 중공업 생산의 75퍼센트를 차지한다는 것이었다. 1941년 소련에는 382개의 탄약 공장이 있었는데, 그해 말에는 그중 303개가 점령당하거나 파괴되었다.

　　스탈린의 경제체제가 총력전에서 이룬 놀라운 성과는 1930년대의 급격한 산업화에 그치지 않았다. 이 체제는 1942년 맹렬한 기세로 산업 기반을 옮겨 재건해냄으로써 그 진가를 입증했다. 그해 소련에서는 공장 기계를 가득 실은(때로는 노동자들이 그 위에 올라타기도 했다) 화물열차 150만 량이 독일의 침공을 피해 동쪽으로 향했고,

이와 더불어 1200만 명의 노동자와 2600개의 공장이 우랄산맥 너머 카자흐스탄과 시베리아 서부로 옮겨가 그곳에서 생산을 재개했다.

대량생산과 부품 표준화를 기반으로 하는 중앙통제식·하향식 계획경제의 강점은 이러한 위기 속에서 어느 때보다 두드러졌다. 일례로 우랄 지역의 첼랴빈스크라는 도시에 있던 한 공장은 1941년 전까지만 해도 트랙터를 생산하던 곳이었다. 하지만 1941년 여름, 레닌그라드가 곧 포위될 것으로 보이자 소련 정부는 전차 생산 설비 5800대를 이 외딴 공장으로 옮겼고, 함께 이주한 노동자들이 지은 4개의 거대한 작업장에 기계들을 설치했다. 이 공장은 작업장에 지붕을 올리기도 전에 가동을 시작했으며, 그해 10월에는 시동 모터를 만들 부품이 부족한 상황에서도 KV-1 중전차를 대량으로 생산하기 시작했다. 전차는 기차에 실려 곧장 모스크바로 보내졌고, 다른 공장에서 빠진 부품을 장착한 다음 전장에 투입되었다. 이듬해인 1942년 8월, 정부는 이 공장에 T-34 중형전차 생산으로 전환하라는 명령을 내렸다. T-34는 속도가 빠르고 무장이 우수하며 고장도 잘 나지 않아 제2차 세계대전에서 소련군의 주력으로 자리매김한 전차였다. 이 공장은 전혀 다른 유형의 전차로 생산을 전환하라는 명령을 받은 지 몇 주 만에, 월 1000대의 T-34를 생산하기 시작했다.

제2차 세계대전에서 소련의 생산력은 연합군의 승리에 중요한 역할을 했으며, 연합군의 산업 역량에서 미국 경제만큼이나 큰 비중을 차지했다. 하지만 중앙통제식 계획경제가 총력전의 수요에 대응하는 능력을 마냥 치켜세울 필요는 없다. 미국과 영국 역시 1940년대 초 자유시장경제를 바탕으로 비슷한 일을 해냈기 때문이다. 대규모 산업 기반을 갖춘 영미의 경제체제는 평상시에 소비자의

스탈린이 자행한 공포정치는
시장 메커니즘과 비슷한 역할을 했다.

———

수요를 충족하는 데 초점을 맞췄지만, 전시에는 빠르게 군수 생산으로 전환했으며, 소련의 중앙통제식 경제체제와 마찬가지로 총력전에 맞게 생산력을 끌어올릴 수 있었다.

소련이 더 발전된 서방의 선진국들 못지않게 많은 자원을 총력전에 투입한 일은 지금까지도 중요한 성취로 평가받는다. 물론 스탈린은 이를 과장하느라 열을 올렸으며, 자신의 정권이 전시뿐 아니라 평시에도 더 적합한 경제를 구축했다고 자랑스레 떠벌리곤 했다. 하지만 그의 주장은 전쟁이 끝난 후 수십 년 만에 거짓으로 드러났다. 소련은 서방의 몰락을 예고하고 세계 최초로 인공위성을 쏘아 올릴 만큼 호황을 맞았지만, 그 기세는 서서히 사그라들었다. 그런데 여기에는 흐루쇼프가 스탈린만큼 편집증적인 음모론자가 아니었다는 사실이 일정 부분 영향을 끼쳤다고도 볼 수 있다.

스탈린은 모든 사람을 잠재적인 적으로 간주하는 인물이었다. 소련에서는 1936년부터 1938년까지 이어진 대숙청으로 최소 70만 명이 인민의 적으로 몰려 처형되었다. 스탈린의 경쟁자가 될 가능성이 있는 사람은 언제든 숙청 대상이 될 수 있었다. 1930년대에 처형당한 소련군의 장성과 장교 수는 제2차 세계대전에서 전사한 수보다 많을 정도였다.

그러나 대숙청은 아이러니하게도 소련의 경제 성장을 유지하는 데 어느 정도 보탬이 되었다. 스탈린은 수많은 사람이 목숨을 잃더라도 폭력과 탄압, 위협을 활용하면 시장 메커니즘만큼이나 효과적으로 식량 공급 문제를 해결할 수 있음을 입증했다. 대숙청 역시 막대한 희생을 초래했지만, 대숙청이 만든 유인 구조에는 경제적 이점이 있었다.

시장에 기반한 경제체제에서는 기업 간의 경쟁이 경제의 활력을 좌우한다. 경영자가 소비자의 요구를 제대로 충족하지 못하면, 경쟁에서 밀려나 자리를 잃고 기업이 파산에 이를 수 있다. 이러한 시장의 메커니즘은 경영자가 기업의 이익을 위해 일하도록 유인을 제공하며 이들을 경쟁으로 내몬다. 그 결과 돈과 인력, 상품을 비롯한 자원은 생산성이 높고 혁신적이며 자원을 잘 활용하는 기업으로 흘러 들어간다. 스탈린이 자행한 공포정치는 간부들을 움직이는 유인 구조를 만들었다는 점에서 시장 메커니즘과 비슷한 역할을 했다. 늘 의심으로 가득한 스탈린의 시선이 어디로 향할지는 누구도 예측할 수 없었고, 맡은 일을 해낸다고 해서 안전이 보장되는 것은 아니었지만, 실패했을 때는 훨씬 더 끔찍한 결과가 기다리고 있었다. 목표를 달성하지 못한 간부는 투옥되거나 심하게는 처형당하기도 했다.

스탈린과 결별하고 모든 사람을 의심하던 그의 편집증적 성향을 비난한 흐루쇼프는 공포정치를 활용하는 일을 줄이고 소련 사회를 더 인간적인 곳으로 바꿨다. 그러나 시장에 기반한 유인책이 없는 상황에서 무자비하고 강압적으로 경제 계획을 시행하던 지도자마저 사라지자 간부와 관료들은 성과를 내기 위해 노력할 이유를 잃어버렸다. 그들이 운영하는 국영 기업은 파산할 일도 없었고, 급여는 성과와 무관했으며, 승진은 정치적 연줄에 따라 결정되었기 때문이다.

더 중요한 것은 흐루쇼프가 이끈 변화가 소련의 정치경제 전반에 끼친 영향이었다. 스탈린 치하에서 중간급 이상의 간부들은 수시로 사형, 투옥, 유배, 좌천 등의 위협에 시달렸다. 이러한 위협은 간부들이 전문성을 쌓지 못하게 만든다는 점에서 경제적으로 손실을 가져왔지만, 한편으로 두 가지 이점이 있었다. 첫째, 앞서 언급했듯 목표 달성을 위한 강력한 유인을 제공했다. 둘째, 간부와 관료들이 빠르게 교체되는 상황은 시장 기반의 유인책이 없는 경제에서 늘 문제가 되는 부패와 연고주의를 억제하는 데 기여했다. 흐루쇼프 정권부터 시작해 레오니트 브레즈네프 정권에서 절정에 이른 '간부 안정 정책'은 잦은 인사 교체에 따른 혼란을 예방했지만, 동시에 부패와 연고주의가 만연하는 결과를 가져왔다.

그리하여 1970~1980년대 소련에서는 각종 이익집단이 경제 정책을 좌우하기에 이르렀다. 그중에서도 특히 산업 부문의 간부와 관료들의 영향력은 더 심각한 문제를 초래했다. 이들은 공산당 일당 체제의 핵심 세력인 만큼 다른 집단의 견제조차 받지 않았기 때문이다. 가령 소련 정부는 공산당 내에 인맥과 세력을 가진 농장 관리자들의 입김 탓에 비효율적인 농장에 지급하는 과도한 농업 보조금을 삭감하지 못했다. 이제 소련에서는 공산당과 산업계를 장악한 파벌들이 각종 이권을 두고 흥정과 타협을 벌이며 국가 정책을 좌우하게 되었다. 훗날 소련의 마지막 지도자였던 미하일 고르바초프는 조지 H.W. 부시 미국 대통령에게 "우리는 군대가 들고 일어나지 않도록 군비를 축소해야 합니다"라고 말함으로써 의도치 않게 소련의 문제점을 드러냈다. 물론 부시는 자국의 군대가 반란을 일으킬까 걱정할 필요가 없었으며, 스탈린 역시 마찬가지였다. 그러나 흐루쇼프 정권부터 수십 년간 간부 안정 정책을 펼친 결과, 소련의 군부는 다른 국가 기관들과 한정된 자원을 놓고 경쟁하는 독립적인 이익집단으로 변모했으며, 이에 따라 정부는 군부를 세심하게 관리해야 했다. 1980년대에 고르바초프가 추진한 경제개혁을 연구한 한 역사학자는 당시 소련의 상황을 이렇게 요약했다. "한마디로 소련은 에너지 산업과 농장 책임자들, 그리고 가장 위험한 안보 기관들을 자극하지 않으면서 경제를 개혁해야 하는 딜레마에 빠져 있었다." 이렇듯 소련에서는 공포정치와 숙청의 위협이 사라지자, 시장의 규율이 없는 경제체제하에 유일하게 작동하던 유인 구조가 무너졌으며, 군대, 에너지 산업, 농업을 비롯해 자신이 속한 부문의 요구를 우선하는 관료적 이익집단이 우후죽순으로 생겨났다.

스탈린이 구축한 경제체제는 총력전에 대응할 능력을 입증해냈다. 하지만 그가 선택한 방식은 유일한 해결책이 아니었으며, 무시무시한 잔혹 행위와 고통을 수반했다. 그리고 훗날 그 체제는 공포정치 없이는 작동할 수 없는 것으로 드러났다.

16

베트남전쟁

경제학자의 그릇된 판단이 끼친 폐해

1955~1975

경제학은 잘만 활용하면 인간의 행동을 이해하는 강력한 도구가 될 수 있다. 유인의 역할과 제도의 중요성을 강조하는 경제학의 관점을 받아들이면, 어떤 사건이 벌어진 원인을 설명하고, 겉보기에 비합리적으로 보이는 행동의 의미를 적절한 맥락에서 파악할 수 있기 때문이다. 이것이 바로 지금까지 이 책이 전달하고자 한 핵심 메시지다. 하지만 그에 못지않게 중요한 또 하나의 메시지는 경제학자들이 항상 타당하지 않다는 사실이다.

지금껏 여러 경제학자가 자국에서 재무장관으로 일했지만, 그들이 이룬 성과는 썩 신통치 않았다. 20세기를 대표하는 경제 사상가 조지프 슘페터는 하버드대학 경제학 교수로 경력을 마무리할 만큼 학문적 성취를 인정받은 인물이었다. 이른바 '창조적 파괴'에 관한 그의 저작은 오늘날까지도 연구되고 있으며, 그중 『자본주의, 사회주의, 민주주의』는 20세기 정치경제학 분야에 한 획을 그은 저서로 손꼽힌다. 한때 그는 인생에서 이루고 싶은 세 가지 목표로 세계 최고의 경제학자, 오스트리아 최고의 승마인, 빈 최고의 연인이 되는 것을 꼽으면서 안타깝게도 옛 합스부르크제국에 뛰어난 승마인이 너무 많아 세 목표를 전부 이루기는 어렵다고 말하기도 했다. 슘페터는 제1차 세계대전 이전 독일어권 지역에서 최연소 경제학 교수가 될 만큼 승승장구했지만, 이론이 아닌 현실의 경제를 다루는 일에 뛰어들었다가 쓴맛을 봐야 했다. 그는 오스트리아의 재무장관직을 맡았지만 1년도 못 가 자리에서 물러났으며, 이후 총재로 취임했던 은행마저 1920년대 중반 파산하고 말았다. 세계 최고의 경제학자를 자처한 사람치고 그리 대단한 실적을 올리지는 못한 셈이다.

그러나 국가 정책에 관여한 경제학자들은 종종 경제학의 영역을 벗어난 곳에서 심각한 해악을 끼치기도 했다. 그 대표적인 사례가 당대에 이름을 알리며 널리 읽힌 경제학자 월트 휘트먼 로스토 Walt Whitman Rostow 다.

로스토는 1916년 맨해튼에서 태어났다. 그의 가족은 미국으로 건너온 유대계 러시아인 이민자들이었는데 사회주의자이면서도 미국을 사랑하는 사람들이었다. 로스토의 부모는 자녀들에게 자신들이 존경하는 미국 위인의 이름을 붙여줬다. 그리하여 로스토는 미국의 위대한 시인 월트 휘트먼의 이름을, 그의 형제들은 사회주의 운동가 유진 데브스와 수필가 랠프 월도 에머슨의 이름을 받았다. 이와 더불어 로스토는 부모에게서 새로운 조국에 대한 애국심과 열심히 일해 성공하려는 욕망, 소련식 공산주의를 향한 증오를 물려받았다. 소련 정부의 구매 대리인으로 일하던 러시아계 이민자가 찾아왔을 때 그의 아버지가 해준 이야기는 어린 로스토의 뇌리에 깊이 박혔다. "저 공산주의자 놈들은 차르 시대의 비밀경찰을 이어받아서 더 악랄한 조직을 만들었어. 그 시대 비밀경찰은 정적들을 탄압해도 가족은 건드리지 않았거든. 그런데 저놈들은 가족까지 손을 대지." 근면과 강렬한 야망, 공산주의에 대한 증오는 이후 그의 삶을 규정했다.

로스토는 15세에 예일대학교에 전액 장학생으로 입학했고, 19세에 대학을 졸업한 뒤 영국으로 건너가 옥스퍼드대학교에서 로즈 장학금을 받으며 공부했다. 그리고 1940년에는 뉴욕으로 돌아와 24세의 나이에 컬럼비아대학 경제학 교수로 임용되었다. 이후 미국이 제2차 세계대전에 참전하자 영민하면서도 애국심이 강했던 로스토는 자원해서 워싱턴의 전략사무국에 들어갔고, 1942년 9월에는 런던에 있는 전략사무국 산하의 적목표분석부Enemy Objectives Unit에서 전략 폭격의 목표를 선별하는 업무를 맡아 3년간 연합국의 경제전에 깊이 관여했다.

로스토는 전쟁 중에 이따금 논란을 일으켰다. 그는 똑똑하면서도 남을 설득하는 능력이 있다는 평을 받았지만, 한 가지 문제에 집착하며 자기 확신이 지나치게 강하다는 단점이 있었기에 동료들은 그와 함께 일하는 것을 어려워하기도 했다. 그의 이러한 성격은 20년이 지난 뒤에도 변함이 없었다.

1943년 로스토는 석유가 나치 독일의 아킬레스건이며, 독일의 석유 산업에 계속 폭격을 가하면 그들이 더 이상 전쟁을 벌이지 못할 것이라 확신했다. 그는 수개월 동안 미 제8공군의 지휘부를 설득했고, 그가 구상한 '석유폭격계획Oil Plan'은 마침내 실제 작전으로 옮겨졌다. 하지만 이 작전은 로스토가 원하던 방식대로 진행되지 않았다.

미 육군항공군은 1944년 5월부터 독일의 석유 시설에 폭격을 퍼붓기 시작했지만, 여기에만 집중하지 않고 독일의 철도망을 타격하는 '수송망폭격계획Transport Plan'을 병행했다.

로스토는 이 일을 두고두고 아쉬워했다. 앞서 살펴보았듯, 후대 역사학자들은 대체로 수송망폭격계획이 물자의 이동을 막아 독일의 전쟁 수행 능력에 큰 타격을 준 반면, 석유폭격계획은 독일이 비축분을 활용하며 대체 자원을 찾고 에너지 소비량을 줄이면서 실패로 끝났다고 평가한다. 그러나 로스토는 미국이 석유 시설 폭격에만 집중했다면 전쟁을 더 빨리 끝낼 수 있었을 뿐만 아니라 이후에 이어진 냉전의 양상마저 완전히 바뀌었으리라 확신했다. 석유폭격계획을 더 일찍 시작해 더 많은 자원을 투입했다면, 독일은 소련이 동독과 중부 유럽으로 진격하기도 전에 무너졌으리라는 것이 그의 생각이었다. 이처럼 로스토는 사람들이 자신의 말에 귀를 기울였더라면 전쟁은 더 일찍 끝났을 것이며, 유럽의 많은 국가가 소련 공산주의의 지배를 받는 일도 없었을 것이라 믿어 의심치 않았다.

전쟁이 끝난 후, 로스토는 저명한 경제학자이자 폭격 작전에 관여한 주요 인사로서 전략폭격조사단에 참여해달라는 제안을 받았지만, 이를 거절하고 미국으로 돌아와 국무부에서 잠시 근무한 뒤 학계로 복귀했다. 전략폭격조사단은 로스토의 예상대로 석유폭격계획이 독일의 전시 경제에 큰 타격을 입혔다고 보았다. 그러나 동시에 조사단은 주요 폭격 작전이 한창 진행 중이던 1944년 12월에 독일의 전쟁 물자 생산량이 최고조였다는 사실을 지적하며, 전략 폭격 자체의 전반적인 효과에 의문을 제기했다. 그들은 전략 폭격이 강력한 경제전 수단이며 적의 전쟁 지속력을 약화시키는 효과가 있지만, 그 영향은 수개월이 아니라 수년에 걸쳐 서서히 나타난다고 결론 내렸다. 하지만 로스토는 이러한 평가를 조금도 인정하려 하지 않았다.

로스토는 1940년대 말부터 1950년대까지 학계에서 활동하며 신문에 글을 기고하고 싱크탱크의 보고서를 집필하며 정치인들에게 조언을 제공하기도 했다. 그러던 중 1960년에 출간한 책이 크게 성공함에 따라 가끔 공적 사안에 관해 발언하던 논평가에서 베스트셀러 저자로 발돋움했다.

로스토의 저서 『경제 성장의 여러 단계: 반공산주의 선언The Stages of Economic Growth: A Non-Communist Manifesto』은 시간이 흐르면서 평가가 떨어지기는 했지만, 출간 이후 10여 년간 25만 부 가까이 팔리며 로스토의 이름을 전 세계에 알렸다. 당시 한 신문은 그를 가리켜 "칼 마르크스 이후 가장 유명한 경제사학자"로 일컬었다. 로스토는 이 평가를 특히 자랑스러워했을 것이다. 제목에서부터 알 수 있듯, 이 책은 100여 년 전 마르크스가 내놓은 국가의 경제 발전에 관한 이론과 다른 설명을 제시하려는 시도였기 때문이다.

로스토는 폭격 작전의 입안자이기 이전에 19세기 영국 경제를 연구하는 경제사학자였다. 그는 영국의 역사와 문화에 애착이 있었고, 1930년대에 로즈 장학생으로 옥스퍼드대학에서 유학한 이후에도 가끔 그곳에서 강의를 했다. 하지만 그의 진가는 영국 경제사에 관한 지식과 관심을 1950년대 미국 사회과학계에서 유행하던 '근대화이론'과 결합해낸 데 있었다. 당시에는 사회학과 정치학, 경제학계의 많은 연구자가 인류 사회를 '전통 사회'와 '근대 사회'로 구분하고, 그 이행 과정을 연구하는 데 몰두하고 있었다. 물론 이들이 말하는 근대 사회는 당시의 미국처럼 풍요롭고 빠르게 성장하며, 세속적이고, 시민의 참여가 활발한 사회를 가리켰으며, 이는 역사의 종착점이자 모든 인류가 추구해야 할 이상적인 목표였다. 그리고 로스토를 비롯한 근대화이론가들은 이러한 시각에 따라 공산주의를 정상적인 발전 과정에서 벗어난 일탈적 체제로 여겼다.

로스토는 자신이 생각하는 이상 사회(즉, 그가 살던 미국 사회)의 모습과 영국 경제가 산업혁명 시기에 어떻게 전통 사회에서 근대 사회로 이행했는지에 대한 견해를 결합해 보편적인 경제 발전 모델로 정립하고자 했다. 이 모델에 따르면, 전통 사회가 근대 사회로 '도약'하기 위해서는 몇 가지 조건을 충족해야 하며, 그 조건으로는 세속적인 교육체계와 은행, 기업가 계층이 있다. 전통 사회는 이러한 조건을 갖춘 뒤 10~15년이 지나면 도약 단계에 들어서며, 도약이 완료되기까지는 100여 년이 더 소요될 수 있다. 이 단계에서는 경제 활동이 전통적인 사회규범을 대체하며, 생산성이 높아지면서 1인당 소득도 증가하기 시작한다. 국가는 산업혁명 이후에도 이 책의 제목처럼 여러 성장 단계를 거치며, 마지막으로는 대량 생산과 대량 소비가 동시에 이뤄지는 이상적 상태에 도달한다. 로스토가 보기에 영국은 이러한 발전 과정을 보여주는 대표적인 사례였으며, 1950년대 후반의 미국은 그 과정에서 도달해야 할 최종 목적지였다.

사회과학 분야의 베스트셀러가 으레 그렇듯, 로스토의 책이 많은 주목을 받은 데는 출간 시점이 결정적인 역할을 했다. 1950년대 말에서 1960년대 초, 전 세계는 급격한 변화를 겪고 있었다. 200년 가까이 세계를 지배하던 유럽의 제국들이 쇠퇴하면서 각지에서는 저마다 속도에 차이는 있더라도 많은 식민지가 독립을 이뤘다. 이러한 변화는 유엔 가입국의 수를 보면 쉽게 확인할 수 있다. 1945년

51개국으로 출발한 유엔은 1950년대 중반에는 80개국이 되었고, 1960년에는 99개국, 1965년에는 117개국, 1973년에는 135개국으로 늘어났다. 『경제 성장의 여러 단계』가 출간된 1960년에도 아프리카에서는 나이지리아와 콩고가 각각 영국과 벨기에로부터 독립한 것 외에도 12개 국가가 프랑스로부터 독립했다.

　이처럼 점점 많은 나라가 독립하던 시기에 소련은 여전히 경제적으로 성장세를 이어가고 있었으며, 신생 독립국들이 빠르게 산업화를 이뤄 국민소득을 끌어올릴 방안에 관한 청사진을 제시하는 듯했다. 로스토의 『경제 성장의 여러 단계』는 이 같은 상황에서 소련에 맞설 또 하나의 발전 모델을 제시하고자 한 것이었다.

　그러나 로스토의 책에는 비판할 거리가 많다. 우선 이 책은 근대 사회를 경제 발전의 최종 단계로 전제하고, 그에 이르는 과정을 거꾸로 재구성한다는 점에서 경제사 저작이라는 말이 무색할 만큼 비역사적이다. 또한 로스토는 돌발 상황이나 우연 같은 변수를 배제하고 경제 발전을 몇 가지 단순한 단계로 도식화함으로써 이를 지나치게 직선적이고 때로는 기계적이기까지 한 과정으로 보이게 만들었다. 영국이 산업혁명 초기에 핵심 연료인 석탄을 쉽게 확보할 수 있었던 것이 이후의 발전에 많은 영향을 미쳤듯, 경제가 발전하는 과정에서는 자원과 지리적 요인도 중요한 역할을 하지만, 로스토는 이러한 요인에도 관심을 두지 않았다. 더 큰 문제는 그가 유럽의 발전 과정을 전 세계 어디에나 적용할 수 있는 모델로 일반화하려 한다는 점이다.

　이 책의 성공으로 대중적 인기와 명성을 얻은 로스토는 존 F. 케네디 행정부에서 보좌관직을 맡아 백악관에 입성했다. 처음에 그는 새로운 정권에 딱 맞는 인물처럼 보였다. 세계적인 사상가로서 로스토가 가진 이미지는 지적이면서도 신선하고 현대적인 정부를 표방하던 케네디 행정부와 잘 어울렸기 때문이다. 게다가 당시에는 냉전을 주로 개발도상국, 특히 아시아와 아프리카의 신생 독립국들에서 벌어지는 체제 경쟁으로 여겼고, 로스토는 마침 이 나라들이 공산주의가 아닌 다른 방식으로 발전할 방법을 제시한 인물이었다.

그러나 로스토의 백악관 생활은 그리 오래가지 못했다. 케네디는 로스토를 두고 이렇게 말했다. "월트는 아이디어가 넘치는 사람이에요. 아이디어를 내면 10개 중 하나는 기가 막히게 훌륭하죠. 문제는 그중 6~7개는 별로인 정도가 아니라 위험하기까지 하다는 겁니다." 그의 짧았던 백악관 생활을 끝낸 결정적인 계기는 1961년에 벌어진 베를린 위기였다. 소련은 당시 동독 영토 한가운데 고립되어 있던 서베를린에 봉쇄 조치를 단행했다. 이에 따른 대치 상황은 NATO가 대규모 공수 작전을 통해 서베를린에 계속 물자를 공급한 끝에 소련이 한발 물러나면서 해결되었다. 그런데 로스토는 이 사태에 전혀 다른 방안을 제시했다. 그는 동독의 도시 하나를 점령해 소련이 봉쇄를 철회할 때까지 압박을 가해야 한다고 주장하며 그 대상으로 마그데부르크를 지목했다. 다행히도 케네디는 동독에 군대를 투입하면 핵전쟁을 촉발할 수 있다고 판단해 로스토의 제안을 받아들이지 않았다.

이후 로스토는 국무부로 자리를 옮겼다. 케네디 행정부는 그가 정책 결정 과정에 일상적으로 개입하기보다는 장기적 관점에서 여러 아이디어를 내놓는 데 집중하기를 기대했다. 그러나 로스토는 그곳에서 베트남 문제에 매달리기 시작했다.

미국은 로스토가 관심을 보이기 훨씬 전부터 베트남에 관여하고 있었다. 제2차 세계대전 이후 프랑스는 미국의 군사적·재정적 지원에 힘입어 동남아시아의 인도차이나 식민지를 계속 지배하려 했다. 미국은 프랑스가 식민지를 유지하기 위해 쓴 비용의 30퍼센트가량을 부담했지만, 프랑스의 시도는 결국 실패로 끝났다.

1961년 1월, 케네디 행정부가 출범할 당시 베트남에는 팽팽한 긴장이 감돌고 있었다. 베트남은 1950년대 중반 프랑스로부터 독립한 이후 남북으로 분단된 상태였다. 공산주의 국가였던 북베트남은 소련과 중국의 지원을 받았다. 반면에 권위주의 국가였던 남베트남은 재정적으로 미국에 의존했으며, 북베트남의 지원을 받으며 적화 통일을 목표로 활동하는 게릴라들의 반란에 시달리고 있었다. 이후 케네디와 그 후임자 린든 존슨 행정부의 미국은 점차 베트남에 적극적으로 개입했으며, 이는 1970년대 중반까지 미군 5만 8000명이 사망하고 베트남과 인접 국가에서 200~250만 명이 목숨을 잃은 참혹한 전쟁으로 이어졌다.

로스토는 미국이 베트남에 더 깊이 개입하는 과정에서 중요한 역할을 했는데, 그 시작은 존슨 행정부의 국가안보보좌관으로 백악관에 복귀하면서부터였다. 이 시기에 그는 공산주의를 향한 극렬한 반감과 자신이 더 나은 대안을 가지고 있다는 확신, 폭격의 효과에 대한 믿음 등 타고난 기질과 과거 경험에서 비롯한 성향을 눈에 띄게 드러냈다. 로스토를 국가안보보좌관에 임명한 결정은 세간에서 긍정적인 평가를 받았으며, 《뉴욕타임스》는 사설에서 그를 "독립적이면서도 세련된 사고방식을 지닌 인물"로 평가하기도 했다.

로스토는 1950년대 미국의 대통령이었던 드와이트 D. 아이

**미국이 10년간 베트남에 떨어뜨린 폭탄의 총무게는
베트남 인구 전체의 체중을 합친 것보다 무거웠다.**

————

젠하워가 제기한 도미노이론, 즉 베트남이 공산화되면 이웃 국가들도 줄줄이 공산화될 것이라는 주장을 신봉했다. 그가 백악관으로 복귀하자마자 내놓은 조언은 간단명료했다. 베트남전쟁을 끝낼 열쇠는 다름 아닌 폭격이라는 것이었다. 처음에 그는 북베트남의 전략 목표를 폭격함으로써 남베트남의 베트콩 게릴라를 지원하는 북베트남 지도부에 그들의 행동이 어떤 대가를 낳는지 보여줘야 한다고 생각했다. 그는 폭격으로 받는 피해가 커지면 북베트남 정권이 게릴라에 대한 지원을 중단하리라 보았다. 그러나 이러한 시도가 실패로 돌아가자, 로스토는 대규모 폭격을 가해 북베트남의 경제를 파괴하고 전쟁 수행 능력을 꺾어놔야 한다고 주장했다. 그는 전쟁에 관여하는 내내 남베트남의 게릴라 운동이 어느 정도 자발적인 면이 있으며, 남베트남 독재 정권의 가혹한 통치에 대한 불만에서 비롯했다는 사실을 전혀 인정하려 들지 않았다. 게릴라들은 북베트남 정권의 앞잡이일 뿐이므로 북베트남 지도부가 명령만 하면 언제든 활동을 멈추리라는 것이 그의 생각이었다.

　　1960~1970년대 미국이 베트남과 인근 국가들에 가한 폭격의 규모는 역사상 전례가 없는 수준이었다. 1964년부터 1973년까지 미 공군은 인도차이나반도에 616만 2000톤에 이르는 폭탄을 투하했으며, 미 해군과 해병대는 여기에 150만 톤을 추가했다. 이는 미국이 제2차 세계대전 중 유럽과 아시아의 전장에서 사용한 폭탄의 3배에 달

하는 양이었다. 한 연구의 계산에 따르면, 미국은 이 지역의 인구 1인당 약 100킬로그램의 폭탄을 투하한 셈이었다. 달리 말해, 미국이 10년간 베트남에 떨어뜨린 폭탄의 총무게는 베트남 인구 전체의 체중을 합친 것보다 무거웠다. 미국이 오랫동안 베트남에 가한 폭격은 제2차 세계대전에서 독일이나 일본이 겪은 폭격과 비교도 안 되는 수준이었다.

　게다가 미국의 폭격 작전은 전반적으로 더 정밀해지기까지 했다. 1960년대에는 무기 기술의 발전으로 훨씬 더 넓은 범위에서 정확하게 목표를 지정하고 타격할 수 있게 되었다. 가령 로스토가 주요 기획자로 참여했으며 1965년부터 1968년까지 진행된 롤링선더 작전은 북베트남의 석유 저장 시설 65퍼센트, 발전소 59퍼센트, 주요 교량 55퍼센트를 파괴했다.

　한편 이 시기 미국에서는 제2차 세계대전 당시 전략 폭격의 효과를 둘러싸고 벌어진 논쟁이 베트남에 대한 폭격을 계기로 재현되었다. 케네디 행정부에서 인도 대사를 지낸 경제학자 존 케네스 갤브레이스, 케네디의 특별 보좌관으로 일한 아서 슐레진저, 케네디와 존슨 행정부에서 국무부 관료를 지낸 조지 볼 등 미국 정부의 대표적인 온건파로 꼽히던 이들은 전략폭격조사단에 참여한 이력이 있었으며, 폭격이 북베트남의 정책을 바꾸는 수단으로 효과가 있는지에 회의적이었다. 반면에 로스토와 미국 공군의 고위 지휘부(그중 대다수는 폭격 작전에 참여한 경험이 있었다)는 이러한 생각을 받아들이려 하지 않았다.

　로스토는 유능한 경제학자답게 유인의 힘을 이해하고 있었다. 하지만 그는 북베트남을 움직이는 유인 구조에 대해 잘못된 가정을 했고, 이는 베트남과 미국 양쪽에 불행한 결과를 가져왔다. 로스토는 1964년 국무장관 딘 러스크와의 대화에서 북베트남의 지도자 호찌민을 두고 이렇게 말했다. "그에게는 지켜야 할 산업 기반이 있습니다. 이제는 잃을 게 없는 게릴라 투사가 아니죠." 그는 미국이 북베트남의 산업과 기반 시설을 폭격하면 그들을 협상 테이블로 끌어낼 수 있으리라 보았지만, 이 판단은 두 가지 면에서 틀린 것으로 드러났다.

우선 로스토의 주장은 전제부터 오류가 있었다. 북베트남의 정책 결정 기구였던 정치국의 최우선 목표는 전쟁에서 승리해 나라를 재통일하는 것이었지, 산업 기반을 지키는 것이 아니었다(애초에 그들은 지켜야 할 산업 기반도 많지 않았다). 따라서 주요 교량과 발전소를 절반 넘게 잃은 것은 분명 큰 타격이었지만, 정책을 바꿀 만큼 심각한 문제가 아니었다.

게다가 로스토는 북베트남의 동맹국인 소련과 중국이 폭격에 어떻게 반응할지를 고려하지 않았다. 결론부터 말하자면, 소련과 중국은 미국이 베트남에 더 적극적으로 개입할수록 마찬가지로 개입을 확대했다. 소련은 미국과 그 동맹국들만큼 베트남에 많은 병력을 투입하지는 않았지만, 한때 3000명에 달하는 군사 고문단을 파견했고, 북베트남의 방공 무기 상당수를 직접 운영했으며, 경제적으로도 막대한 지원을 퍼부었다. 1968년 중반에 나온 미국 중앙정보국CIA의 보고서는 이러한 사실을 구체적으로 밝혔지만, 정확한 수치는 실제보다 낮게 추산했을 가능성이 크다. CIA의 분석에 따르면, 1954년부터 1964년까지 공산권 전체가 북베트남에 제공한 군사적·경제적 원조는 10억 9000만 달러에 달했다. 그러나 1965년에서 1968년 사이 원조 규모는 그 2배가 넘는 21억 7500만 달러로 급증했다. 민간 부문에서도 정제 석유와 트럭, 식품 원자재, 리넨 제품과 같은 소비재 등 다양한 물자를 지원했다. 이처럼 30개월 남짓한 기간에 20억 달러에 달하는 원조를 받은 것은 당시 연간 GDP가 15억 달러 수준이었던 북베트남의 경제를 고려하면 엄청난 일이었다. 요컨대 1960년대 중반 북베트남은 동맹국들에게 매년 자국 경제의 절반에 해당하는 원조를 받은 것이다. 이는 제2차 세계대전 당시 미국이 무기대여법을 통해 영국에 제공한 원조보다도 2배가 많았으며, 더 중요한 것은 미국이 폭격을 확대할수록 북베트남에 대한 원조도 늘어났다는 점이다.

공산권의 원조는 두 가지 결과를 가져왔다. 우선 소련과 중국에게 공산품(소비재 포함)과 식량을 지원받은 덕분에 북베트남은 이러한 원조가 없었다면 상상도 못 했을 만큼 많은 인력을 전쟁에 동원할 수 있었다. 두 번째로 이에 못지않게 중요한 점은 로스토가 폭격이 가져올 효과를 두고 세운 가정이 완전히 무너졌다는 것이다. 로스토는 폭격을 확대하면 경제적으로 심각한 혼란에 빠진 북베트남 정권이 협상 테이블로 나올 수밖에 없으리라 생각했다. 그러나 실제로는 폭격을 확대할수록 공산권의 지원도 덩달아 늘어나면서 폭격의 피해가 상쇄되었다.

1968년 CIA의 보고서는 폭격이 북베트남 경제에 끼친 피해 규모를 약 3억 달러로 추산했는데, 이는 북베트남이 받은 민간 원조의 절반에도 미치지 못하는 수준이었다. 이 보고서는 소련이 북베트남을 지원하는 데 쓴 비용이 미국이 남베트남을 지원하고 북베트남을 폭격하는 데 쓴 비용보다 크다며 애써 낙관적인 결론을 내놓았다. 이러한 주장은 사실일 수도 있고 논쟁의 여지도 있지만, 애초에 요점을 벗어난 것이다. 미국이 북베트남을 폭격한 목적은 소련의 자원을 고 갈시켜 냉전에서 우위를 점하는 것이 아니라 남베트남에서 전쟁을 끝내는 데 있었다. 그러나 공산권의 원조가 폭격의 피해를 보전하는 한, 이는 이뤄질 수 없는 일이었다. 로스토가 백악관을 떠난 1969년 북베트남의 경제 규모는 그가 백악관에 입성했던 1964년보다 더 커 져 있었다. 미국이 그동안 수백만 톤의 고폭탄을 북베트남에 쏟아부 었는데도 말이다.

북베트남의 경제는 역사상 전례가 없는 규모의 폭격 작전을 놀 라우리만치 잘 견뎌냈으며, 폭격은 장기적으로도 생각보다 큰 영향 을 끼치지 않은 것으로 보인다. 미군이 1960~1970년대에 수백만 톤 의 폭탄을 어디에 떨어뜨렸는지 자세히 기록해놓은 덕분에 2000년 대 초 경제학자들은 폭격이 베트남에 얼마나 큰 피해를 남겼는지 확 인할 수 있었다.

당시 북베트남의 수도였던 하노이보다도 더 많은 폭격을 받은 지역은 북베트남과 남베트남을 가르는 비무장지대 인근의 꽝찌성이 라는 곳이었다. 이 지역에 속한 3500개의 마을 중 폭격을 피한 마을 은 11곳뿐이었다. 연구자들은 미군이 남긴 지역별 폭격 자료를 조사 해 오늘날 베트남의 행정 구역을 기준으로 1965~1975년 가장 많은 폭격을 받은 지역 10곳을 선별했다. 예상대로 미군은 꽝찌성과 하노 이를 비롯해 북베트남의 산업 중심지와 당시의 남북 경계 인근 지역, 라오스와 캄보디아에 접한 옛 남베트남의 서쪽 국경 지역(북베트남 은 '호찌민루트'로 이 지역을 연결해 남베트남의 게릴라들을 지원했다)에 집중적으로 폭격을 가했다. 하지만 조사 결과는 예상과 전혀 달랐다. 지리적·인구통계학적 요인의 영향을 배제하면, 이들 지역은 2002년 기준으로 빈곤율, 기반 시설 수준, 문해율, 인구 밀도에서 베트남의 다른 지역들과 아무런 차이를 보이지 않았다. 역사상 최대 규모의 폭격 작전이 벌어진 지 30년도 채 지나기 전에 베트남의 경제 지표에서는 그 흔적을 찾아볼 수 없게 된 것이다.

이처럼 뜻밖의 결과가 나온 이유는 서로 관련이 있는 세 가지 요인으로 설명할 수 있다. 첫째, 앞서 언급한 대로 공산권의 원조는 폭격의 피해를 상당 부분 상쇄했다. 둘째, 전쟁 후 통일 베트남 정부는 국가 자원을 피해가 큰 지역에 효과적으로 배분한 것으로 보인다. 마지막으로 연구자들은 또 하나의 가능성을 제시한다. 1940년대부터 1970년대까지 두 차례 외세(프랑스와 미국)와 전쟁을 겪으면서 베트남 사회에는 강한 민족의식이 뿌리를 내렸으며, 그 에너지가 전쟁 이후 빠르게 경제를 복구하는 원동력이 되었다는 것이다.

물론 수십 년이 지난 뒤 경제에 흔적이 남지 않았다고 해서 전쟁 당시 사람들이 겪은 고통이 가벼워지는 것은 아니다. 게다가 폭격은 본래 의도한 목표조차 달성하지 못했다. 미국은 폭격으로 전쟁을 끝내는 데 실패하자, 남베트남에 점점 더 많은 지상군을 배치했다. 지상군의 목표는 전쟁에서 '승리'하는 데 있지 않았다. 그것은 폭격이 해야 할 일이었다. 그들의 역할은 남베트남의 붕괴를 늦춰 패배를 막는 것이었다.

로스토는 존슨 행정부가 막을 내리는 순간까지도 자신의 주장을 굽히지 않았다. 한 정치학자는 그가 "미국 정치 엘리트 특유의 덕목을 상징하는 대명사"로 자리매김했으며, "그 덕목이란 매번 형편없는 조언을 늘어놓아도 일관성만큼은 있다는 것"이라는 조롱 섞인 평가를 남겼다. 그 말대로 로스토는 끝까지 한결같은 모습을 보였다. 케네디와 존슨 행정부에서 국방장관을 지낸 로버트 맥나마라는 1995년에 출간한 회고록에서 베트남에 개입하기로 한 미국의 결정이 실수였음을 인정하며 "우리는 잘못을 저질렀다. 그것도 아주 끔찍한 잘못을"이라고 말했다. 그러자 로스토는 《타임스 문예부록 Times Literary Supplement》에 신랄한 비평문을 실으며 응수했다. 그는 「전쟁은 정당했다 The Case for War」라는 제목의 글을 발표하며 미국이 사실상 베트남전쟁에서 승리했다고 주장했다. 동남아시아의 경제 규모는 1961년부터 1980년까지 3배로 성장했는데, 이는 미국의 개입이 없었다면 불가능한 일이었다는 것이 그가 내세운 이유였다.

로스토가 베트남전쟁에서 보인 행보는 반면교사로 삼아야 할 사례다. 경제학적 논리와 유인의 작동 방식을 이해하는 것은 분명 가치 있는 일이지만, 그것만으로는 충분하지 않다. 자신이 상대방의 유인을 이해하고 있다고 믿거나 더 심하게는 상대방이 자신과 똑같은 유인에 따라 움직인다고 가정하는 것은 유인을 아예 고려하지 않을 때보다도 나쁜 결과를 가져올 수 있다.

로스토의 『경제 성장의 여러 단계』는 경제사를 지나치게 결정론적으로 해석한다는 문제가 있다. 이 책에서 그는 x라는 행동을 하면 반드시 y라는 결과가 나오는 것처럼 가정한다. 그리고 때로는 경제 발전 과정을 정책 결정권자가 하나씩 처리해야 할 체크리스트로 단순화하며, 몇 가지 전제 조건이 갖춰지기만 하면 경제가 알아서 다음 단계로 나아가는 것처럼 설명한다. 로스토는 국가의 안보 정책을 수립할 때도 비슷한 모습을 보였다. 그는 폭격으로 북베트남의 행동을 바꾸는 일이 레버를 당기듯 간단하리라 생각했다. 하지만 정작 그는 북베트남의 목적이 무엇인지, 그들이 무엇을 진정으로 중시하는

지를 이해하지 못했으며, 미국이 개입을 확대하면 공산권 국가들이 원조를 늘려 대응에 나서리라는 점도 예상하지 못했다. 폭격이 원하는 결과를 가져오지 못했을 때도 그가 내놓는 해법은 더 강력한 폭격을 더 많이 퍼붓는 것뿐이었다.

경제학자들은 자신이 항상 타당하지만은 않다는 사실을 잊지 말아야 한다.

17

러시아-우크라이나 전쟁

잘못된 군사 정보의 대가

2022~

서방의 군사 전문가들은 2014년 7월 11일 우크라이나 동부의 젤레노필리아라는 마을에서 벌어진 사건이 다음과 같이 전개되었다고 판단한다.

해가 뜨기 전 캄캄한 새벽, 우크라이나의 기계화 보병 2개 대대가 마을에서 서쪽으로 몇 킬로미터 떨어진 곳에 집결했다. 그해 4월부터 이어진 돈바스 지역의 전쟁은 우크라이나에 유리하게 돌아가고 있었다. 우크라이나 정부는 아직 이 전쟁을 '대테러 작전'이라 칭했고, 경찰과 군을 동원해 동부 우크라이나 전역에서 러시아의 지원을 받은 분리주의 반군 세력을 격퇴하고 있었다. 젤레노필리아 인근에 모인 부대는 경험 많은 베테랑과 전투에 굶주린 젊은 병사들이 뒤섞여 있었다. 그들은 대부분 잡다한 구형 장비로 무장했으며, 훗날 부대의 지휘관들이 인정했듯 정규군과 맞설 만한 전력은 아니었다.

병사들은 이 전쟁이 하루이틀 뒤면 끝나리라 생각했다. 곧 반군의 마지막 거점으로 진격해 반란을 진압할 수 있으리라 본 것이다. 러시아가 우크라이나 남부의 크림반도를 합병한 일은 훨씬 골치 아프기는 해도 일단 별개의 문제였다. 그곳에는 러시아의 정규군이 배치되어 있었고, 우크라이나 정부는 합병을 공식적으로 인정하지는 않았지만 현실로 받아들이고 있었다. 하지만 돈바스에서만큼은 전쟁이 곧 끝날 것처럼 보였다.

두 대대는 현재 위치를 파악하고 전투 전 마지막 점검을 하기 위해 잠시 멈췄다. 그때 병사들의 머리 위로 드론이 내는 특유의 소리가 들려왔다. 드론이 날아다니는 것 자체는 그리 이상한 일이 아니었다. 친러 분리주의 세력은 전쟁이 일어난 이후 줄곧 드론을 정찰 용도로 사용해왔다. 그러나 예상치 못한 일은 아니라고 해도 적의 드론이 탁 트인 들판 위를 날고 있다는 사실은 달갑지가 않았다. 우크라이나군은 이른 새벽에 기습을 가해 적을 당황케 할 계획이었다.

하지만 그 직후에 벌어진 일은 누구도 예상치 못한 것이었다. 병사들은 드론이 있다는 사실을 여단 지휘부에 보고하려던 중 통신이 전파 방해로 차단되었음을 알게 되었다. 그리고 바로 그 순간 포격이 시작되었다. 두 대대는 삽시간에 포탄과 로켓탄 세례를 받았고, 1분도 채 지나기 전에 초토화되었다. 동행한 장갑차는 대부분 파괴되었고, 일부는 승무원들이 빠져나오기도 전에 불타올랐다. 짧은 휴식을 틈타 밖으로 나와서 몸을 풀던 병사들은 더 무방비한 상태로 폭격을 맞았다.

그리하여 전투는 시작도 하기 전에 끝이 나버렸다. 우크라이나 측은 30여 명이 전사하고 수백 명이 다쳤으며, 2개 대대 규모의 장갑차가 무력화되었다. 이후 우크라이나군은 두 번 다시 이때처럼 러시아 국경 인근까지 진격하지 못했다. 이 사건은 러시아군이 보유한 무기를 총동원해 국경 너머 돈바스 지역의 전투에 개입할 준비가 되어 있음을 보여준 첫 번째 사례였다.

그러나 서유럽과 미국의 군 당국을 충격에 빠뜨린 것은 러시아군의 무기 체계였다. 우크라이나의 두 대대가 겪은 상황은 모든 현대 군대가 두려워할 만한 악몽 같은 일이었다. 이 전투에서 러시아군은 정찰용 드론과 강력한 재래식 포병 전력을 연계해 효과적으로 활용할 능력이 있음을 입증했다. 그들은 이동 중인 우크라이나 기갑 부대를 찾아내 통신을 교란한 다음, 다시 움직일 틈도 주지 않은 채 궤멸시켰다. 이는 당시의 미군에게조차 쉬운 일이 아니었을 것이다. NATO 회원국 군대의 분석가들은 러시아가 이러한 역량을 가지고 있으며 언제든 이를 실전에 활용할 수 있다는 사실에 주목했다. 그들은 러시아의 이번 공격이 드론을 정교하게 활용해 우크라이나군의 위치를 파악하고 전자 장비를 교란하는 능력뿐만 아니라, 최신형 열압력탄의 위력까지 보여줬다고 평가했다. 열압력탄이란 화약이 아니라 연료가 주원료인 폭탄으로, 일반적인 고폭탄보다 더 오랜 시간 더 강하게 연소하는 무기다.

미 육군은 이 사건에서 배울 점을 찾고자 러시아의 '차세대전쟁' 전략을 연구하기 시작했다. 우크라이나에 다녀온 미군의 한 분석가는 2016년 고위 장교들이 모인 자리에서 이렇게 말했다. "열압력탄의 위력을 직접 경험하거나 본 적이 없다면 지금부터라도 진지하게 살펴봐야 합니다. 이 무기는 머지않아 여러분이 참여한 전장에 등장할지도 모릅니다." 2017~2018년 국가안보보좌관을 지내기도 한

H. R. 맥매스터 장군은 이 연구를 이끌었으며, 2016년에 작성한 보고서에서 다음과 같이 우려를 표했다.

> 우리 군의 무기 중 상당수가 러시아의 무기보다 사거리가 짧으며, 러시아군은 우리가 사용을 줄이고 있는 고성능의 재래식 탄약을 적극적으로 활용하고 있다. 이대로라면 우리 군의 무기 체계는 러시아군과 비교해 살상력이 40~60퍼센트 떨어질 것으로 보인다. 우리 군의 포병 전력은 지금도 수적으로는 열세에 있는데, 앞으로는 효율 면에서도 뒤처질 가능성이 있다. 지금 당장 대책을 마련해야 한다.

이렇듯 러시아군은 NATO 회원국들보다 포병 전력에서 앞서 있을 뿐 아니라, 훨씬 위력적인 탄약과 드론 활용 능력, 서방의 군대가 흉내 낼 수 없는 방식으로 무기를 운용하는 역량까지 갖추고 있는 것처럼 보였다.

젤레노필리아 전투에 대한 이 같은 해석은 2022년 2월 러시아가 우크라이나를 침공할 당시 서방 국가들 사이에서 어떤 인식이 퍼져 있었는지를 이해하는 열쇠다. 당시의 통념에 따르면, 푸틴이 이끄는 러시아는 지난 20년간 군사력에 막대한 투자를 해온 지역의 강국이었다. 게다가 러시아군은 우크라이나 동부와 조지아, 시리아에서 전투를 치르며 실전 경험을 쌓았다. 그들은 수적으로도 우크라이나군보다 우위에 있을 뿐 아니라, 최첨단 장비와 이를 전장에서 활용하는 노하우까지 갖추고 있었다. 서방은 경제 제재를 가하겠다고 위협해 러시아의 침공을 막으려 했지만, 위협이 통하지 않자 더는 할 수

러시아군은 고작 10개월 만에
무적의 군대에서 무능한 약체로 전락한 듯했다.

————

있는 일이 없었다. 러시아군의 압도적인 전력을 고려하면, 전쟁은 며칠, 길어야 몇 주 안에 러시아의 승리로 끝나리라는 전망이 지배적이었다. 전쟁이 오래가지 않으리라는 것이 유일한 위안거리였다.

그러나 막상 전쟁이 벌어지자 서방의 분석가들은 충격에 휩싸였다. 예상과 달리 전쟁은 몇 주 만에 끝나지 않았다. 우크라이나가 거세게 저항하는 동안, 러시아군은 분석가들이 예상했던 수준의 효율성과 기술력, 노련함을 전혀 보여주지 못했으며, 핵심 임무조차 제대로 수행해내지 못했다.

2015~2016년 서방 분석가들은 러시아의 차세대전쟁이 얼마나 위협적인지 야단스레 떠들어댔다. 그러나 2022년 말이 되자 그들은 태도를 싹 바꿔 러시아군에 혹평을 쏟아냈다. 미국의 싱크탱크 애틀랜틱카운슬 Atlantic Council은 러시아-우크라이나 전쟁을 다룬 연말보고서에서 러시아군에 대한 달라진 인식을 다음과 같이 요약했다. "러시아군은 제병협동작전이나 방공망 제압 같은 복잡한 전술에 숙달하지 못했다. 가령 기갑 부대는 하차 보병의 지원 없이 도시 지역에 진입했고, 공군 전력은 우크라이나의 방공망에 격추될까 두려워 러시아가 점령한 영토 상공에 주로 머물렀다. 이 밖에도 러시아군은 열악한 통솔력과 보급 능력, 낮은 사기 등 고질적인 문제들에 시달리고 있다." 더군다나 러시아의 군대와 군수 산업계는 푸틴 치하의 러시아에 만연한 부패에서 자유롭지 않았다. 러시아의 신형 전차에 장

착된 반응장갑판은 피격 시 폭발을 일으켜 포탄을 튕겨내야 했지만, 일부 전차의 장갑판은 폭약 대신 고무로 채워져 있던 것으로 드러났다. 그리고 젤레노필리아 전투 이후 전문가들은 러시아제 무기의 무시무시한 위력에 주목했지만, 정작 러시아군이 지급받은 정밀 유도 무기들은 목표를 빗맞히거나 제대로 작동하지 않을 때가 많았다.

러시아군에 대한 평가는 이번에도 지나치게 한쪽으로 기운 감이 있었다. 서방 군사 전문가들이 보기에 러시아군은 고작 10개월 만에 무적의 군대에서 무능한 약체로 전락한 듯했다. 그러나 러시아군이 2023년 한 해 동안 소모전을 치러내는 능력을 입증하면서 그들을 보는 시선도 또다시 달라지기 시작했다.

그렇다고 해도 여전히 수수께끼는 남아 있었다. 젤레노필리아에서 엄청난 위력을 뿜낸 군대가 2022년 초중반에는 기본적인 전술조차 수행하지 못하고 장비 면에서도 심각한 문제를 드러낸 것은 대체 어떻게 된 일이었을까?

그 답은 의외로 단순하다. 서방이 인식한 젤레노필리아 전투는 실제로 일어난 적이 없었던 것이다.

분석가들은 2014년 7월 11일 젤레노필리아에서 벌어진 사건의 전말을 밝히기 위해 1차 자료부터 다시 검토하기 시작했다. 이 경우에 1차 자료란 우크라이나 측 생존자들이었다. 이들이 묘사한 전투의 양상은 서방 분석가들의 머릿속에 자리한 이야기와 여러모로 큰 차이가 있었다. 이야기의 뼈대, 즉 러시아 포병 부대가 국경 너머에서 우크라이나의 기계화 부대에 기습을 가해 큰 타격을 입혔다는 점은 같았으나, 중요한 세부 사항들은 전혀 달랐다.

서방에서 널리 퍼진 이야기에 따르면, 젤레노필리아 서쪽 들판은 우크라이나군이 잠시 휴식을 취하며 공격을 준비하던 곳이었다. 그러나 우크라이나의 베테랑 병사들은 그곳을 단순한 경유지가 아니라 보급 기지로 기억하고 있었다. 며칠, 혹은 몇 주 동안 그곳에 머물렀는지에 대한 기억은 조금씩 차이가 있었지만, 돈바스에서 반군과 교전하며 국경을 통제하려던 우크라이나군이 그곳을 휴식 및 보급 기지로 자주 이용했다는 점에는 모든 증언이 일치했다. 하지만 기지에는 참호나 방공호가 없었고, 군용 차량들은 마치 점검을 기다리듯 가지런히 주차되어 있었다. 기지는 전체적으로 전시의 전초 기지가 아니라 평시의 병영 같은 분위기를 풍겼다.

당시 19세의 병장이었고 러시아군의 공격으로 부상을 입은 한 병사는 식사를 하러 그 기지에 처음 도착했을 때 충격을 받았다며 인터뷰에서 다음과 같이 증언했다. "병사 한 사람이 반바지를 입은 채 마중을 나왔길래 '여기 전쟁 중 아닌가요?'라고 물었죠. 그 병사는 '전투가 있기는 한데, 여기서는 멀어요'라고 답하더군요. 젤레노필리아에 있던 병사들은 전쟁을 자기들과 상관없는 일처럼 느꼈어요. 기지는 후방에 있는 평범한 훈련소 같았죠."

한편 소련 말기에 아르메니아와 아제르바이잔에서 소련군 소속으로 전투에 나섰던 한 베테랑 병사는 그 기지에 "커다란 녹색 천막들이 아무런 위장도 하지 않은 채 넓은 들판 한복판에 떡하니 세워져 있었다"고 증언했다. 그의 부대는 기지에 들를 때마다 들판 한가운데 있는 천막이 아니라 숲 근처에다 직접 판 참호에 머물렀다. 그 병사는 러시아군이 공격했다는 소식을 들었을 때, 그리 놀라지 않았다고 했다. "기지를 관리하던 장교들은 자기네가 안전하다고 생각한 모양입니다. 하지만 전쟁에 나가본 경험이 있는 사람은 다들 그 기지가 얼마나 위험한 곳인지 알고 있었죠."

이것이 서방의 인식과 생존자들의 증언 사이의 첫 번째 중대한 차이점이다. 젤레노필리아 전투는 이동 중에 잠시 멈춘 기계화 부대가 다시 움직일 새도 없이 궤멸당한 사건이 아니었다. 그들은 통상적인 방어 조치도 취하지 않은 채 장기간 기지에 머무르다가 러시아군의 포격을 받았다.

게다가 생존자들의 증언에 따르면, 7월 11일에 공격받은 기계화 부대의 차량에는 예비 탄약을 비롯한 보급품이 산더미처럼 쌓여 있었다. 차량에 실려 있던 탄약들은 러시아군의 포탄과 다연장로켓탄이 쏟아지면서 폭발을 일으켰다. 한 베테랑 병사는 당시 상황을 이렇게 설명했다. "차량마다 탄약이 너무 많이 실려 있어서 사람이 탈공간도 없었어요. 사상자는 대부분 다연장로켓탄이 아니라 차량에 있던 탄약이 폭발하면서 발생한 겁니다."

두 번째 결정적인 차이는 이것이다. 우크라이나의 기계화 부대가 보유한 장비들을 파괴한 것은 최첨단 기술로 무장한 러시아 포병의 공격이 아니라 우크라이나 병사들이 장갑차에 실어둔 탄약이었다.

사건이 일어난 지 5년이 지난 2019년 4월, 우크라이나군 총사령관은 젤레노필리아 전투를 안타깝지만 충분히 막을 수 있었던 일로 평가했다. 그는 현지의 우크라이나 장교들이 부대를 보호하기 위한 조치를 제대로 마련하지 않은 채 부주의하게 행동했으며, 그와 동시에 러시아의 정규군이 우크라이나군을 직접 공격해 갈등을 고조시키리라 예상하지 못한 것을 사건의 원인으로 꼽았다.

이렇게 보면 러시아의 공격은 분명 예상치 못한 일이었지만, 그 공격에 이례적이거나 획기적인 면이 있는 것은 아니었다. 러시아군은 서방의 군대가 흉내 낼 수 없는 특별한 능력을 보여주지도 않았다. 미국의 전직 포병 장교는 한 연구자에게 자신도 연필과 각도기, 지도, 로켓포 한 포대, 10분의 준비 시간만 있다면, 축구장 너비의 땅에 참호나 위장도 없이 줄지어 늘어선 기계화 대대 2개를 너끈히 박살 낼 수 있다고 말했다. 이런 식의 공격은 포병이 1940년대부터 늘 해오던 일이라는 것이 그의 설명이었다.

　이렇듯 젤레노필리아 전투를 전혀 다른 관점에서 설명할 수 있다면, 서방 분석가들이 처음에 내놓은 해석은 어떤 근거에서 비롯했는지를 따져볼 필요가 있다. 우크라이나의 생존자나 목격자, 정치·군사 지도자의 증언이 아니라면 그러한 해석은 대체 어디서 나온 것일까? 놀랍게도 그 답은 미국의 한 싱크탱크가 작성한 백서에서 찾을 수 있다. 이 백서는 널리 배포할 의도로 작성한 것이 아니었으며, 젤레노필리아 전투를 2014~2015년에 있었던 여러 전투 중 하나로 다뤘을 뿐이었다. 그런데도 백서의 내용은 이후 사람들의 이목을 끌었고, 2020년에는 미 육군의 공식 전술 교범에 실리기에 이르렀다.

　젤레노필리아 전투에 대한 두 가지 설명은 구체적인 내용에는 큰 차이가 있더라도 똑같이 우크라이나군의 대패라는 결말로 끝이 난다. 그러나 양자는 이러한 결말을 놓고 전혀 다른 해결책을 제시한다. 우크라이나 측의 설명을 기준으로 보면, 젤레노필리아 전투와 비슷한 사태를 예방하기 위해서는 먼저 러시아군이 직접 전투에 개입할 가능성을 인정하고, 군사 훈련과 작전 절차를 기초부터 단단히 다져야 했다. 그리고 병사들은 전선으로 이동하거나 복귀하는 동안 잠시라도 멈춰야 할 때는 흩어져서 참호를 파고, 가능하다면 위치를 위장하도록 훈련해야 했다. 실제로 우크라이나군은 이 같은 방식으로 대응했으며, 이후 몇 달간 우크라이나에서는 전투가 격화되고 러시아군의 포격이 자주 일어났지만, 젤레노필리아 전투와 같은 참사는 되풀이되지 않았다.

그러나 서방의 설명을 기준으로 보면, 훈련을 강화하거나 적이 근처에 있는 곳에서 늘 경계를 늦추지 않는 것은 해결책이 될 수 없었다. 문제의 근본적인 원인은 공격을 받은 부대가 기본적인 작전 규율을 지키지 않은 것이 아니라, 신형 탄약과 첨단 드론 장비, 새로운 전자전 기술 등 러시아군이 보유한 압도적인 전력에 있었기 때문이다. 이에 따라 서방 국가들은 막대한 자금을 투자해 그에 맞먹는 전력을 갖추는 것을 문제의 해결책으로 보았다.

요컨대 그들은 실재하는지조차 확실치 않은 전력에 맞서기 위해 수십억 달러를 들여 대응 체계를 구축하려 한 것이다.

서방 국가들의 대응을 이해하려면 이번에도 역시나 유인을 검토해야 하며, 서로 다른 조직 간에는 유인이 잘 맞물리지 않을 때가 많다는 사실도 염두에 둬야 한다. 젤레노필리아 전투를 두고 해석을 내놓은 군 당국과 분석가, 싱크탱크 들은 저마다 선호하는 정책이 달랐다. 민주주의 국가에서 군 조직은 평상시에 다른 부문들과 예산을 놓고 끊임없이 경쟁을 벌여야 한다. 따라서 반드시 억제해야 할 위협의 존재는 군의 입장에서 정부 예산 담당자와의 협상을 유리하게 이끌 카드가 될 수 있다. 한편 산업계에서는 정책 연구에 막대한 자금을 투입하는 일이 흔하며, 냉정하게 말하면 해당 산업의 제품에 더 많은 예산을 써야 한다고 주장하는 연구일수록 더 주목받는 경향이 있다.

평화로운 시기의 군 조직과 이들에게 장비를 공급하는 민간 기업들은 언제나 자신들이 마주한 잠재적 위협의 실체를 과장하고 싶은 유혹에 시달린다. 이를 가장 잘 보여주는 사례는 1950년대와 1960년대 초에 제기된 이른바 '폭격기 격차' 논쟁이다. 미국은 1945년 핵무기를 실전에 사용한 이후 한동안 유일한 핵보유국이라는 지위를 누렸지만, 1949년 서방의 스파이와 공산주의 동조자들의 도움을 받은 소련이 후발주자로 핵무기 개발에 성공했다. 대륙간탄도미사일ICBM이 개발되고 핵 공격 수단으로 잠수함이 널리 쓰이기 전, 사람들은 핵전쟁이 벌어지면 1945년처럼 폭격기를 이용해 핵무기를 투하하리라 생각했다.

1950년대 중반 미국에서는 소련의 장거리 폭격기 기술이 미국을 능가했으며, 언제든 폭격기를 이용한 핵 공격이 벌어질 수 있다는 공포가 널리 퍼졌다. 이러한 우려는 1954년 항공우주 전문지《에비에이션 위크Aviation Week》에 실린 한 기사에서 비롯했는데, 기사는 확인되지 않은 소문을 사실처럼 부풀리면서 M-4라는 소련의 신형 제트 폭격기가 소련에서 미국 본토로 곧장 날아와 핵 공격을 가할 수 있다고 보도했다. 미국 언론은 곧바로 이 문제를 대서특필하며 호들갑스러운 반응을 보였고, 의회에서도 이와 관련한 질문이 쏟아졌다.

이듬해인 1955년, 소련은 지금 와서 보면 놀랄 만큼 단순한 속임수로 긴장을 고조시켰다. 그해 소련 항공의 날에 펼쳐진 에어쇼에서는 신형 M-4 폭격기 10대가 사열대 앞을 날아간 뒤 재빨리 방향을 틀어 같은 곳을 지나갔고, 곧이어 이번에는 8대가 같은 비행을 선보였다. 이날 실제로 비행에 동원된 폭격기는 10대였지만, 이를 본 관객들은 총 28대의 폭격기가 등장한 것으로 착각했다. 그리하여 미 공군은 소련이 몇 달 만에 신형 폭격기를 28대나 생산했다고 오인했고, 1960년에는 신형 폭격기의 수가 600대까지 늘어날 것이라 추산했

평화로운 시기의 군 조직은 언제나
자신들이 마주한 잠재적 위협의 실체를
과장하고 싶은 유혹에 시달린다.

———

다. 그러나 소련의 실제 생산 속도를 기준으로 계산하면, 1960년까지 생산 가능한 폭격기의 수는 200대 수준이었다. 당시 미 공군은 이제 막 초장거리 제트 폭격기인 B-52를 도입하는 중이었고, 이대로는 공군 전력에서 소련에 뒤처질 위험이 있다며 '폭격기 격차'를 주장했다.

1930년대 영국 공군이 그랬듯, 1950년대 미 공군의 전략가들은 대체로 방공망은 효과가 없을 가능성이 크며, 자원과 예산만 낭비하게 되리라 생각했다. 당시에도 사람들은 여전히 폭격기가 언제든 방공망을 뚫고 목표를 공격할 수 있다고 믿었다. 이런 관점에서 보면, 소련이 보유한 대규모 폭격기 부대에 맞설 최선의 방어책은 더 많은 폭격기를 보유하는 것이었다. 이 전략의 핵심은 상대방이 보복을 두려워한 나머지 선제공격을 단념할 만큼 압도적인 전력을 갖춰 억지력을 확보하는 것이었다.

훗날 퇴임 연설에서 군산복합체의 성장과 미래의 군비 경쟁 가능성을 우려한 아이젠하워 대통령은 이러한 주장에 회의적이었다. 하지만 그는 신형 고고도 장거리 정찰기 U-2를 배치해 소련 영공을 정찰하며 증거를 수집하도록 승인했고, 미 공군은 1956년부터 이 정찰기를 운용하기 시작했다.

얼마 지나지 않아 소련 영공을 비행하던 한 정찰기가 레닌그라드 공군기지의 계류장에서 M-4 폭격기 30대를 확인했다. 공군 측은

러시아-우크라이나 전쟁

이미 알려졌거나 존재할 가능성이 있는 소련의 폭격기 기지 수에 레닌그라드에서 확인한 폭격기 수를 곱해 1960년대 초에는 소련이 보유한 M-4 폭격기가 600대에 이를 것이라는 확신을 얻었다. 이에 따라 미국은 B-52 생산에 박차를 가할 수밖에 없었다. 그러나 당시 소련이 보유한 M-4는 레닌그라드에서 촬영된 30대가 전부였다.

이후 3년간 정찰 비행을 계속한 끝에 미국에서는 소련의 폭격기 생산 규모를 우려하는 목소리가 잦아들었다. 그러나 공군은 여전히 의심을 거두지 않았다. 그러던 중 U-2 정찰기 한 대가 격추당해 조종사가 소련에 붙잡히는 사건이 발생하자, 이후 미국은 자신들이 소련의 영공을 침범했다는 사실을 부인할 수 있도록 영국 공군의 조종사들에게 정찰 임무를 맡겼다. 1959년 12월, 당시 CIA 국장이 '100만 달러짜리 사진'이라고 칭한 결정적인 사진을 촬영한 것도 영국 조종사였다. 이 사진은 M-4 폭격기의 핵심 생산 거점으로 알려진 쿠이비셰프 폭격기 공장의 모습을 담고 있었는데, 그곳에는 폭격기를 생산하거나 생산을 준비하는 흔적조차 보이지 않았다.

가장 큰 아이러니는 미국인들이 그토록 두려워했던 M-4 폭격기의 항속 거리가 미국 본토로 갔다가 소련 영공으로 돌아오지도 못할 만큼 짧았다는 것이다. 이 폭격기는 총 93대만 생산되었고 1960년대 초에는 생산 자체가 중단되었으며, 생산된 기체는 대부분 폭격이 아니라 공중급유 용도로 쓰였다. 그런데도 미 공군은 이 폭격기에 대응하기 위해 B-52 폭격기 750대를 생산했다. B-52는 이후 베트남전쟁에서 폭격 작전에 집중적으로 투입되었으며, 오늘날까지도 운용되고 있다.

1960년대에 핵무기를 발사하는 수단이 ICBM으로 전환되면서 나온 '미사일 격차' 논쟁도 이와 별반 다르지 않았다. 언론에서는 자극적인 시각 자료를 활용해 이 문제를 떠들썩하게 보도했고 정치권은 불안에 휩싸였지만, 미사일 격차는 한순간도 존재한 적이 없었다. 그러나 케네디는 1958년 상원의원 재선 캠페인과 1960년 대통령 선거에서 이 문제를 쟁점으로 삼았다. 1961년 1월, 케네디 행정부에서 국방장관으로 취임한 로버트 맥나마라는 미사일 격차를 해소하는 일을 최우선 과제로 꼽았다. 맥나마라는 훗날 자신은 취임 직후 3주 동안 부장관이나 정보기관과 긴밀히 협력해 사실관계를 명확히 파악하고자 노력했고, 다음과 같은 결론을 얻었다고 말했다. "격차는 분명 있었습니다. 우리가 우세한 쪽으로 말이죠." 이에 따라 그는 다소 난감한 처지에 놓이게 되었다. 몇 주 전까지만 해도 새 행정부가 선거에서 핵심 쟁점으로 내세운 주장을 철회할 방법을 찾아야 했기 때문이다.

냉전 시기 내내 미국에서는 이처럼 소련의 군사력을 과장한 추정치들이 쏟아져 나왔다. 소련의 국방 예산에 대한 평가는 이를 잘 보여주는 사례다. 소련의 국방 예산이 정확히 얼마인지를 계산하는 것은 소련의 군사력을 평가하기 위해 꼭 해야 할 일이었으며, 결코 단순한 문제가 아니었다. 소련 정부는 매년 국방 예산을 발표했지만, 그 수치를 곧이곧대로 받아들이기는 어려웠다. 의심스럽기는 하지만 그 수치가 대체로 정확하다고 가정하더라도 미국의 국방 예산과 비교할 수 있게 달러 가치로 환산하는 것도 골치 아픈 문제였다. 무엇보다 소련의 계획경제계제하에서는 가격이 서방의 자본주의 체제와는 다른 방식으로 작동했다. 가령 소련에서는 자국 군대에 전차를 공급할 때 실제 시장 가격으로 구입했을까, 아니면 단순히 원가만 지불했을까? 그것도 아니라면 일각에서 주장한 것처럼 생산원가보다도 낮은 가격으로 공급받고, 그에 따른 손실은 국영 군수업체들이 떠안았을까? 병력 규모와 임금 수준 같은 기본적인 요소를 추정할 때도 비슷한 문제가 벌어졌다. 미국보다 생활 수준과 임금이 낮았던 소련에서는 같은 액수의 국방비로도 더 많은 병력을 확보할 수 있었기 때문이다.

이렇듯 불확실한 변수가 많은 탓에 미국에서는 정부 기관들조차 늘 소련의 국방비를 두고 엇갈린 추정치를 내놓곤 했다. 1960년대부터 1980년대까지 CIA가 제시한 소련의 국방비 추정치는 항상 외부 분석가들이 제시한 수치보다 높았지만, 당연하게도 국방부 직속 기관인 국방정보국이 내놓은 추정치보다는 낮았다. 그러다 보니 소련의 국방비를 놓고 논의가 벌어질 때면 어지러울 만큼 다양한 수치가 쏟아져 나왔고, 대체로 미국의 국방비 지출 감소를 바라는 사람들은 더 낮은 추정치를, 증가를 바라는 사람들은 더 높은 추정치를 지지하곤 했다. 여기에 더해 미국의 육해공군이 냉전 시기 내내 의회를 상대로 직접 로비를 벌이며 정부가 반대했지만 자신들은 중요하게 여기는 사업의 정당성을 주장한 것도 국방비를 상승시킨 또 하나의 요인이었다.

그러나 잠재적 위협을 과장하는 일에는 현실적인 위험이 따른다. 잘못된 정보(혹은 예산을 더 타내려는 목적으로 지나치게 부풀린 정보)는 잘못된 의사결정으로 이어질 수 있기 때문이다. 다시 젤레노필리아 전투로 돌아가보자. 만약 서방 국가들이 러시아군의 혁신적인 역량에 주목한 해석이 아니라 우크라이나 측의 설명을 받아들였다면 실제로 어떤 점이 달라졌을까? 혹자는 서방 국가들이 젤레노필리아 전투에 대한 군사 전문가들의 해석을 바탕으로 전략을 세우지 않았다면, 지금보다 더 불리한 상황에 놓였으리라 주장할 수 있다. 러시아군의 역량을 둘러싼 우려는 2022년에 들어서 근거가 없었던 것으로 밝혀졌지만, 그 덕분에 서방에서는 포병에 대한 투자를 늘릴 정치적 동기를 확보했으며, 이는 전쟁이 시작된 이후 우크라이나에 군사 원조를 확대하는 데에도 도움을 주었다고 볼 수 있기 때문이다.

1950년대에 있었던 폭격기 격차 논쟁에도 비슷한 논리를 적용할 수 있다. 물론, 폭격기 격차는 존재한 적이 없으며, B-52 750대를 확보해야 한다는 미군의 주장은 객관적인 근거가 부족했다. 하지만 미군의 시각에서 보자면, B-52 폭격기는 베트남전쟁에서 중요한 역할을 했고(폭격기의 운용 방식을 둘러싼 논쟁은 차치하더라도), 이 글을 쓰는 지금도 현장에서 쓰이고 있다. 이러한 논리에 따르면, B-52를 생산하는 데 쓰인 예산은 단순히 낭비된 것으로 보기 어렵다. 적의 위협을 과장하거나 부정확하게 분석한 결과, 미군은 새로운 군사 장비를 비롯해 더 많은 자원을 확보하게 되었고, 이후 그 장비들을 효과적으로(가끔은 그렇지 못할 때도 있었지만) 활용할 수 있었기 때문이다.

그러나 이러한 주장들은 그럴듯해 보여도 실제로 근거가 빈약하다. 1950년대 말과 1960년대에 대규모 B-52 전력을 구축하는 데 투입한 예산은 다른 용도로도 쓸 수 있는 돈이었다. 예를 들어 정부는 그 예산으로 대안이 될 만한 다른 군사 장비를 구매하거나, 다른 유형의 공공 지출을 늘리거나, 세금을 감면해 소비자와 기업이 원하는 방식으로 돈을 쓰게 할 수도 있었다. 특정 군사 장비에 예산을 투입하는 것은 경제학에서 말하는 기회비용이 뒤따르는 행위다.

하지만 '나중에라도 쓸모가 있었으니 잠재적 위협을 과장해도 아무런 해가 없었다'는 식의 주장에는 더 근본적인 문제가 있다. 2022년 2월 러시아가 우크라이나를 침공하기 몇 주 전부터 미국 정부는 전 세계에 러시아의 침공이 임박했다고 경고했다. 그들은 러시아군이 우크라이나 국경을 넘으면 새로운 제재를 가하겠다고 위협하며 러시아의 침략을 억제하려 했다. 하지만 모두가 알고 있듯, 이 전략은 실패로 돌아갔다.

그렇다면 성공할 가능성이 더 큰 다른 억제 전략은 없었을까? 한 가지 방안은 서방이 2022년 봄에야 우크라이나군에 대규모로 지원하기 시작한 무기와 훈련을 더 일찍부터 제공하는 것이었다. 우크라이나군의 전력이 언뜻 보기에도 더 강력했다면, 푸틴의 침공을 막을 수 있었을까? 물론 그 답은 누구도 알 수 없지만, 푸틴이 경제 제재에 따른 피해보다 군사적으로 심각한 타격을 입을 가능성을 더 중요하게 생각했으리라 볼 근거는 충분하다.

그런데도 2021년 말과 2022년 초 서방이 이러한 방안을 고려하지 않은 주된 이유는 러시아가 침공을 시작하면 빠른 시일 안에 승리를 거둘 것이라는 예상이 널리 퍼져 있었기 때문이다. 러시아의 군사력을 둘러싼 과장된 우려는 침공 직전 서방 국가들이 취한 핵심 조치들에 분명히 영향을 끼쳤다.

특정 조직 안에서 자원을 둘러싸고 경쟁을 벌일 때 자신에게 유리한 방향으로 정보를 왜곡하는 것은 충분히 이해가 가는 일이다. 정도의 차이는 있겠지만 이런 일은 어느 조직에서나 벌어지기 마련이다. 그러나 잘못된 정보가 조직의 전략 계획 전반을 좌우하기 시작하면, 실질적인 비용이 발생한다. 유인은 늘 이렇게 모든 것에 영향을 미친다.

마치며

19세기 프로이센(훗날 독일)의 참모본부는 전 세계 군대가 부러워하는 존재로 자리매김했다. 이 조직은 본래 프로이센군의 참패를 계기로 탄생했다. 일찍이 18세기의 프로이센군은 눈부신 전과를 쌓으며 이름을 떨쳤고, 한때 독일 소국들 가운데서도 변방에 불과했던 프로이센은 프리드리히 2세 치하에서 강력한 군사력을 바탕으로 강대국의 자리에 올랐다. 그러나 1806년 나폴레옹 1세가 오스트리아와 러시아를 상대로 벌인 전쟁을 관망하던 프로이센은 아우스터리츠 전투에서 프랑스가 대승을 거두자 전쟁에 뛰어들었다가 그해 10월 예나-아우어슈테트 전투에서 박살이 나는 수모를 겪었다. 심지어 프로이센군은 9만 대 6만으로 프랑스군보다 우위에 있었고 자국의 보급기지와 더 가까운 곳에서 싸웠는데도 참담한 수준으로 대패한 것이다. 이 전투로 프로이센군이 쌓아온 명성은 하루아침에 무너져 내렸고, 중부 유럽의 패권은 프랑스의 손에 넘어갔다.

프로이센의 참모본부는 이러한 패전으로 국가와 군 조직이 흔들리는 상황에서 비공식 기구로 만들어졌다가 1814년 공식 기구로 재탄생했다. 참모본부의 목적은 "지도자와 지휘관들에게 부족한 재능을 보완해 무능한 장군들을 지원하는 것"이었다. 카를 폰 클라우제비츠를 비롯한 개혁적 성향의 장교들은 이 목적에 따라 전쟁대학과 참모본부라는 두 제도를 만들었다.

대다수 장교가 정규교육을 전혀 받지 못하던 시기에 이는 혁명에 가까운 변화였다. 참모본부는 19세기를 거치며 프로이센군과 독일군의 정예 조직으로 발전했다. 어린 나이에 선발된 유능한 장교들은 강도 높은 특별 훈련을 받은 뒤 참모 장교로 복무했다. 참모본부에 들어가려면 치열한 경쟁을 거쳐야 했으며, 참모 장교의 총원은 100명을 크게 넘는 일이 드물었다. 이 소수 정예 조직의 구성원들은 평상시에 전쟁 전략을 구상하고 앞으로의 전쟁 양상에 대비했으며, 실제로 전투가 벌어지면 상급 지휘관의 참모로 파견되어 작전의 방향과 조언을 제공했다.

프로이센의 참모본부가 다른 군대들의 부러움을 사고 이후 많은 나라가 그 운영 원리를 모방하려 한 이유는 그들이 실전에서 탁월한 성과를 거뒀기 때문이다. 1866년, 프로이센군은 7주 만에 오스트리아군을 격파하고 전쟁에서 승리했다. 프로이센군은 철도망을 활용해 25일 만에 28만 5000명에 달하는 병력을 집결시킨 반면, 오스트리아군은 20만 명을 모으는 데 45일이나 걸렸고, 이 차이가 승패를 좌우했다. 이후 프로이센은 독일 지역의 패권국으로 떠올랐으며, 1870~1871년 한때 적수가 없어 보였던 프랑스와의 전쟁에서는 프랑스의 야전군을 연달아 무찌르며 7개월 만에 전쟁을 끝냈다.

이 시기에는 철도로 병력을 신속히 이동시키고 전신으로 빠르게 연락을 주고받을 수 있게 되는 등 기술적으로 발전함에 따라 전쟁의 규모 또한 커져가기 시작했다. 독일의 참모 제도는 이러한 변화에 맞게 집중적인 훈련을 통해 기술적으로 숙련된 전문 인력을 양성하는 방안으로 여겨졌다. 참모 장교들은 철도를 활용해 대규모 병력 이동을 치밀하게 계획하고, 전장에 나서기도 전에 수많은 군사 문제를 해결할 능력을 갖춘 인재로 평가받았다. 그리고 독일의 참모본부는 19세기까지만 하더라도 능력주의를 바탕으로 유능한 참모들에게 보상을 줬으며, 자신들이 가능한 한 정치적 이해관계에 휘말리는 일 없이 외부의 압력으로부터 독립된 조직임을 자부하고 있었다.

그러나 19세기까지 잘 작동하던 참모 제도는 20세기의 총력전에서 처참하게 실패했다. 군사 분야의 기술관료들이 전쟁 수행을 주도하는 체제는 1866년 프로이센-오스트리아 전쟁처럼 규모와 지역, 수단 등에 제한이 있는 전쟁에서 장점을 발휘했지만, 20세기의 총력전에서는 치명적인 약점을 드러냈다.

20세기 전반 독일 참모본부가 거듭 실패를 겪은 근본적인 원인은 국가 차원의 전략이 필요한 문제를 놓고 끊임없이 단순명료한 군사적 해결책을 찾으려 했다는 데 있었다. 그들이 제시한 계획은 단기적으로 전쟁에서 효과를 발휘할 때가 많았지만, 정치와 외교, 그리고 무엇보다 경제와 관련한 거시적 맥락을 무시하기 일쑤였다.

1914년 독일이 실행한 악명 높은 슐리펜계획은 최근에 나온 한 역사서의 표현을 빌리자면, 전쟁의 향방을 멀리 내다본 계획이 아니라 일단 전쟁을 시작하기 위해 무턱대고 던진 수에 가까웠다.

독일이 처한 전략적 문제는 동서 양쪽에 강력한 적이 있다는 것이었다. 순수하게 군사적인 관점에서 이 문제를 풀어낼 손쉬운 해결책 따위는 존재하지 않았지만, 참모본부는 그러한 방안을 찾는 데 매달렸다.

고심 끝에 그들이 내놓은 답은 프랑스를 빠르게 제압한 다음 러시아와 맞선다는 계획이었다. 이는 사실상 단기 결전에 모든 것을 건 전략이었다. 더군다나 이 계획에 따라 프랑스로 신속하게 진격하기 위해서는 중립국인 벨기에를 침공해야 했는데, 그렇게 되면 십중팔구 영국이 전쟁에 뛰어들 것이었지만, 참모본부는 이 문제를 제대로 고려하지 않았다. 이후에도 독일은 전쟁을 치르는 동안 비슷한 실수를 반복했다. 그들은 영국을 전쟁에서 이탈시키기 위한 군사적 해법으로 무제한 잠수함 작전을 채택했다. 그러나 이 작전은 본래의 목표를 달성하지 못했을 뿐 아니라 미국을 전쟁에 끌어들이는 결과를 가져왔다. 경제적으로도 점차 막대한 권한을 손에 넣은 참모본부는 눈앞에 닥친 군사적 문제를 해결하기 위해 감당할 수 없을 만큼 많은 자원을 쏟아부었고, 결국에는 독일 경제와 전쟁을 지속할 기반, 그리고 그들이 섬겨야 할 황실마저 무너뜨리는 데 일조했다.

제2차 세계대전에서도 독일 참모본부는 불필요하게 네덜란드를 침공할 계획을 세워 실행에 옮겼다. 제1차 세계대전 당시 중립국인 네덜란드의 바다로 들어온 물자는 영국의 해상 봉쇄로 독일이 입은 피해를 보전하는 데 중요한 역할을 했지만, 독일의 참모들은 이 점을 대수롭지 않게 여겼다. 훗날 독일의 장군들은 모든 책임을 히틀러에게 돌리려 했으나, 참모본부 역시 처참한 실패로 끝난 소련 침공 계획에 동조했다는 사실은 변하지 않았다. 20세기에 있었던 두 번의 총력전에서 승전국들은 국가 차원의 거시적 전략을 추진해 전쟁을 승리로 이끌었다. 그들은 필요할 경우 군사 전략과 작전 계획을 경제적 요인과 자원, 외교적 목표와 통합하거나 조율하는 한편, 국내의 정치 상황을 예의주시하며 국민의 사기를 유지하려는 노력을 게을리하지 않았다. 총력전은 단순한 군사력 대결보다 훨씬 복잡한 문제이기에 이러한 방식이 아니고서는 승리할 수 없다. 하지만 독일은 두 차례의 총력전에서 그에 맞는 거시적 전략을 구현하지 못했다. 참모본부의 기술관료들은 늘 군의 요구를 최우선에 두고 모든 문제를 군사 계획으로 해결하고자 했지만, 이 같은 사고방식은 실패로 끝날 수밖에 없었다.

전쟁 수행 기관으로서 독일 참모본부가 겪은 부침은 1860~1870년대와 1910~1940년대 사이에 전쟁의 양상이 어떻게 변화했는지를 잘 보여준다. 그러나 지금까지 살펴보았듯, 이는 수백 년간 전쟁의 성격과 전쟁을 뒷받침하는 경제 구조에 일어난 크고 작은 변화 중 가장 최근의 사례일 뿐이다.

✤

전쟁과 폭력은 인류가 제도를 만들기 시작했을 때부터 줄곧 그 제도를 규정해왔다. 아마도 최초의 정치 조직은 농부들보다 신체적으로 더 강한 이들이 직접 농사를 짓는 것보다 남에게 위협을 가해 식량을 빼앗는 쪽이 훨씬 편하다는 사실을 깨달으면서 형성되었을 것이다.

제도와 유인, 전쟁의 관계는 끊임없이 변화를 거듭해왔다. 전쟁이 제도와 국가의 성격을 새롭게 규정하면, 이는 다시 전쟁의 양상과 형태의 변화로 이어졌다. 길게 보아 제도의 발전이 한 나라의 경제력을 좌우하는 핵심 요인이었다는 사실을 고려하면, 전쟁과 갈등의 경제사는 오늘날 왜 어떤 나라는 부유하고 어떤 나라는 가난한지를 이해하기 위한 열쇠라 해도 과언이 아니다.

지난 천 년간 전쟁의 경제사에는 두 번의 큰 전환점이 있었다.

첫 번째는 근대 초에 일어난 군사혁명이었다. 이 혁명으로 전쟁은 이전과 비교가 안 될 만큼 막대한 비용이 드는 일이 되었다. 가령 16세기 스페인은 수만 명 규모의 병력만으로도 강대국의 자리에 오를 수 있었지만, 1650년대에 이르러서는 그 지위를 유지하기 위해 정규군 30만 명과 예비군 50만 명을 갖춰야 했다. 게다가 프랑스혁명 이후에는 프랑스 정부가 전 국민이 전쟁에서 함께 싸워야 한다는 이념을 앞세워 국민 총동원령을 내리고 수백만 명의 병력을 동원하면서 군대의 규모는 더욱더 커졌다. 이는 20세기에 벌어질 대규모 전쟁을 예고하는 중요한 변화였다. 그리고 이처럼 전쟁의 규모가 날이 갈수록 커지는 상황에서 핵심 경제 제도인 국가는 전쟁 비용을 감당하기 위해 혁신을 이뤄야 했으며, 그 결과 현대적인 조세 제도와 국가부채, 넓은 의미의 금융 시스템이 본격적으로 발전하기 시작했다. 이렇듯 군사혁명은 재정과 금융 분야에서도 혁명을 불러왔고, 이는 또다시 더 광범위한 경제 혁명의 발판이 되었다.

두 번째 전환점은 더 나중에 찾아왔다. 19세기에 들어 전쟁의 양상은 더욱 파괴적으로 변했다. 이전의 전쟁에서도 많은 사람이 목숨을 잃었지만, 재산과 건물, 기반 시설이 받는 피해는 크지 않았다. 군대가 도시를 포위한 뒤 약탈을 벌이는 일은 종종 있었지만, 도시 전체가 전투로 쑥대밭이 되는 일은 드물었다. 그러나 1850년대부터 고폭탄이 널리 쓰이기 시작하면서 전쟁은 한 나라의 물적 기반을 파괴하는 일이 되었으며, 항공기를 이용한 폭격은 이러한 흐름에 기름을 붓는 역할을 했다. 1800년대 초까지만 해도 승전국은 패전국에 배상금을 물려 전쟁 비용을 충당할 수 있었지만, 20세기에 들어서는 승전국조차 전쟁의 여파로 형편이 더 나빠지는 경우가 많아졌다.

국가 간의 전쟁은 내전과 달리 시간이 흐르면서 점점 드물어졌다. 이는 승패에 상관없이 늘어난 전쟁 비용을 감당하기 어려워져서이기도 하지만, 국제사회의 규범이 달라졌다는 점도 영향을 미쳤다. 규범은 사회과학에서 중요한 개념으로, 보통은 성문화된 법률과 달리 사회에서 요구하는 행동 기준을 가리킨다. 예를 들어, 가게에서 물건을 훔치지 않는 것은 법에 따른 행동이지만, 계산할 때 줄을 서서 기다리는 것은 규범에 따른 행동이다. 경제학적으로 보아 규범은 사람들의 행동 양식을 규정한다는 점에서 일종의 제도에 해당한다. 20세기를 거치며 전 세계 많은 지역에서는 전쟁을 정책 수단으로 활용하는 일에 관한 규범에 큰 변화가 있었다.

1861년 12월 멕시코에서는 스페인 함대가 베라크루스항을 점령하는 일이 벌어졌다. 이어 다음 달에는 영국과 프랑스의 군대가 도착해 스페인을 지원했다. 세 나라는 멕시코 정부가 빌린 돈을 갚지 않자 강제로 받아내기 위해 군대를 보낸 것이었다. 당시 유럽에서는 이렇게 채무를 상환받기 위해 군사력을 동원하더라도 눈 하나 깜짝하는 사람이 없었다. 그러나 150여 년이 지난 오늘날에는 채무를 이행하지 않는 국가에 군대를 보내 돈을 돌려받아야 한다고 진지하게 말하는 사람은 아무도 없다. 시대가 바뀌면서 규범도 자연스레 달라

마치며

진 것이다. 이제는 적어도 국력이 대등한 국가를 상대로는 함부로 무력을 동원하기가 훨씬 어려워졌다.

2022년 러시아의 우크라이나 침공이 서방 국가들에 큰 충격을 준 이유는 그것이 전쟁과 관련한 유럽 사회의 규범을 대놓고 위반하는 행위였기 때문이다. 유럽 국가들은 이제 더 이상 서로의 영토를 함부로 침공하는 일이 없을 것이라 믿고 있었다.

그러나 규범은 모든 제도가 그러하듯 언제든 다시 바뀔 수 있다.

21세기에 주요 강대국들이 대규모 전쟁을 일으키는 것은 상상하기 어려운 일이다. 이는 각국의 행동을 규정하는 국제사회의 규범 때문이기도 하지만, 한편으로는 전쟁이 얼마나 큰 인적·경제적 피해를 가져오는지 누구나 알기 때문이기도 하다. 그러나 강대국 간의 전쟁은 20세기 초에도 마찬가지로 상상하기 어려운 일이었다는 사실을 잊어서는 안 된다.

1909년, 영국의 언론인이자 훗날 하원의원이 된 노먼 에인절Norman Angell은 『거대한 착각The Great Illusion』이라는 책을 펴냈다(처음에는 『유럽의 착시Europe's Optical Illusion』라는 다소 심심한 제목으로 출간되었다). 이 책은 출간 직후 날개 돋친 듯 팔리며 11개 언어로 번역되었다. 에인절은 전 세계에 팽팽한 긴장이 감돌고 유럽 열강이 제1차 세계대전에서 맞설 두 개의 진영으로 나뉘던 시기에 이 책을 쓰면서 근대 이후 전쟁이 얼마나 막대한 비용을 수반하는지, 그리고 세계 각국이 어떻게 서로 긴밀히 얽혀 있는지를 깊이 탐구했다. 제목인 '거대한 착각'은 많은 나라가 아직도 전쟁과 정복으로 이익을 얻을 수 있다고 믿는 현실을 꼬집는 말이었다. 에인절은 이제 전쟁에는 너무나 큰 비용이 따르기에 어떤 전쟁이든 국가 경제를 파국으로 몰고 가 빠르게 종식될 수밖에 없다고 주장했다. 하지만 그의 예측은 절반만 맞아떨어졌다. 제1차 세계대전은 거의 모든 참전국의 경제를 무너뜨렸지만, 결코 짧게 끝나지 않았다.

이 책에서 에인절은 많은 비중을 할애해 제1차 세계대전 직전의 세계 경제가 얼마나 밀접하게 연결되어 있었는지를 설명한다. 당시에도 금융 시장과 무역 구조, 공급망은 수많은 나라의 국경을 가로지르며 서로 떼어낼 수 없을 만큼 촘촘하게 얽혀 있었다. 에인절은 이 사실만으로도 전쟁을 막는 데 큰 도움이 되리라 기대했다.

1914년 국제 무역의 규모는 1980년대에 들어서야 회복할 만큼 높은 수준이었다. 전 세계 GDP에서 국경을 넘나드는 상품의 가치가 차지하는 비중은 1840년대 약 5퍼센트에서 제1차 세계대전 직전에는 14퍼센트까지 늘어났다. 주로 국가 간의 대출 형태로 이동하던 국제 자본의 규모도 같은 기간 전 세계 GDP의 7퍼센트에서 20퍼센트로 증가했는데, 이 수치 또한 1980년대가 되어서야 다시 도달할 수 있었다.

우리는 1914년 당시 세계 경제가 오늘날의 표현으로 얼마나 '세계화'되어 있었는지를 쉽게 놓치곤 한다. 1919년 경제학자 존 메이너드 케인스는 제1차 세계대전 이전의 세계를 돌이켜보며 이렇게 말했다. "런던의 주민은 아침부터 침대에 앉아 홍차를 홀짝이면서 전화로 전 세계의 온갖 상품을 주문하거나 각지의 천연자원과 새로운 사업에 자산을 투자할 수 있었다." 이것은 오늘날 우리에게도 전혀 낯설지 않은 광경이다.

그러나 노먼 에인절을 비롯한 많은 사람의 기대와 달리 세계

마치며

경제의 상호 연결성은 강대국 간의 대규모 전쟁을 막아내지 못했다. 오히려 각국이 그토록 긴밀하게 얽혀 있었던 만큼 전쟁은 '피와 보물' 양면에서 훨씬 극심한 피해를 가져왔다. 전쟁은 어떤 기준에서 보더라도 경제적으로 불합리한 일이다. 하지만 역사를 공부한 적 있는 사람이라면 누구나 알고 있듯, 어떤 일이 경제적으로 불합리하다고 해서 그것이 일어나지 않는다는 뜻은 아니다.

감사의 말

리처드 베스윅은 이번에도 편집자로서 할 수 있는 모든 일을 해줬다. 그의 조언 덕분에 이 최종 원고는 처음보다 훨씬 나은 책이 되었다. 출판 과정을 순조롭게 이끌어준 리틀브라운앤드컴퍼니의 니트야 레이, 정확한 교정으로 원고를 매끄럽게 다듬어준 다니엘 발라도에게도 감사를 전한다. 매번 당근과 채찍을 적절히 써가며 이 책을 완성하도록 지원해준 에이전트 케이트 바커에게도 감사를 전한다.

천 년이 넘는 세월 동안 여러 대륙에서 일어난 사건들을 다루는 일은 다른 이들의 노고에 기대지 않고서는 시도조차 하지 못했을 것이다. 이 책을 쓰는 동안 많은 도움을 준 책과 논문의 저자들에게도 감사를 전한다.

마크 해리슨 교수와 스티븐 브로드베리 교수는 감사하게도 베네치아에서 3일간 열린 '전쟁의 경제학' 세미나에 나를 초대해주셨다. 그곳에서 이 책의 몇몇 장을 쓰는 데 참고한 학자들을 만났고, 그들과의 대화에서 정말로 많은 것을 배웠다. 그리고 이탈리아에서 열리는 학술 행사의 음식 수준은 영국과 비교가 안 된다는 사실도 알게 되었다.

끝으로, 또다시 책을 쓰는 데 매달려 있는 나를 참고 기다려준 가족들에게 헤아릴 수 없는 감사의 마음을 전한다. 아내 나탈리의 지지가 없었다면 이 책은 세상에 나오지 못했을 것이다.

더 읽어보기

아쉽게도 여기 적힌 참고문헌 목록은 완전하지 않다. 그 대신에 이 책을 집필하는 과정에서 특히 도움이 된 책과 논문들을 정리했다. 본문에서 다룬 주제 중 더 깊이 파고들고 싶은 것이 있다면, 아래에 열거한 자료들을 먼저 읽은 다음 해당 자료에 수록된 참고문헌을 따라가기를 권한다.

전쟁사 전반을 다룬 개관서로는 제프리 파커가 편집한 『케임브리지 전쟁사The Cambridge History of Warfare』를 추천한다. 지난 1000여 년간의 경제사를 폭넓게 조망하는 안내서로는 로널드 핀들레이와 케빈 H. 오루크의 『권력과 부: 1000년 이후 무역을 통해 본 세계정치경제사』(에코리브르, 2015)가 단연 눈에 띈다. 이 책은 풍요와 무역만큼이나 권력과 전쟁을 깊이 다룬다.

찰스 틸리의 『강제, 자본, 그리고 유럽 국가들Coercion, Capital and European States』은 이 책에 중요한 이론적 기반을 제공했으며, 이언 모리스의 『왜 서양이 지배하는가』(글항아리, 2013) 역시 마찬가지다. 발터 샤이델의 『로마로부터의 탈출: 제국의 실패와 번영으로 가는 길Escape from Rome: The Failure of Empire and the Road to Prosperity』은 여러 핵심 쟁점에서 생각을 정리하는 데에 큰 도움을 주었다. 대런 아세모글루와 제임스 A. 로빈슨의 『국가는 왜 실패하는가』(시공사, 2012)는 최고의 제도경제학 입문서다. 마크 코야마와 재러드 루빈의 『부의 빅 히스토리』(월북, 2023)는 역사 속 정치와 경제의 상호작용을 다룬 탁월한 저서이며, 세계 경제가 오랜 기간 어떻게 변화해왔는지에 관심 있는 독자라면 로버트 C. 앨런의 『세계경제사』(교유서가, 2017)를 먼저 읽어보기를 권한다.

바이킹에 관해서는 피터 소여가 편집한 『옥스퍼드 바이킹사 The Oxford Illustrated History of the Vikings』와 마틴 아널드의 『바이킹The Vikings』을 최고의 입문서로 꼽을 수 있다. 엘리노어 로저먼드 바라클러프의 『북방 너머Beyond the Northlands』는 바이킹이 가진 폭력 전문가 외의 측면을 흥미롭게 조명한다. 맨슈어 올슨의 「독재, 민주주의, 그리고 발전Dictatorship, Democracy, and Development」은 정착 도적 이론을 다룬 탁월한 논문으로, 《미국 정치학 리뷰American Political Science Review》 87권 3호에 실렸다. 가이 핼솔의 『야만적인 서방의 전쟁과 사회 450~900Warfare and Society in the Barbarian West 450-900』는 중세 초기 전쟁사를 이해하는 데 필수적인 책이다.

마리 파브로의 『말 위의 개척자, 황금 천막의 제국』(까치, 2022)은 칭기즈칸과 그 후계자들의 이야기를 다룬 훌륭한 입문서다. 티모시 메이의 『몽골 병법: 칭기즈칸의 세계화 전략』(코리아닷컴, 2009)은 군사적인 세부사항에 특히 관심 있는 독자에게 권할 만한 책이다. 로널드 핀들레이와 마츠 룬달이 쓴『국경의 경제학The Eco-nomics of the Frontier』의 6장「첫 번째 세계화 이야기: 몽골 제국의 형성The First Globalization Episode: The Creation of the Mongol Empire」은 몽골 제국의 경제를 다룬 탁월한 글이다.

로버트 하디의『장궁: 사회사와 군사사Longbow: A Social and Military History』는 매우 유용하면서도 흥미로운 책이다. 클리퍼드 J. 로저스가 편집한『옥스퍼드 중세 전쟁과 군사기술 백과사전The Oxford Encyclopedia of Medieval Warfare and Military Technology』은 중세 전쟁 전반을 다룬 훌륭한 책이다. 더글러스 앨런과 피터 리슨의「제도적 제약 속 기술 채택: 장궁의 수수께끼를 풀다Institutionally Constrained Technology Adoption: Resolving the Longbow Puzzle」는 2015년 8월《법경제학 저널Journal of Law and Economics》에 실렸다.

제프리 파커의『황제Emperor』와『무모한 왕Imprudent King』은 카를 5세와 펠리페 2세의 삶을 다룬 뛰어난 전기이며, 그의 또 다른 저서『군사혁명The Military Revolution』은 유럽 전쟁사의 큰 흐름을 이해하기에 좋은 책이다. 페르난도 세르반테스의『정복자들: 새로운 역사Conquis-tadores: A New History』는 아메리카 대륙에서 스페인이 세운 식민 제국을 다룬 탁월한 책이다. 데이비드 피셔의『거대한 물결The Great Wave』은 유럽의 가격 혁명을 이해하는 데 유용한 책이며, 한스 요아힘 포트와 마우리치오 드리켈만의『최악의 채무자에게 돈을 빌려주다Lending to the Borrower from Hell』는 펠리페 2세의 재정 정책을 이해하는 데 필수적인 책이다.

다이앤 퍼키스의『역사 속의 마녀The Witch in History』는 흥미롭게 읽을 수 있는 탁월한 저작이다. 앤 바스토의『마녀 광풍: 유럽 마녀사냥의 새로운 역사Witchcraze: A New History of the European Witch Hunts』는 마
녀 광풍이 절정에 달한 시기를 다룬 훌륭한 저서다. 디아메이드 맥클
로흐의 『종교개혁의 역사』(기독교문서선교회, 2011)는 더 넓은 의미
의 종교 갈등을 이해하기에 좋은 책이다. 피터 리슨과 제이컵 러스의
「마녀 재판Witch Trials」은 《경제학 저널Economic Journal》 128권 613호에
실려 있다.

제인 스티븐슨의 『이탈리아의 빛The Light of Italy』은 페데리코 다
몬테펠트로의 삶을 다룬 뛰어난 전기다. F.L. 테일러의 『이탈리아의
전쟁술 1494~1529The Art of War in Italy 1494-1529』은 주로 16세기 초에 초
점을 맞추지만 그 이전의 시기를 이해하는 데에도 매우 유용하다. 리
처드 골드웨이트의 「르네상스 이탈리아의 경제: 사치재 소비의 전
제 조건The Economy of Renaissance Italy, the Preconditions for Luxury Consumption」은
1987년 《타티 연구Tatti Studies》에 실렸다.

데이비드 코딩리의 『낭만적인 무법자 해적』(루비박스, 2007)는
해적을 다룬 훌륭한 입문서다. 조엘 베어의 『황금시대의 영국 해적
British Piracy in the Golden Age』은 본문에서 언급한 해적들을 더 자세히 다
룬 책이다. 피터 리슨의 「해적의 선택: 악명 높은 해적 관행의 경제학
Pirational Choice: The economics of infamous pirate practices」은 2010년 조지메이슨
대학교에서 나온 뛰어난 논문이다.

7년전쟁, 특히 그 시기에 영국과 프랑스가 세계 각지에서 벌
인 경쟁을 다룬 역사서로는 대니얼 보의 『글로벌 7년전쟁The Global
Seven Years War』을 가장 추천한다. 존 브루어의 『권력의 근원The Sinews of
Power』은 1688년 이후 영국이 재정군사국가로서 발전한 과정을 다룬
뛰어난 저작이다. 스티븐 핀커스와 제임스 로빈슨의 「명예혁명에서

는 실제로 무슨 일이 일어났는가?What really happened during the Glorious Revolution?』는 2011년 미국 국립경제연구소에서 나온 뛰어난 논문이다.

N.A.M. 로저의 『바다의 지휘The Command of the Ocean』는 영국 해군사 3부작 가운데 두 번째 권으로, 1649년부터 1815년까지의 역사를 다룬 훌륭한 책이다. 앤드루 램버트의 『범선 시대의 해전War at Sea in the Age of Sail』은 범선 시대 전반의 흐름과 영국 이외의 여러 해군을 이해하는 데 유용한 입문서다. 더글러스 앨런의 「영국 해군의 규칙: 범선 전투 시대의 감시 체계와 상충하는 유인 구조The British Navy Rules: Monotoring and incompatible incentives in the Age of Fighting Sail」는 《경제사 탐구Explorations in Economic History》 39권 2호에 실렸다. 한스 요아힘 포트와 궈쉬의 「생산성을 위한 후원: 범선 시대의 선발과 성과Patronage for Productivity: Selection and Performance in the Age of Sail」는 2019년 CEPR에서 토론을 위해 발간한 연구 초안이다.

사울 데이비드의 『인도 항쟁The Indian Mutiny』은 세포이항쟁을 다룬 훌륭한 역사서다. 루드랑슈 무케르지, 쇼비타 푼자, 토비 싱클레어의 『인도의 새로운 역사A New History of India』는 거시적인 관점에서 사건의 맥락을 이해하기에 좋은 책이다. 윌리엄 달림플의 『동인도회사, 제국이 된 기업』(생각의힘, 2025)은 인도에서 영국이 권력을 확립한 주요 시기를 다룬 뛰어난 책이다. 마크 딘체코, 아닐 메논, 제임스 펜스케, 시바지 무케르지의 「식민지 이전 인도의 전쟁과 장기 발전Pre-Colonial Warfare and Long Run Development in India」은 2022년 《경제학 저널》에 실렸다.

브레이 해먼드의 『독립 혁명부터 남북전쟁 시기까지의 미국 은행과 정치Banks and Politics in America from the Revolution to the Civil War』는 미

국의 초기 금융사를 다룬 훌륭한 저작이다. 고든 우드의 『자유의 제국Empire of Liberty』과 대니얼 워커 하우의 『신이 이루신 것What Hath God Wrought』은 1789년부터 1848년까지의 미국 역사를 다룬 뛰어난 책이다. 제임스 M. 맥퍼슨의 『자유를 위한 전쟁Battle Cry of Freedom』은 남북전쟁을 다룬 탁월한 역사서다. 로저 랜섬의 「미국 경제사 속의 남북전쟁The Civil War in American Economic History」은 『옥스퍼드 미국 경제사 핸드북The Oxford Handbook of American Economic History』 2권에 실려 있으며 참고하기에 매우 좋은 자료다. 제프리 프리든의 「초기 미국 통화·금융사가 주는 교훈Lessons for the Euro from Early American Monetary and Financial History」은 2016년 브뤼겔연구소에서 출간되었다.

앨리스터 혼의 고전 『파리의 몰락The Fall of Paris』은 지금도 1870~1871년의 파리 포위전에 관한 최고의 저작으로 손꼽힌다. 니코 포이틀랜더와 한스 요아힘 포트의 「마르스의 선물: 전쟁과 유럽의 부흥Gifts from Mars: Warfare and Europe's Early Rise to Riches」은 2013년 《경제전망 저널Journal of Economic Perspectives》에 실렸다. 제임스 파이겐바움, 제임스 리, 필리포 메차노티의 「자본 파괴와 경제 성장: 셔먼의 행군(1850~1920)이 가져온 효과Capital Destruction and Economic Growth: The Effects of Sherman's March, 1850-1920」는 2022년 《미국 경제학 저널American Economic Journal》에서 출간되었다.

총력전의 경제학을 다룬 문헌은 무수히 많다. 하지만 그중에서도 출발점으로 삼기에 좋은 자료로는 스티븐 브로드베리와 마크 해리슨이 편집해 2014년과 2019년 CEPR에서 출간한 두 권의 전자책 논문집을 추천한다. 윌리엄 필폿의 『소모전: 제1차 세계대전의 양상Attrition: Fighting the First World War』과 필립 오브라이언의 『전쟁에서 이

긴 방법How the War Was Won』은 각각 제1, 2차 세계대전을 다룬 명저들
이다. 리처드 오버리의 『피와 폐허』(책과함께, 2024)는 제2차 세계대
전의 경제적 측면을 깊이 있게 다룬 책이다. 애덤 투즈의 『파괴의 대
가The Wages of Destruction』는 나치의 전쟁 수행을 다룬 필독서이며, 랜
들 핸슨의 『불과 분노: 연합군의 독일 폭격Fire and Fury: The Allied Bombing of
Germany』은 연합군이 가한 폭격 공세를 이해하기에 좋은 책이다.

윌리엄 머리의 『루프트바페, 1933~1945: 패배를 향한 전략The
Luftwaffe, 1933-45: A Strategy for Defeat』은 독일 공군을 다룬 뛰어난 역사서다.
필리프 아거, 레오나르도 부르스틴, 한스 요아힘 포트의 「살인의 유
인: 지위 경쟁과 제2차 세계대전 중 조종사들의 성과Killer Incentives: Status
Competition and Pilot Performance during World War II」는 2016년 NBER에서 출간
되었다.

로버트 앨런의 『농장에서 공장으로Farm to Factory』는 소련의 산
업화를 다룬 훌륭한 경제사 저작이다. 마크 해리슨은 소련의 경제정
책에 관해 방대한 연구를 남겼으며, 『1941~1945년의 소련 경제The
Soviet Home Front 1941-45』는 특히 뛰어난 저작이다. 크리스 밀러의 『소련
경제를 구하기 위한 투쟁The Struggle to Save the Soviet Economy』은 소련 말기
를 다룬 뛰어난 책으로, 특히 공포 정치의 종식이 어떻게 소련의 정
치경제를 무너뜨리는 요인으로 작용했는지를 잘 설명한다.

출간된 지는 오래되었지만, 데이비드 핼버스탬의 『최고의 인
재들』(글항아리, 2014)은 지금도 미국의 베트남 정책을 다룬 명저로
손꼽힌다. H.R. 맥매스터의 『의무 태만Dereliction of Duty』은 더 최근에
나온 책으로 참고할 만하다. 에드워드 미겔과 제라르 롤랑의 「베트
남 폭격의 장기 효과The Long Run of Bombing Vietnam」는 2011년 《개발경제

학 저널Journal of Development Economics》에 실렸다.

노엘 퍼스와 제임스 노렌의 『소련의 국방비 지출: CIA가 낸 추정치의 역사, 1950~1990Soviet Defense Spending: A History of CIA Estimates, 1950-1990』는 제목은 다소 건조하지만 흥미로운 책이다. 젤레노필리아 전투에 대한 연구는 '더 로컬 블라인드 스폿The Local Blind Spot'이라는 블로그에서 찾아볼 수 있다.

피터 윌슨의 『철과 피: 1500년 이후 독일어권 민족의 군사사Iron and Blood: A Military History of the German-speaking Peoples Since 1500』는 특정 국가의 전쟁사를 다룬 역사서 중에서도 단연 뛰어난 책으로, 전쟁사는 물론 정치·경제·사회·외교사까지 아우른다.

그림 출처

1장   Ax Head. The Metropolitan Museum of Art

2장   Genghis Khan monument, Wikimedia Commons

3장   Twelve Crossbow Bolts. The Metropolitan Museum of Art

4장   Serpent labret with articulated tongue. The Metropolitan Museum of Art

5장   Examination of a Witch-Tompkins Matteson. Wikimedia Commons

6장   Armet. The Metropolitan Museum of Art

7장   Edward Teach Commonly Call'd Black Beard, Wikimedia Commons

8장   Gideon Ernst von Laudon after his victory at the Battle of Kunersdorf.
        Wikimedia Commons

9장   Embroidered map sampler. The Metropolitan Museum of Art

10장   The Sepoys at Buxar, Wikimedia Commons

11장   Alexander Hamilton, The Metropolitan Museum of Art

12장   Atomic Cloud Rises Over Nagasaki, Japan. Wikimedia Commons

13장   Mamoru Shigemitsu signs the Instrument of Surrender, officially ending
        the Second World War. Wikimedia Commons

14장   Tunis, Tunisia. Wrecked German planes at El Aouiana airport. Wikimedia
        Commons

15장   Yalta Conference (Churchill, Roosevelt, Stalin). Wikimedia Commons

16장   Ewer in the Form of an Elephant. The Metropolitan Museum of Art

17장   Unsplash, Nick Bolton

지은이

던컨 웰던 Duncan Weldon

경제학자이자 작가. 《이코노미스트》 영국 경제·금융 특파원, BBC 시사 프로그램
〈뉴스나이트〉 경제 특파원, 종합 월간지 《프로스펙트》의 칼럼니스트로 일했다.
BBC 라디오 4에서 방영된 〈제2차 세계대전: 경제 전쟁〉을 비롯해 여러 다큐멘터
리를 집필하고 진행했다. 영국은행에서 경력을 시작하고 자산 관리 업무를 거쳐
영국 노동조합회의(TUC)의 수석 경제학자로 공공정책 업무를 담당했다. 현재 TV와
라디오에서 정기적으로 경제 논평을 제공하고 있다. 워릭대학교 글로벌 경제 비교
우위 분석 센터 자문위원으로 활동하며, 유니버시티칼리지런던에서 정책 실무를
가르치고, 시카고대학교의 켄트 A. 클라크 글로벌 시장 센터에 꾸준히 칼럼을 기
고한다.

X(트위터): @DuncanWeldon

옮긴이

윤종은

서울대학교 서어서문학과를 졸업하고, 동 대학원에서 석사학위를 받았다. 현재 펍
헙번역그룹에서 전문 번역가로 활동 중이다. 『더 스튜던트』(소소의책, 2025), 『눈에
보이지 않는 돈의 지도책』(윌북, 2025), 『지식인의 자격』(황소걸음, 2024) 등을 옮겼다.

눈에 보이지 않는
전쟁과 돈의 역사

펴낸날 초판 1쇄 2026년 2월 27일
      초판 3쇄 2026년 4월 20일

지은이 던컨 웰던

옮긴이 윤종은

펴낸이 이주애, 홍영완

편집장 최혜리 편집 강민우 디자인 이현진 마케팅 백지혜 교정 김유라

펴낸곳 (주)윌북 출판등록 제2006-000017호

주소 서울특별시 마포구 동교로19길 28

홈페이지 willbookspub.com 전화 02-323-3777 팩스 02-323-3778

블로그 blog.naver.com/willbooks 트위터(X) @onwillbooks 인스타그램 @willbooks_pub

ISBN 979-11-5581-893-0 (03320)